El precio siempre sube

El alocado ascenso de las criptomonedas y su estrepitosa caída

ZEKE FAUX

El precio siempre sube

El alocado ascenso de las criptomonedas
y su estrepitosa caída

EDICIONES OBELISCO

Si este libro le ha interesado y desea que le mantengamos informado de
nuestras publicaciones, escríbanos indicándonos qué temas son de su interés (Astrología,
Autoayuda, Ciencias Ocultas, Artes Marciales, Naturismo, Espiritualidad, Tradición…)
y gustosamente le complaceremos.

Puede consultar nuestro catálogo en www.edicionesobelisco.com

Colección Éxito
El precio siempre sube
Zeke Faux

1.ª edición: septiembre de 2024

Título original: *Number Go Up*

Traducción: *Daniel Aldea*
Corrección: *Sara Moreno*
Diseño de cubierta: *Enrique Iborra*

© 2023, Zeke Faux
Título publicado por acuerdo con Currency,
sello editorial de The Crown Publishing Group,
una división de Penguin Random House LLC.
(Reservados todos los derechos)
© 2024, Ediciones Obelisco, S. L.
(Reservados los derechos para la presente edición)

Edita: Ediciones Obelisco, S. L.
Collita, 23-25. Pol. Ind. Molí de la Bastida
08191 Rubí - Barcelona - España
Tel. 93 309 85 25 - Fax 93 309 85 23
E-mail: info@edicionesobelisco.com

ISBN: 978-84-1172-203-2
DL B 13970-2024

Printed in Spain

Impreso en España en los talleres gráficos de Romanyà/Valls S. A.
Verdaguer, 1 - 08786 Capellades (Barcelona)

Para Nikki

Prólogo

Nassau, las Bahamas
17 de febrero de 2022

Valor total del conjunto de criptomonedas existentes:
2 billones de dólares
(Sí, billón con «b»)

—No le voy a mentir –me dijo Sam Bankman-Fried.

Era mentira.

Estábamos en su despacho de las Bahamas. Yo acababa de acercar la silla a su escritorio y poner en marcha la grabadora. Estaba allí por encargo de Bloomberg, donde trabajaba como periodista de investigación, para entrevistar al hombre que estaba en el ojo del huracán del sector de las criptomonedas, un huracán que amenazaba con barrer todo el planeta.

Mientras miraba fijamente los seis monitores que tenía delante y comprobaba continuamente la bandeja de entraba de sus diversos correos electrónicos, Bankman-Fried me aseguró que él siempre daba su más sincera opinión cuando le preguntaban sobre las criptomonedas. Aunque no hacía mucho la revista *Forbes* lo había declarado la persona menor de treinta años más rica del mundo, su aspecto era el de un estudiante que acabara de despertarse después de pasarse toda la noche en la biblioteca. Iba desaliñado y descalzo, vestido con unos pantalones cortos azules y una camiseta gris con el logo de su plataforma de criptodivisas: FTX. Tenía el pelo rizado y alborotado, y la marca que le habían dejado los auriculares era tan pronunciada que parecía una oveja a medio esquilar. Sobre la mesa de su escritorio había un paquete abierto de garbanzos korma: el almuerzo del día anterior.

Mi intención era la de escribir un artículo sobre el niño prodigio de las criptomonedas, el hombre que, a los veintinueve años, parecía conocer mejor que nadie el futuro del dinero. Su ascenso había sido tan meteórico que su predicción de que, algún día, FTX se apoderaría de todo Wall Street resultaba bastante verosímil. Disponía de una riqueza valorada en unos 20 000 millones de dólares, pero, según decía él mismo, sólo se había hecho rico para poder dárselo todo a los demás. Tenía un Toyota Corolla y le gustaba dormir en la oficina, en un sillón tipo puf que tenía justo al lado de su escritorio.

Era una historia poderosa. El único problema es que no era verdad. Mientras los medios de comunicación, los políticos, el capital riesgo y los inversores lo elevaban a la categoría de prodigio caritativo –un Warren Buffett o un J. P. Morgan de la era digital–, secretamente malversaba miles de millones de dólares de sus clientes y los derrochaba en malas operaciones, promociones a famosos y la compra compulsiva de propiedades isleñas, como si no fuera más que un capo de la droga.

Me gustaría poder decir que fui yo quien lo destapó todo, el heroico investigador que sacó a la luz uno de los mayores fraudes de la historia. Pero, por desgracia, yo también caí en su trampa, como todo el mundo. Pese a estar sentado frente al mayor estafador desde Bernie Madoff, con todos sus correos electrónicos, chats internos y registros de operaciones a la vista, en aquel momento no tenía ni la menor idea de lo que estaba tramando.

—Puede utilizarme como fuente de información –añadió mientras daba rápidos golpecitos en el suelo con los pies enfundados en calcetines negros–. Ésa es una de las cosas más importantes que me gustaría transmitir.

—Tiene sentido –le contesté, asintiendo amablemente.

Tenía ciertas sospechas. Desde que empecé a indagar en el mundo de las criptomonedas, no había visto más que señales de alarma. ¿Por qué todas las empresas del sector tenían su sede en paraísos fiscales? ¿Y por qué todas esas monedas virtuales supuestamente valían decenas de miles de millones de dólares? Dados sus precarios cimientos, ¿debíamos temer por el futuro de las finanzas? ¿O simplemente era todo una estafa?

No obstante, cuando visité el refugio caribeño de Bankman-Fried, la lógica del mundo financiero ya se había venido abajo. Casi nadie sabía para qué servían las criptomonedas. Ni siquiera los supuestos expertos podían explicar el fenómeno. No estaba claro qué valor podían tener, si es que tenían alguno. Sin embargo, desde 2020 hasta principios de 2022, los precios de Bitcoin y de muchas otras monedas menores –con nombres tan ridículos como Dogecoin, Solana, Polkadot o Smooth Love Potion– no hicieron más que subir. Mientras yo estaba en las Bahamas, se hicieron operaciones con criptomonedas por valor de más de 500 000 millones de dólares, y el valor de mercado de todas las monedas existentes superaba ya los 2 billones de dólares.

Los promotores de las criptomonedas aseguraban que estaban encabezando una revolución que democratizaría las finanzas y conduciría a una riqueza generacional para aquellos que creyeran en ella. El impacto de la subida de precios noqueó a los escépticos, y la jerga incomprensible hizo el resto. *Cadena de bloques. DeFi. Web3. El metaverso.* El significado de estos términos era lo de menos. Los periódicos, la televisión y las redes sociales bombardeaban a los inversores potenciales con historias de gente normal que invertía en criptomonedas y se hacía rica rápidamente.

Las criptos parecían una gigantesca máquina tragaperras que había sido manipulada para que siempre diera premio. Cientos de millones de personas en todo el mundo cayeron en la tentación de tirar de la palanca. Todo el mundo conocía a alguien a quien le había ido bien. Y cuanta más gente compraba, más subían los precios.

Nada de esto se tradujo en un movimiento de masas para utilizarlas en el mundo real. Nadie se deshizo de sus tarjetas de crédito, cerró sus cuentas bancarias, ni abandonó el dólar o el euro en favor de, por ejemplo, las monedas Cardano. Ahora bien, los charlatanes, fanáticos, oportunistas y estafadores que crearon la fiebre de las criptomonedas se hicieron increíble, inimaginable e imposiblemente ricos.

Bankman-Fried me dijo que cinco de sus colegas de FTX eran multimillonarios. Y ésa era sólo una de las muchas empresas dedicadas a las criptomonedas. Muchas empresas de nueva creación poco rentables y con planes de negocio de dudosa legalidad estaban valoradas en miles de millones de dólares. Changpeng Zhao, fundador de otra plataforma de criptomonedas llamada Binance, amasó una fortuna estimada de 96 000 millones.[1] Las cifras empezaron a ser tan descomunales que incluso las fantasías más delirantes sobre las criptomonedas parecían razonables. Daba la sensación de que nada podía detener su meteórico ascenso.

Hasta que, por supuesto, el castillo de naipes se vino abajo. A partir del verano de 2022, se hizo público que muchas criptoempresas eran en realidad un fraude. La burbuja reventó. De la noche a la mañana desaparecieron unos 2 billones de dólares de valor de mercado. Los multimillonarios quebraron. Millones de personas normales y corrientes perdieron sus ahorros. Las autoridades financieras, que hasta entonces habían permitido que los estafadores camparan a sus anchas, decidieron que por fin había llegado el momento de aplicar la ley. Bankman-Fried y muchos de sus socios fueron detenidos. Las criptomonedas no desaparecieron del todo, pero la fiebre se redujo considerablemente.

Ésta es la historia de la mayor fiebre financiera que el mundo ha conocido nunca. Todo empezó con una investigación periodística sobre una moneda denominada Tether, la cual cumplía unas funciones similares a las de un banco para el sector cripto. Sin embargo, la investigación acabó transformándose en un viaje de dos años que me llevaría a destinos tan dispares como Manhattan, Miami, Suiza, Italia, las Bahamas, El Salvador o Filipinas. La historia se sustenta en cientos de entrevistas que mantuve con personas que trabajaban en todos los niveles del sector de las criptomonedas, desde jugadores a programadores, promotores o multimillonarios. Estuve en sus yates y fiestas durante el momento álgido del frenesí, y los visité en sus refugios privados cuando las autoridades estaban cerrando el círculo a su alrededor.

---

1. Tom Maloney, Yueqi Yang, Ben Bartenstein: «World's Biggest Crypto Fortune Began with a Friendly Poker Game», Bloomberg, 9 de enero (2022).

Desde el principio he creído que las criptomonedas eran una chorrada. Lo que no imaginaba antes de empezar es que lo fueran tanto. Nunca se había generado tanta riqueza con una estrategia tan endeble. Pero lo que más me sorprendió no fue la vacuidad de los *cripto bros*,[2] sino cómo su imprudencia tuvo consecuencias devastadoras para miles de personas en todo el mundo. Al final, mi investigación me llevó a Camboya, donde descubrí la relación entre las criptomonedas y la financiación del tráfico de seres humanos por parte de la mafia china.

Le propuse el libro a mi editor en noviembre de 2021, en el momento álgido de la fiebre, con la premisa de relatar las catastróficas consecuencias del inminente desplome del sector. Tres meses después, estaba sentado en la oficina que Bankman-Fried tenía en las Bahamas, mirando las pantallas que había detrás de su rizada cabeza. Por entonces desconocía completamente el gigantesco fraude que se estaba gestando justo delante de mis narices. De hecho, en aquel momento empezaba a pensar que nunca llegaría a descubrir el secreto detrás del auge cripto.

Por entonces, estaba convencido de que gran parte de las empresas de criptomonedas no eran más que un fraude piramidal, pero que la burbuja aún no había estallado. El sector iba viento en popa. No era descabellado pensar que aquella locura pudiera extenderse más allá de la fecha límite que barajaba. O quizá el sector ganaría tantos adeptos que se volvería imparable. No tenía ni idea de cómo iba a terminar el libro.

Después de haber pasado unas cuantas horas juntos, decidí pedirle consejo a Bankman-Fried. Se trataba de una mezcla entre táctica periodística y genuina petición de ayuda. En realidad, no esperaba que me dijera que todo el sector era un fraude, pero quería ver si estaba dispuesto a orientarme en la dirección adecuada. De modo que le expuse el dilema narrativo en toda su crudeza. Le conté mi teoría: cabía la posibilidad de que la moneda llamada Tether, el supuesto criptobanco seguro que servía de pilar para el resto de las criptodivisas, fuera frau-

---

2. Término con el que se denomina a los adeptos de este tipo de inversiones; a partir de ahora, adeptos o entusiastas de las criptos. *(N. del T.)*.

dulenta y que, por tanto, acabara provocando el derrumbe de todo el sector.

Bankman-Fried me aseguró que estaba equivocado. Las criptomonedas no eran una estafa, y Tether tampoco lo era. Pero no se ofendió con mi pregunta. Dijo que entendía perfectamente mi problema. Entonces hizo algo que, en aquel momento, no me pareció extraño. Sin embargo, sabiendo lo que sé ahora, no puedo evitar preguntarme si no estaría intentando confesarme algo de forma indirecta.

Cuando estaba a punto de explicarle algo más, me interrumpió asintiendo con la cabeza. En tono jocoso, me dijo:

—¿No crees que la narrativa sería mucho más atractiva si pudiéramos decir: «Mierda, es el mayor esquema Ponzi de la historia»?

Efectivamente.

CAPÍTULO UNO

«¡Soy el maldito Nostradamus!»

Brooklyn, Nueva York
Enero de 2021

En enero de 2021, en plena pandemia del coronavirus, mi amigo Jay escribió un mensaje en el chat de compañeros del instituto diciendo que había invertido unos cientos de dólares en algo llamado «moneda doggie»[1] y que deberíamos hacer lo mismo. «Aparte del nombre, no sé muchas más cosas —escribió en el chat—. Estoy muy aburrido».

Ni siquiera acertó con el nombre. En realidad, se llamaba «Dogecoin», y era una criptomoneda basada en el meme de un perro shiba inu mirando hacia un lado. No importa cómo un chiste de perros llegó a convertirse en un activo financiero; el creador de Dogecoin tampoco sabe muy bien cómo pasó.[2] Como la mayoría de las criptodivisas, no tenía «ingresos» ni «beneficios». No existía ninguna razón por la que debiera tener algún valor.

Le expliqué todo esto a mi amigo. Además, Dogecoin ni siquiera tenía gracia como chiste. Pero a él no le importó. «Entiendo perfectamente lo estúpido que parece todo esto. Por eso me hace gracia», escribió Jay.

Jay no era un ludópata degenerado, sino un profesional de treinta y seis años propietario de una casa con piscina en un bonito suburbio de

---

1.   En inglés, «moneda perruna». *(N. del T.)*.
2.   Jackson Palmer: «My Joke Cryptocurrency Hit $2 Billion and Something Is Very Wrong», *Vice,* 11 de enero (2018).

15

Boston y miembro de dos juntas directivas de asociaciones benéficas. Al leer sobre la criptomoneda en Reddit, pensó que, por alguna razón, a otras personas también les haría gracia la broma detrás de Dogecoin. No era una idea descabellada. Durante el confinamiento, millones de personas se descargaron aplicaciones como Robinhood y Coinbase. Con pocos estímulos mentales, pero muchos estímulos monetarios, empezaron a pulsar el botón de COMPRAR. Estos operadores intradiarios se reunieron en Twitter y Reddit, donde sorprendieron a Wall Street multiplicando por diez el valor de las acciones de GameStop, una empresa minorista por la que nadie daba un duro, y colocando al borde de la quiebra a varios fondos de cobertura que habían apostado en su contra. Y después aplicaron a las criptomonedas esta mentalidad nihilista de comprar por las risas.

Dogecoin reemplazó a los chistes políticos y de padres en el chat del grupo. Jay nos envió un mensaje para informarnos de que Dogecoin ahora patrocinaba a un piloto de la NASCAR. Poco después me enteré de que Elon Musk también hablaba de ello. Cada vez que subía el precio, pasando de un centavo a dos, y después a tres, cinco, más molesto estaba. No porque Jay estuviera ganando dinero y yo no, sino porque sabía que yo tenía razón. Vale, puede que también estuviera un poco celoso.

Unos cuantos días después del primer mensaje de Jay, al abrir *Drudge Report*,[3] un sonriente shiba inu me devolvió la mirada desde la página web de noticias: «¡El frenesí de Reddit dispara el valor de Dogecoin! ¡Ahora vale miles de millones!». Jay acabó vendiendo y ganó varios miles de dólares. Y después se burló de mí enviándome selfis desde el parque de atracciones Walt Disney World, unas vacaciones que pagó con los beneficios que había obtenido. «Si me hubierais hecho caso cuando os dije que invirtierais 10 dólares en Dogecoin, ahora todos tendríais 500 dólares más —escribió mi amigo—. ¡Soy el maldito Nostradamus!».

Jay se negaba a admitir que había tenido suerte. Estaba convencido de que su éxito con Dogecoin demostraba sus profundos conocimientos de la psicología de masas. Llegó un punto en el que él pasó pági-

---

3. «Reddit Frenzy Pumps Up Dogecoin! Now Worth Billions!», *Drudge Report*, 30 de enero (2021).

na, pero yo no. Veía a adeptos de las criptomonedas por todas partes, comportándose como si el aumento de los precios demostrara que eran unos genios. Y cada vez eran más.

Parecía como si todo el mundo menos yo estuviera gastándose sus incentivos o retirando sus planes de jubilación para comprar criptomonedas. Cuando alguien me preguntaba si debía invertir en la nueva tendencia, yo les decía que a mí me parecía algo bastante arriesgado. Pero nadie me hacía caso. Un vecino de mi misma calle, en Brooklyn, ganó lo suficiente para renovar la cocina, y otro se compró una casa fuera del barrio.

Lo peor era que, en teoría, yo era el experto en ese tipo de cosas. Había dedicado buena parte de mi vida profesional a informar sobre estafas en Wall Street y sobre los abusos de las empresas tecnológicas. No puede decirse que fuera un investigador curtido, sino más bien un padre de Brooklyn de treinta y seis años con tres hijos, un monovolumen, una bicicleta de siete marchas y la costumbre de leer comentarios en Internet antes de comprar cualquier cosa, incluso un paquete de pilas doble A. Unos meses más tarde, mi primera tentativa de vigilancia –concretamente, de la oficina de un prestamista de Brooklyn– no terminó demasiado bien: después de afeitarme la barba cuidadosamente para pasar desapercibido, resultó que la oficina estaba en mitad de un barrio lleno de judíos jasídicos de poblada barba. Aunque, en general, puede decirse que se me daba bastante bien escribir sobre estafas. Disfrutaba descubriendo cómo los estafadores explotaban los vacíos legales, desentrañando los contratos falsos y rastreando las empresas fantasma en paraísos fiscales.

Las criptomonedas no me despertaban demasiado interés. Cada vez que surgía el tema en el trabajo, hacía todo lo posible por evitarlo. Me parecía demasiado obvio. Sin embargo, pese a que las monedas eran claramente inútiles, la gente seguía comprándolas. Tenía la sensación de que un periodista escribiendo una minuciosa denuncia de una estafa con criptomonedas era como un crítico gastronómico que escribe una mala crítica de Taco Bell.

No obstante, después de mi encontronazo con Jay, el tema cada vez me desagradaba menos. Quería demostrarles, tanto a Jay como a todo el mundo, que estaban equivocados. De modo que, al cabo de unos meses, en mayo de 2021, cuando el editor de *Bloomberg Businessweek* se acercó a mi escritorio para proponerme un encargo sobre el sector de las criptomonedas, estaba preparado.

—¿Qué sabes de las monedas estables? –me preguntó.

La respuesta fue clara: no mucho. Pero sabía que se llamaban «monedas estables» porque, a diferencia de las diseñadas para que su precio no dejara de subir, su función era la de mantener un valor fijo de un dólar. Y esto era así porque cada moneda debía estar respaldada por un dólar estadounidense. La criptomoneda estable más importante era Tether.

Tether parecía estar en el centro del mundo de las criptomonedas; cada día cambiaban de manos más tétheres que cualquier otra criptodivisa. Permitía a los operadores mover el dinero de una plataforma a otra y aparcar sus inversiones en un activo estable. Me sorprendió descubrir que, por entonces, había 55 000 millones de tétheres en circulación, una cantidad que lo convertía en uno de los cincuenta bancos más grandes del país. Eso significaba que, supuestamente, la gente había enviado 55 000 millones de dólares a la empresa y, a cambio, había recibido 55 000 millones de tétheres, una moneda recién inventada. Según Tether, los 55 000 millones de dólares estaban depositados en inversiones seguras. Pero, en realidad, nadie sabía dónde estaba exactamente todo ese dinero.

Tras unas cuantas horas investigando en Google, la impresión general que obtuve fue que la empresa era sumamente sospechosa. Uno de sus principales ejecutivos era un cirujano plástico italiano reconvertido en importador de productos electrónicos al que con anterioridad habían pillado vendiendo *software* falsificado de Microsoft. Entre sus fundadores se encontraba uno de los actores infantiles de *Somos los mejores,* una película de Disney sobre el mundo del hockey sobre hielo. En un viejo documento que descubrí en la página web de Tether, encontré una lista con los riesgos asociados al hecho de comprar la criptomoneda.

Según la propia empresa, ésta podía quebrar, o podía hacerlo el banco no especificado que poseía su dinero, o incluso algún gobierno podía llegar a confiscarle sus activos. El último punto de la lista era:

«Podríamos fugarnos con los fondos de reserva». Tomé nota de esto último.

Desconocía qué autoridades eran las encargadas de supervisar a Tether. En un pódcast, un representante de la empresa aseguraba que estaba registrada en la Agencia de Investigación Financiera de las Islas Vírgenes Británicas. Sin embargo, el director de dicha agencia, Errol George, me dijo que ellos no la estaban supervisando. «Ni lo estamos haciendo ahora ni lo hemos hecho nunca», me aseguró.

Hubo muchos críticos que especularon con la posibilidad de que Tether no estuviera respaldada por nada en absoluto. Algunos incluso sugirieron que estaba creando «vales»[4] de la nada y utilizándolos para apuntalar todo el mercado de criptomonedas. Si los críticos tenían razón, y Tether era realmente un esquema Ponzi que no estaba respaldada por nada, podía ser uno de los mayores fraudes de toda la historia.

Aquello no era una teoría de la conspiración más promovida por gente que detesta Internet. La preocupación alcanzó las más altas esferas del Gobierno estadounidense. Me llevé una gran sorpresa cuando, unos meses después, me enteré de que la secretaria del Tesoro, Janet Yellen,[5] había convocado a todos los altos funcionarios financieros del país (entre ellos, el presidente de la Reserva Federal y el director de la Comisión de Mercados y Valores) a una reunión para tratar el tema de Tether.

La situación era absurda: la inflación estaba disparada, una nueva oleada de coronavirus amenazaba con echar por tierra la recuperación económica, y Yellen organizaba una reunión para hablar de una moneda digital ideada por un niño que había salido en *Somos los mejores*. La sensación que tuve entonces fue como si una pelea de bolas de nieve en el patio de la escuela se hubiera descontrolado hasta tal punto que era necesario llamar al Estado Mayor para evitar una guerra nuclear.

Los reguladores querían saber dónde estaban los miles de millones de tétheres. Pero también creían que, incluso si Tether era real y tenía

---

4. Término que puede usarse como sinónimo de criptomoneda o criptoactivos, pero que también sirve para describir a los criptoactivos que se ejecutan sobre la cadena de bloques de otra criptomoneda. *(N. del T.)*.

5. Robert Schmidt y Jesse Hamilton: «Tether, Facebook Coin Spur Worry at Yellen's Closed-Door Meeting», Bloomberg, 27 de julio (2021).

unos 55 000 millones de dólares en alguna parte, a aquellas alturas había crecido tanto que estaba poniendo en peligro todo el sistema financiero estadounidense. Su principal temor era que pudiera provocar una estampida bancaria. Si la gente que tenía tétheres empezaba a preguntarse si realmente la empresa poseía esos miles de millones de dólares, cabía la posibilidad de que empezaran a vender los activos, lo que haría aumentar el miedo de que Tether se quedara sin dinero. Así es cómo empezaban todas las estampidas financieras. Y nadie querría ser el último en tener tétheres cuando eso ocurriera.

Si Tether tuviera dinero inmovilizado en inversiones, debería deshacerse de ellas a precio de saldo. Las empresas que tuvieran participaciones en esas mismas inversiones, acabarían sufriendo pérdidas. Eso es precisamente lo que ocurrió en la crisis financiera que hundió la economía estadounidense en 2008, cuando nadie sabía qué fondos habían invertido todo su dinero en hipotecas *subprime* que no valían nada. El pánico se extendió rápidamente por todo el sistema financiero, desatando una estampida tras otra en bancos y fondos de inversión.

«En una situación de pánico financiero, cuando todo se derrumba, la gente espera que el gobierno federal les saque del apuro —me dijo una de las personas que había asistido a la reunión convocada por Yellen—. Si el mercado de las criptomonedas hubiera estado aislado, no habría sido tan grave. Pero los problemas en un mercado se trasladan rápidamente a otros. Y a nosotros nos pagan para que resolvamos este tipo de problemas».

Tether era el tipo de misterio que encontraba interesante. Y, además, era bastante plausible que fuera la fuerza misteriosa que estaba provocando que los precios de las criptomonedas alcanzaran cotas cada vez más altas. Si se acababa descubriendo que Tether era un fraude, probablemente la burbuja estallaría y los precios de todas las criptomonedas se desplomarían. También el de Dogecoin. A «Nostradamus» no le quedaría más remedio que admitir que yo tenía razón. De modo que me puse a buscar el dinero de Tether.

Costaba creer que la gente hubiera puesto 55 000 millones de dólares reales en manos de una empresa con un montón de señales de alarma. No obstante, todos los días, los operadores compraban y vendían tétheres en las plataformas de criptodivisas como si éstos fueran tan fiables como el propio dólar. De hecho, el volumen de negocio era tan grande que algunos días cambiaban de manos más de 100 000 millones de dólares en tétheres. Parecía que las personas que tenían más que perder confiaban ciegamente en Tether, y yo quería saber por qué.

Afortunadamente, en junio de 2021, doce mil fanáticos cripto[6] iban a reunirse en Miami en la que se publicitó como la mayor conferencia de criptomonedas de la historia. Entre los ponentes estaba Ron Paul, Jack Dorsey, cofundador de Twitter, y, de forma inexplicable, el *skater* Tony Hawk. ¿Quién podría resistirse?

---

6.   Jonathan Levin: «Wall Street's Crypto Embrace Shows in Crowd at Miami Conference», Bloomberg, 7 de junio (2021).

CAPÍTULO DOS

La tecnología detrás de «el precio siempre sube»[1]

Carl Hiaasen, escritor de novelas policíacas oriundo de Florida, escribió una vez lo siguiente acerca de su estado natal: «Son tantas las oportunidades para la depredación que toda la gentuza intrigante del país ha pasado por aquí en algún momento u otro».[2] En sus libros, «la gentuza intrigante» está compuesta por policías deshonestos, políticos corruptos y traficantes de cocaína, los cuales han financiado buena parte de los rascacielos de Miami. No obstante, muchos de los asistentes a Bitcoin 2021, la conferencia sobre criptomonedas a la que había venido a asistir, encajaban en esa descripción.

Antes de llegar, era muy escéptico respecto al mundo de las criptodivisas, y lo que había descubierto sobre Tether no había colaborado a disipar mis dudas. En Miami, sin embargo, estaría rodeado de auténticos creyentes, de aquellos que estaban intentando popularizar el uso de las criptomonedas y atraer grandes cantidades de dinero, tanto por parte de inversores institucionales como de particulares. Según aseguraban ellos mismos, la «tecnología de la cadena de bloques» que la sustentaba

---

1. Traducción de la expresión en inglés «number go up», que además da título al libro en su versión inglesa. La expresión es una abreviatura divertida que ha surgido dentro de la criptocomunidad para describir el comportamiento estable en el incremento del precio de las criptomonedas. *(N. del T.)*.

2. Carl Hiaasen: *Skinny Dip,* n.º 37, Grand Central Publishing, Nueva York (2005).

no tardaría en convertirse en el mecanismo que impulsaría el resto de transacciones financieras.

La conferencia debía versar exclusivamente sobre Bitcoin, la primera criptodivisa y la más importante, pero como se trataba de uno de los primeros eventos a gran escala desde que estaban disponibles las vacunas contra el Covid-19, supuse que asistirían las personas más relevantes del sector. Mi plan consistía en escuchar educadamente cómo un grupo de fanáticos cripto presentaban sus aplicaciones y, después, preguntarles qué sabían acerca de Tether.

Cuando llegué al centro de convenciones Mana Wynwood, el recinto con aspecto de almacén que albergaba el evento, vi a miles de personas esperando fuera bajo un Sol abrasador. La cola para entrar serpenteaba durante, por lo menos, un kilómetro y medio, pasando por delante de un llamativo mural de una rata de dibujos animados y otro de un payaso con ojos de insecto que lloraba. Los asistentes llevaban camisetas con lemas cripto como, por ejemplo, «Have fun staying poor or hodl»,[3] un meme que aboga por la necesidad de conservar las criptomonedas derivado de un error tipográfico de la palabra «hold». Algunos llevaban camisetas para promocionar sus monedas favoritas, cuyos nombres parecían pensados para atraer la atención de la forma más estúpida posible. Durante la conferencia, el precio de una moneda llamada CumRocket[4] se cuadruplicó después de que Elon Musk tuiteara un trío de emojis (un chapoteo, un cohete y una luna) que parecían hacer referencia a ella.

El ambiente era más parecido al de un carnaval que a una conferencia sobre tecnología. Cerca de la entrada, vi un contenedor de basura lleno de bolívares venezolanos con la inscripción «Cash is trash»[5] pegada en uno de sus lados. Habían instalado una rampa para que Tony Hawk hiciera una exhibición de sus habilidades con el monopatín. En el interior del recinto, vi modelos con el cuerpo pintado con el logotipo de Bitcoin paseándose por delante de estands que anunciaban empresas de criptomonedas, relojes de lujo y clubes nocturnos de

---

3. «Disfruta siendo pobre o no vendas». *(N. del T.)*.
4. Anthony Cuthbertson: «Elon Musk Sends Adult-Themed Crypto Price 'to the Moon' After Tweeting Explicit Emoji», *Independent*, 5 de junio (2021).
5. «El dinero en efectivo es una basura». *(N. del T.)*.

Miami. Casi nadie llevaba mascarilla. Para pasar inadvertido, tuve que quitarme la mía. Un olor acre a colonia lo impregnaba todo. Lo cual era casi un alivio; mientras pudiera olerla, significaba que, probablemente, aún no tenía el coronavirus.

No era ninguna casualidad que la ciudad encargada de albergar aquel extraño evento fuera Miami. Francis Suárez, el alcalde de la ciudad, de cuarenta y tres años, fue el primero en dirigirse al público. Subió al escenario mientras sonaba una estridente música tecno y se detuvo delante de un gigantesco logotipo naranja con la «B» de Bitcoin. Llevaba puesta una camiseta de cosecha propia en la que podía leerse «How can I help»[6] con letras de neón al estilo *Corrupción en Miami*.

«En esta ciudad entendemos perfectamente qué significa ser la capital del capital –dijo–. Significa ser la capital de Bitcoin».

Suárez declaró[7] que quería pagar a los empleados municipales en bitcoines,[8] aceptar la criptodivisa en el pago de multas e impuestos, e incluso que la ciudad invirtiera en ella. FTX, la plataforma de criptomonedas de Sam Bankman-Fried, estaba pagando 135 millones de dólares por los derechos del nombre del pabellón de los Miami Heat, equipo de la NBA propiedad de la ciudad. Según Suárez, ese dinero se destinaría a financiar programas contra el uso de las armas de fuego y fomentar empleos de verano para adolescentes.

El alcalde equiparó a los escépticos de Bitcoin con los escépticos de su ciudad, a quienes les encantaba chincharle con el tema del cambio climático señalando que las calles de Miami se inundaban incluso cuando hacía Sol. Curiosamente, esa misma semana, el Cuerpo de Ingenieros del Ejército estadounidense publicó un informe en el que se recomendaba la construcción de un enorme dique de más de siete

---

6.   «Cómo puedo ayudar». *(N. del T.)*.

7.   El alcalde estaba tan interesado en las criptomonedas que más tarde promovería algo llamado MiamiCoin. Suárez perdió unos 2500 dólares cuando el precio se desplomó. En Joey Flechas y Vinod Sreeharsha: «MiamiCoin Trading Halted. After Price Tanked, Mayor Francis Suarez Lost About $2,500», *Miami Herald*, 22 de marzo (2023).

8.   Jonathan Levin: «Miami Mayor Says Plan Advancing to Pay City Employees in Bitcoin», Bloomberg, 12 de octubre (2021).

metros de altura en la bahía de Biscayne,[9] lo que bloquearía las vistas del océano desde el distrito financiero de la ciudad. «¿Vosotros veis agua por aquí? No lo sé, pero yo no veo ni una gota», bromeó Suárez ante la multitud asistente.

Los oradores que hablaron después de él se mostraron tan entusiastas con Bitcoin que hicieron que Suárez pareciera pesimista. Algunos dijeron que permitiría las transferencias de dinero gratuitas e instantáneas, lo que vendría a sustituir a MasterCard y Visa. Otros aseguraron que posibilitaría el acceso al sistema financiero a los millones de personas de todo el mundo que no tenían una cuenta corriente. Bitcoin parecía no tener límite. Un creador de contenidos la denominó «la primera institución monetaria y social incorruptible hecha por el hombre» y dijo que era «potencialmente el invento más importante de la historia de la humanidad».

Muchos de los ponentes arremetieron contra los bancos centrales y la inflación. Su bestia negra era el «dinero fiduciario», es decir, el dinero impreso por los bancos centrales; en otras palabras, prácticamente todo el dinero que ha existido en los tiempos modernos. Este tipo de dinero era el culpable de todos los males de la sociedad, desde la inflación a la guerra o la desnutrición, y reclamaban un retorno a la época en que el dinero estaba respaldado por activos tangibles (pese a que prácticamente todos los economistas están convencidos de que eso provocaría crisis financieras recurrentes). La única diferencia era que, esta vez, Bitcoin desempeñaría el papel tradicional del oro.

«Bitcoin lo cambia absolutamente todo», dijo Jack Dorsey, quien habló desde el escenario con una camiseta con el dibujo decolorado de una corbata, la cabeza rapada y barba de gurú.

Los oradores de Miami hicieron que Bitcoin pareciera algo complejo y revolucionario, prácticamente divino. Su naturaleza incomprensible era casi un argumento de venta. Los adeptos equiparaban el momento en que finalmente se entendía qué era Bitcoin con un despertar religioso. Todo aquel bombo y platillo me dejó aún más confundido

---

9. Patricia Mazzei: «A 20-Foot Sea Wall? Miami Faces the Hard Choices of Climate Change», *New York Times*, 2 de junio (2021).

sobre qué era exactamente un bitcoin o cómo funcionaba la cadena de bloques. Pero no me di cuenta hasta más tarde de que el funcionamiento de las criptomonedas no era tan complicado como parecía, al menos por lo que se refería a los elementos más importantes.

Una cadena de bloques no es más que una base de datos. Imagina una hoja de cálculo con dos columnas: en la columna A hay una lista de personas, y en la columna B hay un número que representa cuánto dinero tienen cada una de esas personas.

Columna A	Columna B
ZEKE	0,647
SBF	1 000 000

En la cadena de bloques de Bitcoin, los números de la columna B representan bitcoines. Y las personas de la columna A, en lugar de nombres, se identifican con cadenas de caracteres aleatorios. Eso es todo. Los bitcoines no son más que eso: números en una hoja de cálculo. No hay nada más. Sin la hoja de cálculo, los bitcoines no existen. Si estuviéramos hablando de la cadena de bloques de Dogecoin, por ejemplo, los números de la columna B representarían dogecoines. Los tétheres también son simplemente números en una hoja de cálculo como la que aparece más arriba. (Técnicamente, una cadena de bloques es una lista de todas las transacciones realizadas, las cuales se compilan mediante un *software* en una hoja de cálculo muy parecida a la anterior). En la siguiente sección se detalla cómo funciona esto exactamente. Aunque prometo hacer todo lo posible para que resulte interesante, si quieres puedes saltártela; ya eres todo un experto en Bitcoin y las cadenas de bloques.

Las listas de dos columnas como la de la página anterior siempre han sido uno de los elementos fundamentales del sistema financiero. Ésa es precisamente la función principal de un banco: llevar la cuenta del dinero que tiene cada cliente. Ésta es una de las lecciones que aprendí hace años de una de las fuentes más infravaloradas del universo financiero: el programa de televisión *Saturday Night Live*.

El *sketch* en cuestión empieza con un banquero regordete con chaleco y el pelo engominado y peinado hacia atrás dirigiéndose a una sala de juntas llena de empleados mientras de fondo suena el *Himno a la alegría* de Beethoven. Uno de los empleados es Will Ferrell, el cual lleva bigote de manillar y hace todo lo posible por contener la risa. Entornando los ojos tras sus gafas redondas, el banquero explica que lo que está diciendo es la ley más importante de Wall Street: «Haremos una lista de nuestros clientes y del dinero que nos ha dado cada uno de ellos –dice–. Guardaremos la lista en un lugar seguro». Los empleados asienten con semblante serio. El banquero reitera la importancia de la lista. «Debemos proteger especialmente la lista con el nombre de cada cliente y la cantidad de dinero que ha invertido –continúa–. Si perdiéramos esa lista, estaríamos perdidos». Entonces añade otra norma: «Si llama mi mujer mientras me estoy tirando a mi secretaria, decidle que estoy en una reunión del consejo de administración. Así podré seguir tirándome a mi secretaria sin que mi mujer se entere».

El *sketch* es gracioso porque es verdad: si un banco perdiera la lista, se enfrentaría a graves consecuencias. Y aunque los bancos suelen proteger muy bien ese tipo de listas, las periódicas crisis financieras a lo largo de la historia nos enseñan por qué no es recomendable confiar los ahorros de toda una vida a un financiero egoísta que se está tirando a su secretaria.

Con la innovación técnica de la cadena de bloques, los clientes pueden agruparse y mantener la lista ellos mismos, sin la intervención de ningún banquero. Si quiero transferir 1000 bitcoines de mi cuenta a la cuenta de otra persona, no necesito ponerme en contacto con ningún banquero. En lugar de eso, mi ordenador transmite la transacción a todos los ordenadores que gestionan la red Bitcoin, enviando a los demás usuarios un mensaje parecido a este: «Oye, estoy transfiriendo 1000 bitcoines a otra cuenta».

Pero ¿de dónde surgió esta idea? Bitcoin, la criptodivisa de referencia, nació en Halloween de 2008, en el momento álgido de la crisis de las hipotecas *subprime*, justo después de la quiebra de Lehman Brothers, el famoso banco de inversión. Todo empezó cuando una persona o grupo conocido como Satoshi Nakamoto publicó un mensaje en una lista de correo electrónico sobre criptografía. «Una versión estrictamente entre pares de dinero electrónico permitiría que los pagos en línea se enviaran directamente de una parte a la otra sin necesidad de pasar por el filtro de una institución financiera», propuso Nakamoto.

Aunque la identidad de Nakamoto era un misterio, su idea atrajo la atención de libertarios, fanáticos de la tecnología y seguidores del movimiento *cypherpunk*, quienes vieron en Internet una forma de crear mercados libres que estuvieran fuera del control de los gobiernos. Les atraía especialmente que las transacciones fueran más o menos anónimas. La idea de Nakamoto se difundió a través de listas de correo sobre criptografía, tableros de mensajes y otros sistemas oscuros de Internet. Varios codificadores y criptógrafos se ofrecieron para ayudarle a desarrollar el *software* de código abierto de Bitcoin. Entonces, en 2011, las comunicaciones de Nakamoto cesaron abruptamente, y los voluntarios se hicieron cargo del mantenimiento de la red. Nunca más se supo de Nakamoto.

Bitcoin dependía del trabajo realizado por voluntarios debido precisamente al sistema que Nakamoto había ideado para proteger la lista. El problema era que alguien podía intentar gastar dos veces los mismos bitcoines. ¿Cómo? Pues, sencillamente, cortando y pegando el dinero.

La solución que utiliza Bitcoin para evitar este «problema del doble gasto» se denomina «minería», un sistema increíblemente complicado y confuso. Además, consume tanta electricidad que la Casa Blanca ha advertido de que podría impedir a EE. UU. frenar el cambio climático, algo que parece sacado de la película de ciencia ficción distópica más aburrida que se haya hecho nunca.

Intentaré explicarlo de la forma más sencilla posible: una vez que llegan suficientes mensajes sobre transacciones, unos ordenadores de la red llamados mineros compilan el lote en lo que se conoce con el nombre de «bloque», confirmando que, efectivamente, tengo 1000 bitcoines y que no se los he enviado ya a otra persona. A continuación, formalizan el bloque y lo añaden a la lista de bloques existente: la cadena de bloques.

No obstante, estos mineros no se limitan a emitir un voto para certificar que las transacciones son válidas. Eso exigiría confiar en un sistema de recuento de votos. En su lugar, los mineros tienen que competir en un increíblemente complicado juego de acertijos para generar un número aleatorio. En 2023, las probabilidades de acertar eran de 75 sextillones a 1.[10] El minero ganador publica el bloque y actualiza el registro, además de obtener una recompensa de seis bitcoines y cuarto completamente nuevos,[11] salidos directamente del éter. La dificultad del juego aumenta paulatinamente a medida que participan en él más mineros.

Durante los primeros años no había mucho más que hacer con los bitcoines aparte de dedicarse a la criptominería. La gente lo hacía en sus ordenadores personales. Era un *hobby* para friquis, como el maquetismo de trenes o la radioafición. El precio de un bitcoin rondaba el cero.

Sin embargo, en 2011, apareció una página en la web oscura que aprovechaba el aparente anonimato de Bitcoin. Se llamaba Silk Road y era una especie de eBay de las drogas, donde los vendedores ofrecían marihuana, heroína, éxtasis y cocaína, las vendían a cambio de bitcoines y las enviaban por correo ordinario. «Tenía la sensación de estar en el futuro»,[12] le dijo uno de los primeros clientes a un periodista tras comprar 100 microgramos de ácido en Silk Road por 50 bitcoines.

Silk Road fue la primera aplicación comercial de Bitcoin. Los consumidores de drogas no se hicieron con un equipo informático para dedicarse a la minería y poder acceder a la droga a través de la web oscura, sino que compraban bitcoines a cambio de dinero en efectivo mediante rudimentarios intercambios. La demanda provocó que el precio empezara a subir.[13]

---

10. Matt Levine: «The Crypto Story», *Bloomberg Businessweek*, 31 de octubre (2022). Lectura recomendada para todos aquéllos interesados en aprender más sobre el funcionamiento de las criptomonedas.

11. Gabriel J. X. Dance, Tim Wallace y Zach Levitt: «The Real World Costs for the Digital Race for Bitcoin», *The New York Times*, 9 de abril (2023).

12. Adrian Chen: «Underground Website Lets You Buy Any Drug Imaginable», *Wired*, 1 de junio (2011).

13. Los fiscales alegaron que Silk Road generó ingresos por valor de 9,5 millones de bitcoines. En aquel momento, existían menos de 12 millones de bitcoines. Tim Fernholz: «Silk Road Collected 9.5 Million Bitcoin—and Only 11.75 Million Exist», *Quartz*, 2 de octubre (2013).

Bitcoin estaba tan ligado a Silk Road que cuando el fundador de la página web, Ross Ulbricht, fue detenido en octubre de 2013, el precio de la criptomoneda se desplomó. No obstante, un mes más tarde, el precio de Bitcoin se multiplicó misteriosamente por diez, superando los 1000 dólares. Las noticias empezaron a hacerse eco de los primeros millonarios de Bitcoin.[14] El *establishment* de Wall Street lo calificó de burbuja insostenible, lo que hizo que Bitcoin recibiera aún más atención. Años más tarde, los investigadores descubrirían que la fuerte subida se produjo como resultado de operaciones falsas y manipulación de los precios,[15] pero, para entonces, la idea de que uno podía hacerse rico con Bitcoin ya formaba parte del imaginario popular.

En el momento de la conferencia de Miami de 2021, un solo bitcoin costaba 39 000 dólares, y hubieran hecho falta 691 000 millones de dólares para depositar en mi cuenta todos los números de la cadena de bloques de Bitcoin.

• • •

El hecho de que el sistema resistiera todo este tiempo es un tributo al ingenioso diseño de Nakamoto y al trabajo de los codificadores voluntarios de Bitcoin. No obstante, el diseño también tuvo una consecuencia no deseada: cantidades masivas de contaminación.

El sistema depende de incentivos económicos. Los mineros que dan el visto bueno a las transacciones han hecho una inversión financiera tan importante —comprando ordenadores para competir en el juego de acertijos— que, desde el punto de vista económico, no tendría ningún sentido tratar de socavar Bitcoin introduciendo transacciones falsas. Sin embargo, eso también significa que resulta rentable mantener en funcionamiento miles de ordenadores para intentar adivinar números aleatorios con la esperanza de obtener la recompensa de Bitcoin. Como dijo alguien en un famoso comentario en Twitter: «Imagina que

---

14. Stephen Foley y Jane Wild: «The Bitcoin Believers», *Financial Times*, 14 de junio (2013).
15. Neil Gandala, J. T. Hamrick, Tyler Mooreb y Tali Obermana: «Price Manipulation in the Bitcoin Ecosystem», *Journal of Monetary Economics*, n.º 5 (2017).

tener el motor del coche al ralentí todo el día durante toda la semana te permitiera resolver sudokus que después podrías cambiar por heroína».

Y eso es extraordinariamente malo para el medioambiente. En cuanto el precio de Bitcoin empezó a subir, la competencia se encargó de expulsar a los mineros aficionados. En pocos años, las empresas empezaron a vender ordenadores especializados en el juego de los acertijos. Los mineros empezaron a operar con estanterías enteras llenas de ordenadores. Y después con almacenes llenos de estanterías.

La criptominería se convirtió en un desastre medioambiental. Los mineros recorrieron el planeta en busca de fuentes de energía barata. En casi todos los lugares donde se instalaron, se toparon con la oposición de la población local. Los residentes de Niagara Falls, Nueva York, se quejaron de que el ruido producido por los potentes ventiladores de refrigeración que utilizaban los mineros de Bitcoin para evitar el sobrecalentamiento de los ordenadores estaba eclipsando el sonido de las enormes cascadas de la zona.[16]

China, un país que no es precisamente famoso por su ecologismo, prohibió la criptominería de Bitcoin debido a su enorme consumo de energía. (Por supuesto, el estado de Texas los recibió con los brazos abiertos).

Mientras que otras monedas acabaron adoptando diferentes sistemas de autenticación que consumían mucha menos electricidad, los bitcoineros se opusieron a cualquier cambio en el sistema de minería diseñado por Nakamoto. No había forma de reducir el consumo de energía requerido por la minería. La dificultad de ganar el juego de acertijos –lo que incentiva el uso intensivo de recursos energéticos enfocados en la informática– es lo que impedía que se pirateara el sistema. Aunque algunos intentaron utilizar fuentes renovables, se calcula que en 2023 alrededor del 85 % de la electricidad utilizada para la minería de Bitcoin procedía de centrales de carbón y gas natural.[17] Según

---

16. Hannah Brown: «Bitcoin Mining Is Drowning Out the Sound of Niagara Falls—Here's How», *AFP*, 11 de julio (2022).

17. Dance, Wallace y Levitt: «The Real World Costs for the Digital Race for Bitcoin».

algunas estimaciones, la criptominería consumía tanta energía como Argentina[18], un país de 46 millones de habitantes.

Si todo esto te parece una locura, tranquilo, a mí también me lo parecía.

• • •

Lo más absurdo es que los números en la cadena de bloques de Bitcoin no representan dólares, y tampoco tienen ningún tipo de vínculo con el sistema financiero. No existe razón alguna por la que un bitcoin tenga que valer más que un dogecoin o cualquier otro número en cualquier otra base de datos. ¿Qué sentido tiene quemar cantidades ingentes de carbón sólo para obtener un número más alto en la cadena de bloques de una cuenta?

Al principio, la teoría aseguraba que el valor de Bitcoin subiría una vez que formara parte del sistema financiero convencional. La idea era que si Bitcoin era una tecnología financiera superior, entonces muchísima gente querría utilizarla para sus transacciones financieras. Y si mucha gente quería usarla, primero tendrían que comprar bitcoines.

Pero, cuando eso no ocurrió, los bitcoineros empezaron a referirse a la moneda como «oro digital». El diseño de Nakamoto limitaba la oferta total de bitcoines a 21 millones de unidades. El argumento era que la oferta limitada aseguraba el incremento futuro del precio de la moneda. Pero, por supuesto, el hecho de que la oferta de algo sea limitada no garantiza necesariamente que sea valioso: en un principio, sólo salieron a la venta 21 millones de copias en VHS de *Toy Story*, la película de Pixar y, en cambio, hoy en día puede conseguirse una en eBay por tres dólares.

Para los creyentes de Bitcoin, la subida del precio se convirtió en su propia justificación. En el escenario de Miami, muchos de los ponentes recurrieron a una especie de razonamiento ilógico: el precio de Bitcoin subirá porque ya ha subido antes. Esgrimían este argumento circular

---

18. Allyson Vesprille: «Crypto Mining Is Threatening US Climate Efforts, White House Warns», Bloomberg, 8 de septiembre (2022).

para ahuyentar las dudas e invocar un futuro de infinitas posibilidades. Al final se convirtió en un mantra: el precio siempre sube.

«El precio siempre sube», declaró sobre el escenario de Bitcoin 2021 Dan Held, ejecutivo de una criptoplataforma llamada Kraken. «La tecnología en la que se basa la idea de "el precio siempre sube" es muy poderosa. Está basada en el precio. A medida que el precio sube, más gente la conoce y la compra en previsión de que el precio siga subiendo».

No podía creer lo que estaba oyendo. No soy informático, pero no creo que pueda denominarse «tecnología» a algo que consiste en que los precios suban constantemente y sin motivo. Habían pasado trece años desde la creación de Bitcoin –aproximadamente el mismo tiempo que se tardó en pasar de las primeras páginas web al iPhone– ¿y el mejor argumento que alguien tenía para Bitcoin era que se trataba de una burbuja financiera que seguiría creciendo de forma ininterrumpida?

A pesar de todo, «el precio siempre sube» se había convertido en una especie de culto. Colaboraba a ello el hecho de que Satoshi Nakamoto hubiera desaparecido y se desconociera su auténtica identidad, lo que daba a los fieles un dios misterioso y ausente a quien adorar.

Los pasillos estaban abarrotados cuando el maestro de ceremonias presentó a dos hombres que, a juzgar por los enfervorecidos aplausos, parecían ser las estrellas del espectáculo. El primero en salir, al ritmo de una ensordecedora música electrónica, con traje blanco y gafas de Sol lilas, fue Max Keiser, un podcastero de Bitcoin. «¡Sí! ¡Sí!», gritó sacudiendo los puños por encima de la cabeza mientras la música alcanzaba su clímax. Recientemente, Elon Musk había anunciado que Tesla no aceptaría Bitcoin debido a su impacto medioambiental. Keiser estaba furioso, como si el multimillonario hubiera atropellado a su perro. «¡No venderemos! ¡No vamos a vender! ¡Que se joda Elon! ¡Que se joda Elon!».

Entonces subió al escenario, vestido completamente de negro y con unas botas de cuero también negras, un ejecutivo de cincuenta y seis años llamado Michael Saylor. Keiser se refirió a él con el apelativo de «giga-Chad». En el argot de Internet, *Chad* se usaba para referirse a un macho alfa, lo que, según los estándares de la conferencia, donde la hombría se medía en función de la capacidad para realizar temerarias operaciones financieras, le quedaba como anillo al dedo.

Aunque sería más adecuado decir que Saylor era el mayor fracaso de la sala. Durante su intervención no lo mencionó, pero su empresa de *software*, MicroStrategy, estuvo a punto de quebrar durante la burbuja puntocom, en los años en que Internet era la nueva tecnología de moda. En 2000, justo antes de que estallara la burbuja, Saylor declaró en *The New Yorker*: «Espero no levantarme un día y tener que mirarme al espejo y decir: "Tenías 15 000 millones de dólares y lo has perdido todo. Ése es el tipo que tiró 15 000 millones por el retrete"».[19] Poco después perdió 13 500 millones de dólares.

Sin embargo, MicroStrategy logró sobrevivir, y durante años Saylor se mantuvo en un relativo anonimato. Hasta que empezó a comprar bitcoines. Y siguió comprándolos. En el momento de la conferencia, había invertido 2000 millones de dólares de MicroStrategy en la criptomoneda.

Saylor se había puesto ojos láser en su foto de perfil de Twitter, un signo que distinguía a los fieles de las criptomonedas y que significaba que uno creía que el precio de un bitcoin alcanzaría los 100 000 dólares, y empezó a publicar aforismos crípticos sobre Bitcoin del tipo: «Bitcoin es un enjambre de avispones cibernéticos que sirven a la diosa de la sabiduría, alimentan el fuego de la verdad, se hacen exponencialmente más inteligentes, más rápidos y más fuertes detrás de un muro de energía encriptada». Su filosofía sonó aún más desquiciada cuando, una vez el público se hubo calmado, la expuso en directo con su voz nasal y semblante severo.

«Bitcoin puede equipararse a la vida vegetal –dijo Saylor desde el escenario–. Pongo mi energía monetaria, mi fuerza vital, en ella, y después dejo que viva durante los siguientes mil años. Está bien estar vivo durante mil años. ¿Qué mal hay en ser rico para siempre?».

A mí también me parecía atractiva la idea de vivir eternamente y de que el dinero creciera como el kudzu. Por un momento, sentado en aquella sala con poca luz y rodeado de auténticos creyentes, me sentí mal por mantener mi dinero en un plan de pensiones normal y

---

19. Larisa MacFarquhar: «Caesar.com», *The New Yorker*, 3 de abril (2000).

corriente. Pero tenía una misión. Estaba allí para descubrir todo lo que pudiera acerca de Tether.

Antes de viajar a Miami, había investigado a todos los asistentes para saber quién había hecho negocios con Tether y, por tanto, podía saber algo sobre la empresa, y había concertado entrevistas con varios de ellos. En primer lugar, un colega me había conseguido un breve encuentro con Sam Bankman-Fried, cuya plataforma FTX era, al parecer, una importante usuaria de Tether.

Quería hablar con él sobre algo llamado «papel comercial», un término de Wall Street para referirse a los préstamos a corto plazo a las empresas, préstamos que financian gastos corrientes como el inventario o las nóminas. Tether aseguraba poseer unos 30 000 millones de dólares en papel comercial, lo que le habría convertido en el séptimo mayor tenedor de este tipo de deuda, junto con Charles Schwab y Vanguard. Sin embargo, algunos colegas y yo habíamos sondeado a varios operadores de Wall Street y ninguno de ellos sabía nada de las inversiones de Tether en el mercado del papel comercial. «Es un mercado pequeño donde todo el mundo se conoce —me dijo un especialista del sector–. Si alguien nuevo entrara en él, todo el mundo lo sabría».

Algunas personas creían que lo que Tether llamaba «papel comercial» en realidad era deuda de las plataformas de criptodivisas como FTX. Eso explicaría por qué nadie en Wall Street tenía tratos con Tether. FTX podría limitarse a enviar a Tether una nota diciendo: «Te prometo que te pagaré 1000 millones de dólares», y Tether podría transferir rápidamente 1000 millones de monedas sin que nadie se enterara.

Nos reunimos en una sala abarrotada destinada a los medios de comunicación. Era como un zoo: el lugar estaba lleno de periodistas de sitios web dedicados a las criptomonedas. Vi entrar a un musculoso podcastero de criptomonedas enfundado en una camiseta negra ajustada, flanqueado por tres ayudantes vestidos de forma similar y con el mismo porte. Otro hombre llevaba en brazos un perro peludo mientras grababa las entrevistas.

Bankman-Fried había viajado desde Hong Kong, donde FTX tenía su sede. Estaba allí para celebrar el cambio de nombre del pabellón de los Miami Heat, que pasó de llamarse American Airlines Arena a FTX

Arena y, cuando nos sentamos, parecía distraído. Como sólo disponía de unos minutos con él, le planteé directamente la teoría según la cual Tether le estaba emitiendo monedas a cambio de pagarés. Él me aseguró que la teoría no era cierta.

«Les hemos transferido muchos dólares», me dijo. También me aseguró que había conseguido liquidar tétheres transfiriendo las monedas digitales de vuelta a la empresa y recibiendo a cambio dólares estadounidenses reales, aunque el proceso que describió me resultó un tanto extraño.

«Hay que pasar por tres jurisdicciones distintas, a través de bancos intermediarios –me explicó–. Pero si conoces los bancos adecuados, puedes evitar algunos de esos intermediarios».

No le dejaron continuar; su equipo de relaciones públicas se lo llevó de allí a toda prisa.

También tenía una entrevista con Alex Mashinsky, el fundador de una empresa llamada Celsius Network. Había leído que Tether era uno de los primeros patrocinadores de Celsius,[20] por lo que supuse que sabría muchas cosas sobre las criptomonedas estables. Mashinsky parecía estar en todas partes: en el escenario, en el centro de convenciones y en la sala de prensa, concediendo entrevistas. Nos reunimos en una pequeña sala sin ventanas, más reservada.

Mashinsky, de cincuenta y cinco años, había crecido en Israel y aún conservaba un ligero acento. Era alto y fornido, con los ojos muy juntos y un pelo castaño que le caía sobre la frente. En su camiseta especial podía leerse el mensaje «Unbank yourself».[21] Para que se sintiera un poco más cómodo antes de empezar a presionarle, le hice una pregunta fácil: le pedí que me explicara el modelo de negocio de su empresa.

La respuesta que me dio no tenía ningún sentido. Me dijo que los usuarios podían depositar criptomonedas en Celsius a cambio de un interés. Los tipos alcanzaban el 18 % anual, en un momento en que la mayoría de los bancos no pagaban prácticamente nada por los ahorros.

---

20. «Celsius Network Secures US$10M Equity Raise with Tether as Lead Investor», *PR Newswire*, 22 de junio (2020).

21. «Deshazte de los bancos». *(N. del T.)*.

Me dijo que la empresa también se dedicaba a prestar dinero, pero a tipos muy bajos de interés. En otras palabras, su plan consistía en comprar caro y vender barato. Parecía una buena forma de perder dinero, o posiblemente un esquema Ponzi.

Entonces decidí preguntarle por Tether.

—¿Las criptomonedas estables forman parte de su modelo de negocio?

—Tenemos miles de millones de dólares en criptomonedas estables –dijo él.

Resultó que Celsius tenía 18 000 millones de dólares en activos.[22] No me lo podía creer. De algún modo, Celsius había logrado acumular tanto dinero como un gran fondo de cobertura, pero con un plan de negocio que no serviría ni para el puesto de limonadas de un niño.

—Es lo que imaginaba –murmuré, intentando mantener la compostura.

Mashinsky dijo que el tema del respaldo de la criptomoneda no era ningún problema.

—Al fin y al cabo, las criptomonedas estables no son más que una versión digital del dólar. No es ningún trapicheo.

Pero entonces pasó a describir algo que se parecía bastante a un trapicheo. Tether, además de invertir en Celsius, le había prestado a la empresa más de 1000 millones de dólares de sus monedas, las cuales Mashinsky utilizó para invertir en otras cosas. Según él, esto era completamente seguro porque, por cada dólar en tétheres que pedía prestado, ponía como garantía alrededor de 1,50 dólares de Bitcoin. Si Celsius quebraba, Tether podía vender los bitcoines. Mashinsky me dijo que Tether también ofrecía este tipo de servicio a otras empresas.

Hasta entonces creía que el modelo de negocio de Tether consistía en vender cada moneda por un dólar y depositar ese dólar en el banco. Pero ahora me enteraba que Tether estaba imprimiendo dinero nuevo prestándole a Mashinsky monedas respaldadas únicamente por Bitcoin. Eso era mucho menos seguro. A pesar del ruido que hacían los

---

22. Zeke Faux y Joe Light: «Celsius's 18 % Yields on Crypto Are Tempting—and Drawing Scrutiny», *Bloomberg Businessweek*, 27 de enero (2022).

creyentes, no existía ninguna razón para pensar que el precio seguiría subiendo ininterrumpidamente.

Le pregunté a Mashinsky si sus promesas sobre Celsius eran demasiado buenas para ser verdad. Él insistió en que no lo eran. No obstante, cuanto más hablaba, menos le creía. Dijo que la clave estaba en que Celsius transfería la mayor parte de sus ganancias a los usuarios, a diferencia de los bancos tradicionales, que invierten el dinero de sus clientes y se quedan con los beneficios. Según Mashinsky, los bancos como J. P. Morgan eran deshonestos cuando decían que sólo podían pagar tipos de interés ínfimos a los clientes que depositaban sus ahorros en su entidad.

—Alguien está mintiendo –dijo–. O miente el banco o miente Celsius.

Yo estaba bastante seguro de quién estaba mintiendo, y no era J. P. Morgan. Hice una nota mental para investigar a Celsius en cuanto volviera a Nueva York.

El momento más extraño del Bitcoin 2021 se produjo al final. Un hombre pequeño y de aspecto juvenil se paseaba por el escenario, riendo y maldiciendo, mientras contaba la historia de los meses que había pasado en una playa de El Salvador. Llevaba puesta una holgada sudadera blanca con capucha y una gorra de béisbol, y parecía un estudiante de bachillerato haciendo una crónica muy poco apropiada sobre sus últimas vacaciones de verano. Más tarde descubrí que se llamaba Jack Mallers, que tenía veintisiete años y que dirigía una empresa con vínculos con Bitcoin llamada Strike.

Mallers explicó que había ido a un pueblo costero de El Salvador porque un surfista de San Diego estaba enseñando a la gente pobre de la localidad todo lo que había que saber sobre Bitcoin convencido de que eso les ayudaría a salir de la pobreza. Mientras estaba en la playa, recibió un mensaje por Twitter del hermano del presidente de El Salvador. Poco tiempo después, estaba asesorando al país centroamericano sobre política monetaria.

Entonces vi con incredulidad cómo aparecía el rostro del mismísimo presidente de El Salvador, Nayib Bukele, en la gran pantalla que había detrás de Mallers. En un discurso grabado, el presidente anunció por primera vez que El Salvador iba a adoptar Bitcoin como moneda nacional. En lugar de comunicárselo primero a sus ciudadanos, decidió hacer público aquel importante cambio de política nacional a un grupo de aficionados a Bitcoin, en Miami, Florida, en inglés, un idioma que la mayoría de los salvadoreños no entienden.

El público se volvió loco. Mallers se emocionó tanto que empezó a llorar. Por primera vez, millones de personas utilizarían Bitcoin para sus transacciones cotidianas. Con Bitcoin impulsando la economía, afirmó, la juventud salvadoreña «no tendrá que recurrir a la delincuencia ni a la violencia», y el país «dejará de tener problemas de inmigración».

«No haré el lanzamiento en Europa; estaré allí. Moriremos en esta colina. ¡Moriré en esta puta colina! –exclamó Mallers entre sollozos–. Hoy la humanidad da un enorme salto adelante en el restablecimiento de la libertad humana».

No entendía nada. Existían poderosas razones que explicaban por qué nadie usaba Bitcoin para pagar un café: era complicado, caro y lento de usar. ¿Y qué pasaría si los salvadoreños pobres ponían todos sus ahorros en criptomonedas y luego el precio se desplomaba? Pero el público estaba embelesado. Al observar a la multitud, vi que Mallers no era el único que se enjugaba las lágrimas.

No todas las personas con las que hablé en Miami eran fanáticos de Bitcoin. También entrevisté a los mayores usuarios de Tether, varios operadores profesionales de fondos de cobertura y otras grandes empresas, y éstos me explicaron que, a pesar de toda la cháchara sobre la moneda entre pares, así como de la ingenuidad detrás de la idea de transferir valor sin intermediarios, la mayor parte de los usuarios no estaban utilizando las criptomonedas para comprar cosas. Lo que estaban haciendo era enviar dinero a las plataformas de intercambio, donde después podían apostar por el precio de las monedas.

Las criptoplataformas, como FTX de Bankman-Fried, eran básicamente gigantescos casinos. Y muchas de ellas, sobre todo durante los primeros años de existencia de las criptomonedas y fuera de EE. UU., no podían utilizar dólares porque los bancos se negaban a abrirles cuentas, temerosos de facilitar inadvertidamente el blanqueo de capitales. Aquí es donde entraba Tether. Cuando los clientes querían hacer una apuesta, primero compraban unos cuantos tétheres. Era como si todas las salas de póquer de Montecarlo y todos los salones de mahjong de Macao enviaran a los jugadores a comprar fichas a una gran caja central.

Los mayores operadores ganaron mucho dinero facilitando innumerables apuestas más pequeñas, como la envidiada ganancia de Jay en Dogecoin. Necesitaban mover grandes cantidades de dinero de una plataforma a otra, y lo hacían con tétheres. Me aseguraron que todos los días compraban y vendían cientos de millones de tétheres y consideraban la moneda como un estándar de la industria. Aun así, muchos de ellos tenían sus propias teorías conspirativas acerca de la empresa detrás de la criptomoneda. Está controlada por la mafia china; la CIA la utiliza para mover dinero; el gobierno ha permitido que se haga enorme para así poder rastrear a los delincuentes que la utilizan. Me di cuenta de que no confiaban en Tether, pero que necesitaban la criptomoneda para poder realizar sus operaciones y ganar un montón de dinero. El escepticismo no daba beneficios.

«De haber sido más inestable, tampoco me habría preocupado»,[23] me dijo Dan Matuszewski, cofundador de CMS Holdings, una empresa de criptoinversión.

Los operadores me dijeron que los directivos de Tether eran muy reservados y que, probablemente, no querrían hablar conmigo. Pero, según ellos, había una persona que había estado involucrada con la moneda a quien le encantaba ser el centro de atención: el cofundador de Tether y ex actor de *Somos los mejores*.

Su nombre era Brock Pierce y, a juzgar por sus perfiles de las redes sociales, parecía haber hecho una fortuna con las criptomonedas. Cuantas más cosas sabía de él, más curiosidad despertaba en mí. Viajaba por todo el mundo promocionando la criptoindustria en un *jet* Gulfstream decorado con dinero del Monopoly y los logotipos de Bitcoin y Ethereum.[24] Llevado por la vanidad, había montado una campaña

---

23. Zeke Faux: «Anyone Seen Tether's Billions?», *Businessweek*, 7 de octubre (2021).
24. El *jet* lo pintó con aerosol el famoso artista Alec Monopoly, con ayuda del influyente Logan Paul. Éste creó un NFT de una foto del proyecto y, según su sitio web, Originals.com, se vendió por unos 87 000 dólares.

presidencial en 2020 con el cantante Akon como su principal estratega. Llevaba llamativos sombreros, chalecos y pulseras, como Johnny Depp en *Piratas del Caribe*, y hablaba con acertijos, como Johnny Depp en *Charlie y la fábrica de chocolate*. Tenía un tatuaje de un escorpión en el hombro derecho. Era, por supuesto, un habitual del Burning Man.

CAPÍTULO TRES

Doula para la creación

Aunque Brock Pierce asistía a casi todas las convenciones de cripto-monedas, hasta el momento me había costado que me concediera una entrevista. Imaginaba que el cofundador de Tether sabría si la empresa tenía realmente todos esos miles de millones de dólares en reservas que aseguraba tener. Al menos podría darme una pista. Durante la Bitcoin 2021 de Miami, intercambié mensajes con dos de sus ayudantes, pero ninguno de los dos pudo decirme cuándo tendría tiempo para una entrevista. En la siguiente convención a la que asistí —también en Miami, por supuesto— me enteré que Pierce daba una fiesta en una mansión. Esta vez, cuando le envié un mensaje a su jefe de personal, éste me dijo que fuera.

Durante la conferencia había estado hablando con un joven usuario de Bitcoin llamado Dev[1] que se ofreció a llevarme en su coche. Dev llevaba gafas de sol hexagonales y una gabardina de cuero, además de una funda metálica que le cubría uno de los dedos, lo que hacía que su mano pareciera una garra de dragón y él un friqui integral. Era oriundo de Nueva York y parecía alegrarse de haber conocido a un amigo potencial.

Mientras recorríamos las calles con su Mercedes descapotable, Dev encendió un cigarrillo y me contó que se había metido en el mundo de

---

1.   No es su verdadero nombre, como tampoco lo es su ciudad natal.

Bitcoin en el instituto, cuando una moneda sólo costaba un dólar, para comprar drogas en Silk Road. Pedía cocaína al por mayor, pagaba con bitcoines y se la enviaban a casa de sus padres, en el Bronx. Le encantaba presumir. Al pasar por delante de un campo de golf, pisó el acelerador y grabó un vídeo para Instagram. Le dije que, en mi opinión, el momento álgido de la web oscura ya había pasado.

«No, no, es real. Y enorme. ¿Tomas drogas?», me preguntó.

Le dije que no, pero que no me importaba si él las tomaba. En un semáforo, sacó una bolsita llena de una sustancia rosa a la que se refirió con el nombre de «tusi» –según él, cocaína para ricos–, cogió un poco con la uña y la esnifó.

Al cabo de unos minutos llegamos a la mansión de Pierce, un chalé de estuco blanco, con palmeras en la parte delantera y un Land Rover aparcado sobre el césped. Me sentí mal por no invitar a Dev a entrar conmigo, pero no estaba seguro de que estuviera permitido llevar invitados.

En cuanto entré y vi el ambiente, me di cuenta de mi error. Dev habría encajado a la perfección. No había ni rastro de Pierce, pero el lugar estaba lleno de una colección de fiesteros curiosos, estafadores y parásitos.

La casa era moderna y estaba amueblada de forma impersonal, con suelos de mármol, electrodomésticos plateados y un reluciente piano de cola. Pensé que lo más probable es que la hubiera alquilado para una semana. En el suelo del salón, una mujer a quien reconocí de un documental de Netflix sobre la manipulación de las redes sociales jugaba con su bebé. Oí de pasada cómo un gestor de fondos de cobertura alardeaba por teléfono de la «MILF» con la que se había acostado la noche anterior.

Decidí socializar un poco e interpelar a los invitados sobre lo que sabían de nuestro ausente anfitrión. Una hermosa mujer me contó que había pasado una semana con él en la selva colombiana, donde Pierce había comprado tierras para que los indígenas dispusieran de un territorio seguro. «Es increíble lo que hace», me dijo. Otro hombre me dijo que Pierce estaba construyendo un puerto espacial en una antigua base militar puertorriqueña. Un tipo desagradable que se consideraba a sí mismo un «futurista» me contó una historia que había tenido lugar en Ibiza donde, al parecer, Pierce estuvo tres días sin dormir. «Está rodeado de gente que son delfines benévolos en lugar de tiburones», dijo. Luego, después de asegurarme que era alérgico a las frambuesas, me pidió que oliera por él un pastel antes de comérselo.

Crucé la sala con los suelos de mármol y atravesé una puerta de cristal que daba al jardín trasero, donde varios hombres y mujeres pijos que parecían salidos de otro tipo de fiesta charlaban sentados alrededor de una larga mesa. Tomé asiento en uno de los extremos e informé a las personas que tenía cerca de que estaba escribiendo un reportaje sobre criptomonedas. Uno de los hombres sentado delante de mí trabajaba como ayudante de Peter Thiel, fundador de PayPal e inversor y que se había convertido en uno de los principales donantes de la campaña presidencial de Donald Trump. Thiel había pronunciado un discurso en la conferencia de ese día en el que llamó a Warren Buffett «abuelo sociópata» por dudar de Bitcoin. No obstante, decidió obviar el hecho de que la empresa de capital riesgo que había ayudado a fundar, Founders Fund, recientemente se había deshecho de buena parte de sus participaciones en criptomonedas.[2]

En un momento dado, un hombre sentado al otro extremo de la mesa empezó a alardear en voz alta sobre una criptomoneda llamada «Let's Go» o «Let's Go Brandon», un eslogan que, a través de un proceso de memeificación casi inexplicable, había llegado a significar «Que se joda Joe Biden» entre los partidarios de Trump. El hombre, que más tarde descubrí que era un gestor de fondos de cobertura llamado James Koutoulas, anunció a los presentes en la mesa que su plan con la moneda era «tonto, pero está funcionando». Un mes antes, un podcastero había regalado al mismísimo Donald Trump 500 000 millones de esos *vales*,[3] y justo esa tarde, Donald Trump Jr. había hecho una críptica publicación en Twitter en la que, aparentemente, se refería a la moneda meme.

—¿Eso está permitido? –preguntó alguien.

---

2. Tabby Kinder y Richard Waters: «Peter Thiel's Fund Wound Down 8-Year Bitcoin Bet Before Market Crash», *Financial Times*, 18 de enero (2023).

3. Literalmente, ficha. Unidad de valor basada en criptografía y emitida por una entidad privada en una cadena de bloques. *(N. del T.)*.

—Está permitido ganar dinero –repuso Koutoulas–. Que se joda la SEC.[4]

Volví a entrar en la casa. A medida que avanzaba la noche, la gente cada vez estaba más borracha y yo más aburrido. Llegaron un documentalista, su productor y su cámara. También buscaban a Pierce. En la cocina, un tipo mayor muy bronceado llenaba disimuladamente con *whisky* una botella de agua. Alguien se quejó de que le habían robado los zapatos. Un médico de Boise, Idaho, y un bitcoinero hablaban de la vacuna contra el coronavirus y de la «libertad médica». El bitcoinero se negó a decirme su nombre.

«El auténtico gánster se mueve en silencio», me dijo con una risotada.

Entonces llegó un grupo compuesto por seis mujeres jóvenes con el pelo largo y alisado y vestidas con faldas cortas o vestidos de lentejuelas. Una de ellas se sentó al piano y empezó a tocar una canción. «Mira qué tipazo», me dijo uno de los invitados, no lo suficientemente bajo. A continuación, se acercó a la joven y le dijo que cantaba como una almeja. Pierce apareció pasada la medianoche, pero desapareció en uno de los muchos dormitorios de la mansión antes de que pudiera acorralarlo para que me concediera una entrevista.

Unas semanas más tarde, estaba en las Bahamas en otra convención de criptomonedas, cuando una amiga con una resaca considerable me dijo que había estado de fiesta la noche anterior en un superyate anclado a media milla de la isla de Nueva Providencia. Según ella, un tipo que se dedicaba a las criptomonedas del que no recordaba el nombre se lo había comprado a un oligarca ruso.

Me enseñó algunos vídeos de Instagram con su móvil. En uno de ellos, el Sol poniente se reflejaba en el costado de un gigantesco yate de cinco niveles llamado Chakra. El bauprés de madera que se extendía desde la proa era tan largo y puntiagudo que la embarcación parecía lista para liderar una armada en la batalla. En el siguiente vídeo aparecía el propietario del Chakra trepando por la barandilla de la cubierta superior, sonriendo y saltando para zambullirse en el agua,

---

4. *Securities and Exchange Commission* (Comisión de Plataforma y Valores). *(N. del T.).*

a unos diez o doce metros más abajo. El hombre llevaba un tatuaje de un escorpión en el hombro derecho. Era Pierce.

No sabía que había venido a la conferencia, pero esa misma noche le envié un mensaje de texto a uno de sus ayudantes y le pregunté si podía visitar el yate. Me indicó que fuera a un muelle en concreto y que me enviaría una lancha rápida a recogerme. Mientras esperaba, distinguí las luces del yate en el horizonte. En cuanto subí a la lancha, ésta zarpó a toda velocidad. El cámara de Pierce también estaba a bordo porque iba a filmar el yate para las redes sociales. Mi expectación aumentaba a medida que nos acercábamos y el laberinto de luces se iba enfocando paulatinamente.

Sin embargo, una vez la tripulación me ayudó a subir a bordo y me condujo a la cubierta inferior, la escena resultó un poco decepcionante. Yo había esperado una fiesta, pero sólo encontré a una veintena de personas tomando copas tranquilamente alrededor de un bar.

Ninguno de los invitados parecía conocerse entre sí. Un criptogestor de fondos de capital riesgo, que llevaba una camiseta de recuerdo de la isla privada del pederasta condenado Jeffrey Epstein, bromeaba sobre una estafa que estaba llevando a cabo otro huésped del yate. Un relaciones públicas del sector de las criptomonedas le ofreció a una joven lo que llamó «pólvora colombiana». Un pequeño grupo de gente que estaba bailando me dijo que eran estudiantes de Filosofía que habían venido a las Bahamas para hacer unas prácticas en FTX, la empresa de Bankman-Fried.

Uno de los miembros de la tripulación nos ofreció una visita guiada por la laberíntica embarcación de 21 habitaciones y 85 metros de eslora. Arriba, en una de las numerosas salas de estar, vimos a Pierce. Estaba de pie, rodeado de cuatro o cinco invitados que le miraban perplejos, el absoluto centro de todas las miradas.

Era un hombre no demasiado alto, de aproximadamente metro setenta, con una sonrisa de oreja a oreja que recordaba mucho al niño que se había convertido en estrella del cine. Su pelo, sin embargo, que antes era rubio y llevaba peinado con una cuidada raya a lo Richie Rich, ahora era ondulado y le llegaba a la altura de los hombros. Su atuendo parecía un *cosplay* del capitán Jack Sparrow: un chaleco negro que le llegaba hasta los tobillos y nada debajo, un sombrero de fieltro con dos plumas marrones, una colección de brazaletes y unas gafas de sol en forma de diamante.

«En última instancia, la humanidad nunca ha tenido soberanía, a menos que tú seas el soberano –le estaba diciendo Pierce a su público cuando me acerqué–. Vamos a reclamar nuestra soberanía declarando nuestra independencia».

Me presenté y, algo nervioso, comenté que era una extraña coincidencia que ambos estuviéramos en las Bahamas.

«No sé si es una coincidencia –dijo él–. Prefiero llamarlo sincronicidad».

Pierce me dijo que el Chakra no era suyo. Los aficionados a las criptomonedas con ideas afines podían comprar un NFT (vale no fungible, una especie de activo criptográfico único) y eso les daba derecho a quedarse en el yate el tiempo que les apeteciera mientras éste viajaba desde el Caribe hasta la Art Basel de Miami, el Gran Premio de Mónaco o el Festival de Cine de Cannes. Pierce lo describió como «el primer megaclub náutico para la comunidad cripto» y un hogar flotante para los superhéroes de las criptomonedas.

«Somos los Vengadores –dijo–. Y éste es el barco de los Vengadores».

Me di cuenta de que estaba en mitad de la presentación de una multipropiedad por la que pagaría dinero por no formar parte de ella. Y, además, no era el mejor escenario para una larga conversación. El guía no tardó en mandarme de vuelta abajo. Cuando continué la conversación con Pierce por teléfono, éste me contó que había tenido la idea de crear una moneda estable en 2013 y que, desde el principio, había sabido que cambiaría el curso de la historia.

«No soy un empresario aficionado dando palos de ciego –me dijo–. Soy un doula para la creación. Sólo acepto misiones imposibles».

En aquel momento, Pierce era uno de los pocos bitcoineros que disponían de un capital importante para invertir, un capital que había amasado gracias a una carrera profesional que sólo puede calificarse de picaresca.

Después de salir en *Somos los mejores*, apareció en un anuncio de Gushers (donde se transformaba en plátano después de comer uno de los aperitivos hechos con fruta) y protagonizó al travieso hijo del presidente de EE. UU. en *El hijo del presidente*. No obstante, poco después perdió el interés por Hollywood.

A los dieciséis años, en 1996 o 1997, un amigo actor le presentó al fundador de una empresa emergente del sector de las puntocom llamada Digital Entertainment Network (DEN). La empresa había recaudado decenas de millones de dólares con su plan de convertir la televisión en algo obsoleto mediante la difusión vía *streaming* de programas de cuatro a seis minutos dirigidos a los adolescentes.[5] El fundador de DEN, Marc Collins-Rector, tenía treinta y tantos y vivía en una mansión de lujo en Encino, California, que antes había sido propiedad de Marion «Suge» Knight, el fundador de Death Row Records.[6] Tanto él como su novio, Chad, mucho más joven que él (cuando empezaron a salir juntos era apenas un adolescente) tenían un Ferrari.[7]

El plan de negocio de DEN adolecía de serios problemas. Para empezar, las conexiones telefónicas a Internet de la época no eran lo bastante rápidas para la transmisión de vídeos. No obstante, para Collins-Rector, el principal atractivo del proyecto era el de estar permanentemente rodeado de atractivos adolescentes. Pierce le cayó bien enseguida y, aunque aún era un adolescente, lo nombró vicepresidente ejecutivo de DEN con el desorbitado sueldo anual de 250 000 dólares.[8] Su primer encargo fue la producción de una serie web llamada *Chad's World*.[9] La serie, en la que aparecía Seann William Scott, que más tarde protagonizaría *American Pie*, iba de un hombre gay rico[10] que acoge a un niño llamado Chad. En palabras de un espectador en la revista

5. Joseph Menn y Greg Miller: «How a Visionary Venture on the Web Unraveled», *Los Angeles Times*, 7 de mayo (2000).

6. Andrew Rice: «DEN Board Asked Founder to Leave», *Wired*, 1 de noviembre (1999).

7. Ellie Hall, Nicolás Medina Mora y David Noriega: «Found: The Elusive Man at the Heart of the Hollywood Sex Abuse Scandal», *BuzzFeed News*, 26 de junio (2014).

8. Menn y Miller: «How a Visionary Venture on the Web Unraveled».

9. Joseph Menn: «Teen Worker Sues DEN, Its Founders on Sex Charges», *Los Angeles Times*, 8 de julio (2000).

10. Hunter Schwarz: «The TV Pilot with Eerie Similarities to the Bryan Singer Sexual Abuse Case», *BuzzFeed*, 21 de abril (2014).

Radar, la serie era como la «versión gay pedófila de *Silver Spoons*», la comedia de situación de los años ochenta.[11]

Aquí es donde la historia se vuelve oscura. Según una serie de demandas, noticias y documentos presentados en el marco de una investigación penal federal, Collins-Rector organizaba fiestas en su mansión durante las cuales los adolescentes eran obligados a drogarse y emborracharse, se les presionaba para que mantuvieran relaciones sexuales con hombres mayores y, en algunos casos, se los violaba. «Me pasaban de mano en mano como si fuera un cotillón», recordaría más tarde un joven de diecisiete años.[12]

Una de las primeras demandas fue presentada en 1999 y, al año siguiente, siguiendo el consejo de un detective privado, Collins-Rector huyó de Los Ángeles en un *jet* privado, cargado con tantas maletas Louis Vuitton como para llenar dos Lincoln Town Car.[13] Su novio y Pierce le acompañaron. No decidieron el destino, España, hasta estar en el aire, y finalmente se establecieron en la turística ciudad de Marbella.[14]

Las autoridades dieron con ellos dos años después.[15] Collins-Rector fue extraditado a EE. UU., donde se declaró culpable de la acusación de transporte de menores entre estados con fines sexuales. Pierce fue puesto en libertad sin cargos tras pasar un mes en una prisión española.

Pierce me dijo que, aunque Collins-Rector pudiera haber sido «espeluznante», algunas de las supuestas víctimas se inventaron las historias de abusos como parte de un plan para extorsionarlo. Según él, las únicas fiestas que presenció en la mansión habían sido muy formales. «Nada de todo eso es cierto, al menos por lo que se refiere a mí. Ni siquiera soy gay», dijo Pierce en una ocasión.[16]

11. John Gorenfeld y Patrick Runkle: «Fast Company», *Radar*, 5 de noviembre (2007).

12. Alex French y Maximillian Potter: «Nobody Is Going to Believe You», *The Atlantic*, marzo (2019).

13. Hall, Mora y Noriega: «Found: The Elusive Man at the Heart of the Hollywood Sex Abuse Scandal».

14. Ibíd.

15. Joseph Menn: «Spain Arrests Fugitive in Molestation Case», *Los Angeles Times*, 18 de mayo (2002).

16. Nicolás Medina Mora, Ellie Hall y Hunter Schwar: «Brock Pierce, Associate

Durante su estancia en Marbella, Pierce había estado jugando mucho a un juego de ordenador llamado *EverQuest*. Se trataba de una nueva versión en línea de Dragones y Mazmorras en la que, en lugar de emprender una misión en solitario, los jugadores se adentraban en un mundo virtual donde magos, druidas y ladrones podían formar equipos para explorar mazmorras y enfrentarse a monstruos. Cada victoria proporcionaba oro virtual u objetos raros, como espadas o hachas de combate.

El juego tenía a Pierce completamente abducido. Solía jugar hasta veinticuatro horas seguidas con el personaje de un mago llamado Athrex,[17] y utilizaba seis ordenadores a la vez para conseguir más botín. Pero él no era el único adicto a las interminables misiones del juego. Los jugadores estaban tan ansiosos por ganar que surgió un mercado de objetos del juego en el mundo real. Si alguien quería conseguir la mejor armadura posible, podía comprarla en eBay y pedir que se la entregara un mensajero dentro del juego, en lugar de pasarse horas matando monstruos para acumular oro virtual.

Para algunos jugadores, sobre todo en los países más pobres, aquello era una oportunidad laboral. Podían pasarse todo el día combatiendo, ganar oro virtual y, después, venderlo a cambio de dinero real a jugadores ricos que deseaban avanzar en el juego sin dedicarle muchas horas. Surgieron talleres clandestinos de videojuegos donde los trabajadores jugaban las veinticuatro horas del día. Estos siervos virtuales llegaron a ser conocidos como «granjeros de oro». Un periodista que visitó por aquel entonces una granja de oro en Nanjing, China, se encontró con un hombre de treinta años, fumador empedernido y descamisado, que trabajaba doce horas seguidas en el turno nocturno en una pequeña oficina iluminada con fluorescentes.[18] Jugaba con un monje con bastón que mataba magos por treinta céntimos la hora.

of Embattled X-Men Director, Joins the Bitcoin Foundation», *BuzzFeed News*, 11 de mayo (2014).

17. Julian Dibbell: «The Decline and Fall of an Ultra Rich Online Gaming Empire», *Wired*, 24 de noviembre (2008).

18. Julian Dibbell: «The Life of the Chinese Gold Farmer», *The New York Times Magazine*, 17 de junio (2007).

En 2001, Pierce creó una empresa de intermediación de artículos virtuales llamada IGE (Internet Gaming Entertainment).[19] Como otros jugadores consideraban que comprar objetos raros era hacer trampas, los creadores de juegos intentaron acabar con esta economía sumergida. Pero no lo consiguieron. El mercado no hacía más que crecer. Pocos años después, 450 000 personas jugaban a *EverQuest*,[20] millones más se habían unido a un juego similar llamado *World of Warcraft*,[21] y se estimaba que los objetos virtuales representaban un negocio de 2000 millones de dólares al año.[22]

IGE, la empresa creada por Pierce, abrió una oficina en Shanghái para acercarse a los granjeros chinos. Según Pierce, tenía a unos 400 000 granjeros en su cadena de suministro.[23] En 2005, IGE ingresaba más de 5 millones de dólares al mes.[24] Ese mismo año, Steve Bannon, exbanquero de Goldman Sachs y futuro consejero de Donald Trump, fue contratado para ayudar a sacar al mercado la empresa de oro virtual de Pierce. Bannon consiguió que Goldman Sachs y un grupo de fondos de inversión invirtieran 60 millones de dólares en la empresa.[25] Pierce ganó 20 millones y dimitió. Bannon se hizo cargo de la empresa, la cual no tardó en cerrar debido a una campaña mucho más efectiva contra la venta de artículos virtuales por parte de los creadores de juegos.

Bannon quedó fascinado por cómo los jugadores que se oponían a su empresa habían sido capaces de organizarse en línea y presionar a las grandes empresas, una idea que más tarde compartiría con Trump.

---

19. Dibbell: «The Decline and Fall of an Ultra Rich Online Gaming Empire».
20. Andy Patrizio: «EverQuest's Long, Strange 20-Year Trip Still Has No End in Sight», *ArsTechnica*, 6 de junio (2019).
21. Simon Carless: «Blizzard Announces 5 Million WoW Subscribers», *Game Developer*, 19 de diciembre (2005).
22. Dibbell: «The Decline and Fall of an Ultra Rich Online Gaming Empire».
23. Cyril Gilson: «Blockchain Tech May Allow Developing World to Leapfrog Developed World: Brock Pierce», *CoinTelegraph*, 20 de noviembre (2017).
24. Shawn Boburg y Emily Rauhala: «Stephen K. Bannon Once Guided a Global Firm that Made Millions Helping Gamers Cheat», *Washington Post*, 4 de agosto (2017).
25. Ibíd.

«Esos tipos, esos hombres blancos desarraigados, tenían un enorme poder», comentó Bannon.[26]

Pierce aprendió una lección distinta: el mundo del dinero virtual era una buena forma de ganar un montón de dinero real. Y el salto del oro de *EverQuest* a Bitcoin no era demasiado grande.

En 2013, Pierce dirigía uno de los primeros fondos de capital riesgo de Bitcoin. Todavía no se podían hacer muchas cosas con bitcoines, y el mundo cripto seguía estando en gran medida dominado por los friquis y los aficionados. No obstante, por aquel entonces, un hombre conocido como «dacoinminster» había publicado una propuesta en el popular foro Bitcointalk que llevaría a la creación de Tether y haría posible la burbuja de criptodivisas de 3 billones de dólares. Bautizó su idea con el nombre de «MasterCoin».

El verdadero nombre de Dacoinminster era J. R. Willett, un desarrollador de *software* de treinta y tres años que trabajaba en una empresa de aplicaciones de calendario en un suburbio de Seattle, Washington. Cuando me puse en contacto con él por teléfono una década después de su trascendental mensaje en el foro, seguía trabajando en el mismo lugar, y se mostró encantado de rememorar conmigo su momento de gloria.

Willett publicó el primer borrador del artículo donde explicaba su idea en enero de 2012. Lo llamó «El segundo libro blanco de Bitcoin». Por aquel entonces, Bitcoin no era más que un pasatiempo para Willett, uno que su mujer consideraba especialmente molesto. Sin embargo, él estaba obsesionado con la idea de crear una versión más avanzada de la moneda digital, una que pudiera hacer algo más que simplemente mover monedas de un lado a otro. Su idea de MasterCoin resulta complicada de explicar. Pero, básicamente, consistía en la codificación de mensajes secretos en los datos de transacción de Bitcoin, lo que representaría nuevas monedas. En la hoja de cálculo de dos columnas de la que hemos hablado antes, MasterCoin sería, esencialmente, la forma

26. Joshua Green: *Devil's Bargain: Steve Bannon, Donald Trump, and the Nationalist Uprising,* Penguin, Nueva York, p. 146 (2017).

de añadir más columnas, cada una de las cuales sería la encargada de rastrear la propiedad de una moneda diferente.

Willett imaginó que, una vez que hubiera creado el sistema Master-Coin, otras personas aportarían sus propias formas de utilizarlo: monedas que rastrearan títulos de propiedad, acciones, derivados financieros e incluso dinero real. Aunque ninguna de las ideas era totalmente original –Willett me dijo que muchas de las ideas las había leído en otros foros–, él fue el primero en ponerlas en práctica.

El documento oficial de MasterCoin proponía que el sistema podía ser utilizado para crear monedas respaldadas por dólares estadounidenses. Willett expuso prácticamente el mismo plan de acción que más tarde utilizaría Tether. Incluso llegó a anticipar, correctamente, que las criptomonedas estables resultarían muy atractivas para los delincuentes.

«Si crees que Bitcoin tiene ahora un problema de reputación debido al blanqueo de dinero, ¡espera a que se puedan almacenar monedas "USDC" en la cadena de bloques!», escribió Willett en 2012.[27] «Creo que los delincuentes (como todo el mundo) preferirán las monedas estables a las inestables».

Su forma de recaudar dinero para el proyecto también fue revolucionaria. Aunque MasterCoin aún no era funcional, recaudó unos 500 000 dólares vendiendo MasterCoins.[28] Los usuarios las compraban esperando que aumentaran de valor una vez que Willett hubiera completado su desarrollo. Básicamente, Willett había dado con una manera fácil de crear nuevas criptomonedas, convirtiéndose en el pionero de una nueva forma de utilizarlas para recaudar millones de dólares. Esto fue lo que más tarde se conocería como una «oferta inicial de monedas», la forma en la que toda la industria de las criptomonedas consiguió autofinanciarse.

El plan de Willett era innovador. También era ilegal. Lo que hizo Willett fue un clásico ejemplo de lo que la Comisión de Mercado y Valores de EE. UU. califica de «oferta de valores sin certificación», es

---

27. J. R. Willett: «The Second Bitcoin Whitepaper», https://cryptochainuni.com/wp-content/uploads/Mastercoin-2nd-Bitcoin-Whitepaper.pdf
28. Vitalik Buterin: «Mastercoin: A Second-Generation Protocol on the Bitcoin Blockchain», *Bitcoin Magazine*, 4 de noviembre (2013).

decir, que Willett estaba ofreciendo una oportunidad de inversión sin ninguna de las salvaguardas habituales. Willett me confesó que, de haber sabido lo que estaba haciendo, lo más probable es que la agencia le hubiera puesto una multa de cientos de miles de dólares. Pero, por suerte para él, los reguladores no leían los foros de Bitcoin.

«Si hubieran sido conscientes de lo que se avecinaba, me habrían dado un buen escarmiento –dijo Willett, riendo–. Nunca supe nada de ellos».

Forrado con los millones que había obtenido con la venta de IGE, Pierce invirtió en MasterCoin. Empezó a promocionar la empresa y anunció que financiaría a los programadores que aportaran ideas para desarrollar nuevos usos. Pierce me dijo que la idea de utilizarla para crear una moneda estable había sido suya.

«La idea de Tether fue totalmente mía –dijo–. Bueno, supongo que fue la voluntad de Dios».

Pierce se puso en contacto con un programador llamado Craig Sellars, que había trabajado en MasterCoin. Un amigo suyo, Reeve Collins, accedió a ser el director ejecutivo. Collins tenía el dudoso honor de haber inventado los anuncios *pop-under* de Internet,[29] esos molestos recuadros que sólo aparecen después de cerrar la ventana del navegador. Al principio bautizaron el proyecto con el nombre de Realcoin.[30] Phil Potter, ejecutivo de Bitfinex, una plataforma de Bitcoin en un paraíso fiscal, estaba desarrollando una idea muy similar. Se unieron y adoptaron el nombre de Potter: Tether. (Potter me dijo que fue él quien le propuso la idea a Sellars. «Estoy seguro de que Brock te dirá que bajó del monte Sinaí con todo escrito en unas tablas de piedra», dijo).

Sellars escribió en un *bungalow* de Santa Mónica (California) el código necesario para rastrear las cuentas y procesar las transacciones. El programa era muy sencillo. Al enviar por transferencia 1000 dólares al banco de Tether, la empresa actualizaba la cadena de bloques para que la línea en la hoja de cálculo reflejara la cantidad de 1000 tétheres. De

---

29. Zeke Faux: «Anyone Seen Tether's Billions?», *Bloomberg Businessweek*, 7 de octubre (2021).

30. Pete Rizzo: «Realcoin Rebrands as 'Tether' to Avoid Altcoin Association», *CoinDesk*, 20 de noviembre (2014).

este modo, los tétheres podían transferirse anónimamente, como cualquier otra criptomoneda. Usando el protocolo MasterCoin de Willett, fueron capaces de codificar los datos en la cadena de bloques de Bitcoin.

Presentaron el proyecto de moneda estable a la empresa de capital riesgo Sequoia Capital y a otros criptoinversores, pero a nadie le interesó la idea.

«No te puedes ni imaginar lo estúpida que pensaba todo el mundo que era la idea», me dijo Collins.

El problema era que Tether, al igual que otras criptomonedas, infringía prácticamente todas las normas bancarias. Los bancos llevan un registro exhaustivo de todas las personas que tienen una cuenta y a dónde envían su dinero, lo que permite que las fuerzas de seguridad puedan rastrear las transacciones fraudulentas. Tether comprobaba la identidad de las personas que compraban monedas directamente a la empresa, pero una vez la divisa estaba en el mercado, podía transferirse de forma anónima, simplemente enviando un código. Un narcotraficante podía tener millones de tétheres en una cartera digital y enviárselos a un terrorista sin que nadie lo supiera.

Otras personas que habían tenido ideas similares habían acabado arrestadas. Un activista de la marihuana hawaiano que había hecho monedas con la cara de Ron Paul fue detenido por fraude.[31] El creador de una moneda en línea llamada e-gold fue acusado de blanqueo de capital.[32]

Y en mayo de 2013, justo cuando Pierce y sus compatriotas estaban tratando de lanzar Tether, fue detenido el creador de una protomoneda estable, Liberty Reserve, la cual permitía a los usuarios enviar y recibir dinero utilizando sólo una dirección de correo electrónico.[33] Según los fiscales del caso, la moneda anónima resultaba muy atractiva para estafadores, ladrones de tarjetas de crédito, jáqueres y otros delincuentes. Su creador, un hombre de Brooklyn llamado Arthur Budovsky, había

---

31. Tim Murphy: «Ron Paul Coin Minter, Pot Priest, Faces 15 Years in Prison», *Mother Jones*, 21 de marzo (2011).

32. «Digital Currency Business E-Gold Indicted for Money Laundering and Illegal Money Transmitting», *United States Department of Justice*, 27 de abril (2007).

33. Jake Halpern: «Bank of the Underworld», *The Atlantic*, mayo (2015).

renunciado a su ciudadanía y se había mudado a Costa Rica[34] para tratar de rehuir la jurisdicción estadounidense, pero ni siquiera eso le funcionó.

Liberty Reserve no era una criptomoneda; la base de datos que registraba cuánto dinero tenía cada usuario se guardaba en los servidores de Budovsky.[35] Pero, en la práctica, funcionaba de una forma muy parecida a Tether. Al igual que los usuarios de ésta, la mayoría de los usuarios de Liberty Reserve compraban monedas a través de terceros, lo que, según Budovsky, significaba que él no era responsable de lo que hacían con ellas. No obstante, al final se declaró culpable de un cargo de conspiración de blanqueo de capital y fue condenado a veinte años.[36]

«A su debido tiempo, EE. UU. también irá a por Tether —me escribió Budovsky en un correo electrónico desde una prisión de Florida—. Casi me sabe mal por ellos».

Cuando hablé con Pierce por teléfono, le hice la pregunta más importante: ¿Tether estaba realmente respaldada por dinero real? Él me aseguró que sí, que mantenía el estatus del dólar como moneda de reserva mundial.

«Si no fuera por Tether, América probablemente caería —dijo—. Tether es, en muchos sentidos, la esperanza de América».

Pero, mientras él seguía con su perorata, me di cuenta de que Pierce tenía poca información que ofrecer acerca de la localización de los fondos de Tether. Mi mente empezó a divagar. En *Somos los mejores*, el joven Pierce falla un penalti crucial en un partido de hockey infantil, y ese fallo perseguirá a su personaje en la edad adulta. Pese a que yo era el que le estaba haciendo preguntas sobre su posible participación en lo que podía considerarse un esquema Ponzi de gran alcance, y que, hasta donde sabía, Pierce no sabía nada sobre mi trabajo, empezó a hablarme

---

34. «Founder of Liberty Reserve Pleads Guilty to Laundering More than $250 Million Through His Digital Currency Business», *U.S. Department of Justice*, 29 de enero (2016).

35. United States v. Budovsky, United States District Court Southern District of New York, *Opinion & Order*, n.º 2, 23 de septiembre (2015).

36. «Founder of Liberty Reserve Pleads Guilty to Laundering More than $250 Million Through His Digital Currency Business», *U.S. Department of Justice*.

como si fuera un periodista fracasado y aquella investigación de Tether fuera mi última oportunidad de resucitar mi carrera, o tal vez mi alma.

«Si te equivocas en esto, será tu última oportunidad –me dijo–. Has puesto toda la carne en el asador. Es tu última oportunidad de redención, para toda la eternidad».

Pero no parecía demasiado dispuesto a ayudarme a encontrar la salvación. Me dijo que en realidad había renunciado a Tether en 2015, aproximadamente un año después de fundar la empresa. La moneda prácticamente no tenía usuarios, y era probable que fuera mal vista por las autoridades. Una demanda de la SEC, o una temporada en prisión, le impediría alcanzar su auténtico destino.

«Tal y como yo lo veía, si ganaba dinero con aquello, me impediría realizar el trabajo que tengo que hacer por esta nación», dijo.

El socio de Pierce en la empresa conjunta, Bitfinex, estaba interesado en continuar con el proyecto de Tether.[37] Potter y sus colegas de Bitfinex estaban menos preocupados por los aspectos legales, puesto que la plataforma de intercambio ya estaba operando en una zona gris. Por aquel entonces, no estaba claro si era legal facilitar la compra-venta de criptodivisas. Y, por eso mismo, la plataforma tenía dificultades para abrir cuentas bancarias. Sin embargo, si la plataforma utilizaba tétheres en lugar de dólares, no las necesitaría.

Potter propuso esta idea a su jefe en la plataforma: Giancarlo Devasini, el ex cirujano plástico italiano. A éste le pareció bien. Devasini y sus socios ya poseían el 40 % de Tether, y compraron el resto al equipo de Pierce por unos cuantos cientos de miles de dólares. Pierce me dijo que regaló sus acciones.

Después de entrevistar a la mayoría de las personas involucradas en la creación de Tether, me di cuenta de que no tenían las respuestas que estaba buscando. Todos me dijeron más o menos lo mismo: todos se otorgaban el mérito de haber creado una de las empresas más exitosas de la historia de las criptomonedas, pero rehuían toda responsabilidad

---

37. Entrevistas del autor con Pierce, Potter, Collins y otros. Potter también ha contado su versión de esta historia en varios pódcast, entre ellos el *Orange Pill Podcast* (14 de marzo de 2021) y el *What Bitcoin Did* (31 de mayo de 2019).

por lo que fuera que la empresa estuviera haciendo en aquel momento. Y lo que es más importante, no tenían ni idea de si tenía o no todo el dinero que aseguraba tener.

Devasini parecía un mejor objetivo. Sobre el papel, era el director financiero de Tether. Pero todo el mundo con el que hablé que había hecho negocios con la empresa me dijo que él era el que tomaba las decisiones. Tether tenía tan pocos empleados que la compra o venta de monedas a menudo implicaba enviar un mensaje de texto al propio Devasini. Sin embargo, eso era lo único que podían decirme del italiano.

«Es un gran hombre, un pionero –me había dicho Pierce–. Alguien que asumió un gran riesgo personal y financiero para desarrollar este sector».

La vida de este «gran hombre» estaba envuelta en misterio. Tenía cincuenta y siete años, una edad avanzada para los estándares de los criptobrókeres. Lo poco que había podido descubrir de su pasado había hecho saltar todas mis alarmas, desde su malograda carrera como cirujano plástico hasta las acusaciones de falsificación de *software*. Tras años investigando a gente sospechosa en el mundo de las finanzas, había desarrollado una regla de oro: los estafadores rara vez se reforman. Si podía encontrar pruebas de que alguien había cometido un fraude en el pasado, era muy probable que su empresa actual también estuviera actuando de forma fraudulenta. Había llegado el momento de empezar a investigar a Devasini.

CAPÍTULO CUATRO

El cirujano plástico

Cuando empecé a buscar pistas sobre la vida de Giancarlo Devasini, encontré pocas cosas en Internet, pero lo que vi me dejó claro que Devasini, como Brock Pierce, había recorrido una ruta tortuosa hasta llegar a la cima del mundo de las criptomonedas.

En un vídeo que había hecho en 2009[1] para promocionar un servicio de entrega de alimentos llamado Delitzia, aparecía en el balcón de su casa con una camisa blanca holgada preparando un *risotto* de ortigas. Por razones que no se explicaban, a su lado había un gran enano de jardín.

Una foto del director de Tether que encontré en Internet me intrigó especialmente. Había sido tomada en 2014 para una exposición en una galería de arte de Milán. En ella, Devasini aparecía de pie frente a un espejo, con la cara medio cubierta de espuma de afeitar, mirándose a los ojos con una expresión que sugería que no se reconocía a sí mismo.

La exposición iba sobre los puntos de inflexión, y en la entrevista que acompañaba a la fotografía, Devasini aseguraba que el suyo había sido el año 1992, cuando abandonó la carrera de cirujano plástico.[2] Explicaba su consternación al no poder convencer a una joven para

---

1. Bio Delitzia: «Risotto con le orteche e nano», Facebook: www.facebook.com/bio.delitzia/videos/100797956613007/

2. Alberto Giuliani: «Giancarlo, l'estetica della vita», 2.18 Gallery, Facebook, www.facebook.com/218Gallery/photos/giancarlo-l'estetica-della-vita-alle/425513227579095/

que no se hiciera una reducción de pechos («le quedaban tan bien», comentaba) y cómo el resto de médicos veían los cuerpos de sus pacientes como «la hipoteca de una bonita casa en la playa o el primer pago de un Porsche nuevo».[3]

«Todo mi trabajo parecía una estafa, la explotación de un capricho», dijo.

Devasini aseguraba en la entrevista que no le dijo a nadie de la clínica de cirugía plástica que dejaba el trabajo. Sencillamente dejó de ir a trabajar, ignoró las llamadas de su supervisor y se fue a vivir a China. Aquello me resultó muy extraño, por no decir otra cosa. Localicé al médico que sospechaba que había sido el supervisor de Devasini cuando éste había desaparecido, pero no me devolvió las llamadas ni los mensajes.

De modo que decidí intentar seguirle la pista en Italia. Con la ayuda de un detective italiano, ideamos un plan para obtener más información sobre él y, poco después, saqué un billete de avión para Milán.

Su antigua clínica, Villa Letizia, estaba situada en un edificio neoclásico enclavado en una calle estrecha, muy cerca de una basílica católica de quinientos años de antigüedad. En su página web, la clínica ofrecía una impresionante gama de servicios, desde rinoplastias hasta escrotoplastias, la cual se definía adecuadamente como un «*lifting* de escroto».

En el vestíbulo, dos empleadas vestidas con pantalones cortos de cuero negro y zapatos de tacón se movían entre mujeres sentadas en la sala de espera cuyos rostros eran tan lisos que costaba trabajo determinar su edad. Cuando le pregunté a la recepcionista si podría hablar con alguien que hubiera trabajado allí a principios de los años noventa, un hombre con un corte de pelo extrañamente juvenil salió de una oficina trasera. No parecía muy contento de recibir la visita de un periodista.

«Ahora no tenemos tiempo», me dijo el hombre. Dejé una nota, pero nunca me contestaron.

La clínica era un callejón sin salida. Sin embargo, el detective y otro periodista italiano que contraté posteriormente lograron completar la biografía de Devasini gracias a anuarios escolares, expedientes univer-

---

3. Ibíd.

sitarios y llamadas a compañeros y antiguos colegas. Esto es lo que descubrimos:

Devasini había nacido en Turín en el año 1964 y creció en Casale Monferrato, un pueblo a unos sesenta kilómetros al este de la ciudad, a orillas del río Po. Su padre también era médico. Un compañero de clase recuerda que era «atrevido y no temía dar un salto al vacío». Estudió medicina en la Universidad de Milán, donde en 1989 escribió una tesis sobre técnicas de injerto de piel.[4] Tras su breve experiencia como cirujano plástico, y su inexplicable viaje a China, Devasini regresó a Milán y se introdujo en el sector de la electrónica, importando piezas de Asia y vendiendo portátiles en Italia.

«Era un tipo que *voleva arrivare,* que quería triunfar en la vida», dijo Vittorio Bianchi, el que fuera socio de Devasini en el negocio de importación de portátiles.

El embrollo de la falsificación se produjo en 1995.[5] Siguiendo el soplo de alguien que sospechaba que le habían vendido productos falsos de Microsoft, la policía llevó a cabo registros de pequeñas tiendas de informática y oficinas de varios distribuidores de *software* y *hardware* dc toda Italia. La policía dijo que había destapado una red encargada de la distribución de unos 152 000 disquetes falsos, la mayoría de ellos copias de MS-DOS 6.2, Windows 3.11 y Excel. El cerebro de la operación era un hombre de veintiséis años con antecedentes por tráfico de piezas robadas de automóvil.

Devasini fue acusado de vender productos falsos a otras empresas. Enfrentado a cargos penales, acabó pagando 100 millones de liras (unos 65 000 dólares)[6] a Microsoft. (También aceptó cooperar con la investigación y, según Tether, Devasini desconocía que el *software* no tuviera licencia).[7] Después de semejante revés, Devasini siguió buscan-

---

4. Según la universidad, el título de la tesis era *Tradición y futuro de la estesiología y la extensiometría con especial atención a la piel y sus injertos* (1989).
5. Gianfranco Ambrosini: «Presa la gang informatica», *Il Corriere della Sera*, 26 de septiembre (1995).
6. AdnKronos newsroom: «Pirati informatici: Microsoft al contrattacco»: *AdnKronos*, 3 de diciembre (1996).
7. Tether: «FT Article a Selective Rehashing of Irrelevant, Inaccurate, Old 'News'», 15 de julio (2021).

do nuevas formas de obtener beneficios en el sector de la electrónica barata. Creó una empresa que importaba módulos de memoria de baja calidad de fabricantes de RAM, los clasificaba y los probaba antes de venderlos, en lo que a la postre sería su mayor éxito en el sector. Construyó una fábrica en las afueras de Milán, donde, en la década de los años 2000, también produjo CD y DVD. Los trabajadores recuerdan a Devasini como un jefe simpático.

Su ciudad natal, Casale Monferrato, era conocida por sus fábricas de cemento, y Devasini terminó casándose con una mujer que pertenecía a la familia propietaria de Buzzi Unicem, uno de los mayores productores italianos de cemento. Ella era arquitecta, y diseñó una moderna villa para ambos en la Costa Azul, a las afueras de Mónaco, cerca de la frontera italiana. En las fotos se ve una piscina infinita en la azotea del edificio y vistas al Mediterráneo. Parecía el lugar perfecto para el hombre que ha alcanzado su destino.

Sin embargo, a finales de los 2000, el negocio de las memorias RAM decayó, según Marco Fuxa, socio de Devasini en aquella época, debido a la consolidación de la fabricación de ordenadores. Además, por aquel entonces, las empresas chinas empezaron a rebajar los precios de los CD y DVD de Devasini, haciendo que su pequeña fábrica dejara de ser rentable.

Aquello no coincidía del todo con lo que había leído en el sitio web de Bitfinex. Allí se decía que el grupo de empresas de Devasini facturaba más de 100 millones de euros al año, y que las había vendido poco antes de la crisis financiera de 2008. sin embargo, los registros corporativos italianos mostraban que las empresas tuvieron unos ingresos de sólo 12 millones de euros en 2007. Algunas de ellas incluso se declararon en quiebra.[8] Y ninguno de los antiguos empleados con los que pude hablar recordaba que Devasini las hubiera vendido.

Lo que sí que me contaron fue que, en 2008, la planta de producción de Devasini quedó destruida por un incendio.[9] Según Fuxa,

---

8. Tether insiste en que su descripción de las empresas de Devasini es exacta.

9. Entrevistas del autor con antiguos empleados de las empresas de Devasini. Véase también: Kadhim Shubber y Siddharth Venkataramakrishnan: «Tether: The Former Plastic Surgeon Behind the Crypto Reserve Currency», *Financial Times*, 15 de julio (2021).

estuvo provocado por los generadores diésel que Devasini había instalado porque la compañía eléctrica local no le suministraba suficiente energía.

«Básicamente, construyó una central eléctrica en el patio trasero y terminó quemándose», me dijo Fuxa.

No obstante, una fábrica poco rentable que acaba completamente destruida en un misterioso incendio era algo bastante sospechoso.

Por esa época, Devasini lo intentó con otros negocios, pero costaba mucho descubrir si alguno de ellos había conseguido despertar algún interés. Puso en marcha una página web de compras en línea en Italia y, según un comunicado de prensa para anunciar una escena especial de la película *Young Harlots: In Detention* (2008), obtuvo la licencia de una tecnología de protección anticopia de DVD para adultos. En 2007, Toshiba demandó a otra empresa propiedad de Devasini por infracción de patentes sobre especificaciones del formato DVD. Tether calificó la demanda de «infundada»[10] y aseguró que no había prosperado.

Un detalle sobre una de las empresas de Devasini, Perpetual Action Group, resulta especialmente evocador. En 2010, Perpetual Action Group fue expulsado de una tienda en línea denominada Tradeloop después de que un comprador se quejara de haber pedido 2000 dólares en chips de memoria y recibir una caja que sólo contenía un gran bloque de madera.[11] «Espero verle en los tribunales, si es eso lo que desea —escribió Devasini al comprador cuando éste amenazó con demandar a la empresa—. Mis abogados no dejarán de reírse durante el trayecto hasta el banco, deseando que el mundo fuera más prolífico en idiotas como usted». Al leer sobre el incidente, no pude evitar imaginármelo respondiendo a los clientes de Tether que pidieran canjear sus monedas.

Mientras seguía investigando a Perpetual Action Group, recibí un mensaje de un detective privado en el que me decía que él también estaba indagando en la empresa. Me pasó unos documentos judiciales españoles que mostraban que la empresa había hecho negocios con

---

10. Ibíd.
11. Tether ha alegado que la mercancía fue robada durante el transporte. Tether: «FT Article a Selective Rehashing».

alguien implicado en fraude fiscal. Me quedé intrigado y acepté reunirme con él en Londres.

«Coja la línea Piccadilly hasta Cockfosters y vaya hasta el Lord John Russell, en Bloomsbury», me dijo.

Sin embargo, en cuanto empecé a hablar con él, comprendí que el detective no había encontrado ninguna prueba que demostrara que Devasini estaba involucrado en fraude fiscal, y tenía la esperanza de que yo fuera quien le facilitara la pista que necesitaba.

«De verdad, es una especie de uróboros», me dijo.

Al igual que la clínica de cirugía plástica, Perpetual Action Group también era un callejón sin salida.

La información más intrigante sobre su pasado y su visión del mundo tiene su origen en una pista que encontré mientras estaba en Milán. Sin otro rastro que seguir, me pasé toda una mañana en una cafetería rastreando su nombre en Internet, algo a lo que ya había dedicado bastantes horas. Pero, aquella vez, quizás porque estaba conectado a una red italiana, encontré algo nuevo.

El nombre de Devasini aparecía en la sección de comentarios de una web política italiana llamada *Il Blog delle Stelle,* el sitio oficial del Movimiento Cinco Estrellas, un partido antisistema fundado en 2009 por el gurú de Internet Gianroberto Casaleggio y el cómico Beppe Grillo. En una publicación de enero de 2012, un comentarista que dijo llamarse «Giancarlo Devasini» escribió en italiano: «Si todos nos unimos, las cosas pueden cambiar de verdad. Vamos Beppe, ¡no te rindas nunca!». El autor del comentario también publicó un enlace a su blog personal.

Hice clic en el enlace. En la página que apareció no aparecía su nombre, pero a los pocos minutos de ojearla supe que era suya. Entre otras pistas, el autor escribía sobre su cumpleaños, y yo sabía cuándo era el de Devasini.

El blog estaba ilustrado con una sugerente foto de las piernas de una mujer asomando por la ventanilla de una furgoneta, con las bragas alrededor de uno de sus tobillos. Se llamaba «Etsi Omnes Ego Non», que en latín significa algo así como «Aunque todos los demás, yo no». El lema en cuestión había sido utilizado por uno de los oficiales nazis que participaron en la conspiración para asesinar a Hitler. Al parecer, Devasini se veía a sí mismo como un héroe solitario en un mundo enloquecido, alguien que también estaba más que dispuesto a un polvo rápido en una furgoneta.

Al parecer, Devasini había creado el blog poco después del incendio de la fábrica. Por aquel entonces, él y su mujer ya se habían divorciado. Tenía cuarenta y cuatro años. A juzgar por su escritura, parecía aburrido, solo, amargado… y cachondo. Desde su primera publicación, titulada «Adicto a mí mismo», se describe a sí mismo como un genio fuera de lo común.

El autor no soporta pasar tiempo con otras personas, a las que compara con peces en una pecera cuyas mentes están adormecidas por la televisión, Facebook y los selfis. Desprecia especialmente a las mujeres, a las que denomina «fauna». Las considera objetos sexuales superficiales y manipuladores que se sienten atraídas por él porque es capaz de ver lo más profundo de sus almas. Es como si el mundo entero fuera una estafa que sólo él pudiera ver.

«La inteligencia es una virtud menos común que la honestidad», escribe Devasini. En otro lugar, se pregunta: «¿Cómo es posible que nadie más sea capaz de hacer este sencillo cálculo? O yo soy un genio o todo el mundo, indiscriminadamente, se dedica a insultar tu inteligencia».

Devasini describe los largos y extenuantes paseos que da en bicicleta por Milán mientras reflexiona sobre lo que podría haber sido. También se refiere, con cierta incongruencia, al odio que siente por la inflación y los bancos.

«Los bancos de hoy en día no valen nada –escribe–. No tienen dinero, y un banco sin dinero es como un coche sin gasolina, como una mujer sin tetas. Totalmente inútil e incluso un poco molesto».

Otro de sus temas habituales es el desdén que siente por las personas que trabajan de nueve a cinco y su admiración por los hombres de acción que no temen correr riesgos, como él mismo. Podría parecer una actitud normal para un empresario, pero entonces me sorprendió encontrar una publicación en la que parecía extender dicha definición a Bernie Madoff.

En una publicación de 2008, una semana después de la detención de Madoff tras ser acusado de encabezar un esquema Ponzi durante décadas, Devasini escribió, casi con admiración, sobre el hombre que acababa de ser desenmascarado orquestando una estafa tan descomunal que ascendía al 2,5 % de la deuda nacional italiana. El título del post era «¿Y qué?». No podía creer lo que estaba leyendo. Era como si Devasini estuviera experimentando una epifanía. La publicación casi podía leerse como un poema:

> *¿Cómo es posible —me pregunto— que una sola persona haya podido organizar una estafa tan enorme?*
> *¿Abrió él mismo todas las cartas?*
> *¿Era el único que tenía acceso a los cargos de su empresa?*
> *¿Era él quien hacía las conciliaciones, quien redactaba documentos e informes y luego se los daba a los clientes y analistas? ¿Y los empleados no se daban cuenta de nada?*
> *¿Qué hacían todo el día?*
> *¿Chatear en Facebook?*

Y después leí lo que había escrito sobre los reguladores:

> *Y los controladores de la Comisión de Mercados y Valores, ¿qué estaban haciendo en lugar de controlar un Fondo de Cobertura tan descomunal?*
> *¿Jugar al Tetris?*
> *¿Echando una cabezada con los pies encima de la mesa, como Homer Simpson mientras arde el reactor?*

¿A dónde quería llegar con todo aquello? Tuve la sensación de que llevaba mucho tiempo analizando cómo Madoff se había salido con la suya y que finalmente había llegado a su propia conclusión. No era tan difícil. Nadie se había dado cuenta de nada. Son todos idiotas.

A Devasini le fascinaban las finanzas. En una publicación de diciembre de 2011 titulada «El juego del trilero», explicaba que los bancos italianos podían disponer de miles de millones de dólares de financiación a bajo interés, dinero que podían utilizar para apostar a cualquier cosa o para comprar bonos del Estado de mayor rendimiento y obtener beneficios sin riesgo.

De mayor no quiero ser astronauta ni futbolista.
¡De mayor quiero ser un banco!
Ayer los bancos italianos consiguieron que el Banco Central Europeo les
*   prestara 116.000 millones de euros.*
Podrán usar ese dinero para hacer lo que quieran…
Tomen, tomen todo ese dinero, compren tarjetas rasca y gana, números
*   de la lotería italiana o simplemente jueguen en las máquinas traga-*
*   perras de su barrio.*
No os preocupéis, niños, si volvéis os puedo dar más dinero…

Aquello era demasiado bonito para ser verdad. Con Tether, Deva-sini había creado algo así como el banco central de las criptodivisas. Y ahora, supuestamente, los usuarios de Tether le habían entregado decenas de miles de millones de dólares, y yo no tenía la menor idea de qué estaba haciendo la empresa con todo aquel dinero.

En otras publicaciones, Devasini se describía a sí mismo como al-guien que está esperando el momento adecuado para pasar a la acción. «Sentía las posibilidades de ir más allá, la certeza de que esto no podía ser todo —escribió—. Podemos pasarnos toda la existencia haciendo las mismas cosas, viviendo el mismo día mil, diez mil veces, sin darnos cuenta de que la vida se nos escapa. Y, de repente, un día todo cambia».

Para Devasini, ese momento llegó en 2012. Cuando leyó sobre Bit-coin.

CAPÍTULO CINCO

Hacerse ridículamente rico

«Basta con escribir la palabra "Bitcoin" en Google para descubrir un mundo alucinante –escribió Giancarlo Devasini en diciembre de 2012–.[1] Tropecé con ello hace unos meses y me cambió la vida».

Devasini, el futuro director de Tether, estaba tan entusiasmado con Bitcoin que se explayó efusivamente en la sección de comentarios de un blog político italiano. En él escribió que Bitcoin eliminaría los bancos que tanto odiaba y que su valor aumentaría porque la oferta era limitada.

Devasini se había quedado con un excedente de 20 millones de CD y DVD sin vender de su extinto negocio de producción. Ahora decidió venderlos a cambio de bitcoines. Publicó un anuncio en el foro Bitcointalk ofreciéndolos por 0,01 bitcoines cada uno, unos diez céntimos de la época. Marco Fuxa, su antiguo socio, me dijo que los vendió todos. Si eso fuera cierto, y se hubiera quedado con los bitcoines, su valor habría alcanzado posteriormente más de 3000 millones de dólares.

«Así es como hizo su fortuna», dijo Fuxa.

Aproximadamente por la misma época, Devasini invirtió en Bitfinex, por entonces uno de los muchos sitios web donde la gente podía intercambiar dinero normal por bitcoines. El creador de la criptoplataforma era un joven francés que había copiado el código de otra

---

1.   Comentario en «Il Blog delle Stelle», 8 de diciembre (2012).

plataforma llamada Bitcoinica, la cual había sido programada por un joven de dieciséis o diecisiete años.[2] Devasini no tardó en asumir el control *de facto* de la empresa. En Bitcointalk, insultaba a los clientes que publicaban quejas sobre la plataforma. «¿Simplemente te dedicas a soltar aire por la boca o te has olvidado de encender tu cerebro?», le preguntó a uno en febrero de 2014.[3] «La transparencia no significa pasarse el día defendiéndonos de acusaciones que no tienen ningún sentido», le contestó a otro.[4]

Comparada con otras plataformas, Bitfinex era fiable. Aunque eso tampoco significaba mucho. Las plataformas de Bitcoin se ocupan básicamente de una cosa: mantener a salvo el efectivo y las criptomonedas de los usuarios. Algo en lo que habían fracasado desde el principio.

La primera gran criptoplataforma, Mt. Gox, reutilizó un sitio web creado como un lugar donde intercambiar cartas virtuales de Magic: The Gathering. («Mt. Gox» es un acrónimo de Magic: The Gathering Online eXchange). Como cabría esperar, un antiguo sitio web de intercambio de cartas no era el mejor custodio de miles de millones de dólares. Tanto la seguridad como el registro de movimientos eran tan deficientes que los jáqueres robaban los bitcoines en cuanto eran depositados por los usuarios. Mt. Gox se declaró en bancarrota en 2014, y admitió que había perdido el 7 % de todos los bitcoines existentes.[5] Otra de las primeras criptoplataformas, BTC-e, fracasó cuando las autoridades acusaron a su fundador de blanquear dinero para narcotraficantes y otros delincuentes.[6] Y luego está QuadrigaCX, que se descu-

---

2. «Show HN: Bitcoinica—Advanced Bitcoin Trading Platform», *Y Combinato*r, https://news.ycombinator.com/item?id=2973301

3. Usuario: urwhatuknow, «Re: [OFFICIAL]Bitfinex.com first Bitcoin P2P lending platform for leverage trading», *Bitcointalk.org*, 10 de febrero (2014).

4. Usuario: urwhatuknow, «Re: and we have another Bitfinex Hookey THIEVING Short Squeeze!», *Bitcointalk.org*, 22 de junio (2014).

5. Jeff Wilser: «CoinDesk Turns 10: The Legacy of Mt. Gox—Why Bitcoin's Greatest Hack Still Matters», *CoinDesk*, 4 de mayo (2023).

6. «Russian National and Bitcoin Exchange Charged in 21-Count Indictment for Operating Alleged International Money Laundering Scheme and Allegedly Laundering Funds from Hack of Mt. Gox», Departamento de Justicia de Estados Unidos, 26 de julio (2017).

brió que era una estafa tras la misteriosa muerte de su fundador.[7] Según las estimaciones, más de cuatrocientas plataformas de intercambio de criptomonedas han fracasado, y casi la mitad de éstas ni siquiera explicaron el motivo del cierre; simplemente desaparecieron.

Con una competencia así, Bitfinex se impuso a las demás simplemente sobreviviendo. En 2016, se había convertido en una de las mayores plataformas del mundo.[8] Ese mismo año, casualmente, los jáqueres fueron a por la empresa. Unos atacantes desconocidos se colaron en sus servidores y robaron 119 754 bitcoines,[9] más de la mitad de lo que la plataforma custodiaba para sus clientes.

Nadie sabía quién era el culpable. Y las pérdidas dejaron insolvente a la plataforma; si todo el mundo hubiera pedido a la vez la devolución de sus monedas, la empresa no habría dispuesto de fondos suficientes. Según las reglas tradicionales de las finanzas, Bitfinex tendría que haberse declarado en quiebra.

Pero, en lugar de eso, la plataforma redujo los saldos de todos sus clientes en un 36 %[10] (incluso de aquellos que no habían perdido bitcoines) y emitió pagarés para cubrir las pérdidas.[11] Entonces, Bitfinex tuvo un golpe de suerte: el auge de las criptomonedas. El volumen de negocio aumentó tanto que, en sólo ocho meses, la plataforma había ganado lo suficiente como para devolver a sus clientes lo que habían perdido,[12] ya fuera en efectivo o en acciones de Bitfinex. Con esta táctica, Bitfinex se ganó la lealtad de sus clientes. Y gracias a esto, a juzgar por lo que haría en los próximos años, Devasini aprendió una lección: podía salirse con la suya saltándose las reglas.

7. Nathaniel Rich: «Ponzi Schemes, Private Yachts, and a Missing $250 Million in Crypto: The Strange Tale of Quadriga», *Vanity Fair*, 22 de noviembre (2019).

8. Charlie Richards: «Karpeles Warns of Another Mt. Gox, but BitFinex Might Have the Answer», *CoinTelegraph*, 3 de junio (2015).

9. «Two Arrested for Alleged Conspiracy to Launder $4.5 Billion in Stolen Cryptocurrency», Departamento de Justicia de Estados Unidos, 8 de febrero (2022).

10. Clare Baldwin: «Bitfinex Exchange Customers to Get 36 Percent Haircut, Debt vale», *Reuters*, 6 de agosto (2016).

11. Lucinda Shen: «Every User of This Hacked Bitcoin Exchange Is About to Lose 36 % from Their Account», *Fortune*, 8 de agosto (2016).

12. Garrett Keirns: «Bitcoin Exchange Bitfinex Buys Back All Remaining 'Hack Credit' Tokens», *CoinDesk*, 3 de abril (2017).

Bitfinex pudo recuperar el dinero tan rápidamente porque las criptomonedas vivieron su primera burbuja, que se prolongó de 2017 a 2018. Se lanzaron cientos de nuevas criptodivisas, estimulando los intercambios, tanto a través de Bitfinex como de otras plataformas, lo que a su vez aumentó la demanda de Tether.

Estos nuevos vales fueron vendidos por empresas emergentes para financiar el desarrollo de aplicaciones, como hizo Willett con MasterCoin. Sus fundadores prometieron que las monedas serían útiles una vez se crearan las aplicaciones. En palabras de Matt Levine, columnista de *Money Stuff*, era como si los hermanos Wright se dedicaran a vender quilómetros aéreos para financiar la invención del avión. Una nueva cadena de bloques programable llamada Ethereum facilitó el proceso. Las ventas de vales se llamaron «oferta inicial de criptomoneda» (o ICO,[13] por sus siglas en inglés). En 2017, las empresas emergentes recaudaron con ellas un total de 6500 millones de dólares.[14] Todo el mundo quería formar parte del próximo Bitcoin.

Las expectativas eran tan altas que parecía como si cualquiera pudiera publicar un libro blanco explicando los planes de negocio para una nueva moneda y recaudar millones. Brock Pierce, el cofundador de Tether, promocionó una moneda llamada EOS que se vendió como «el primer sistema operativo de la cadena de bloques diseñado para ser compatible con aplicaciones comerciales descentralizadas». Recaudó 4000 millones de dólares.[15] En serio.

«No me importa el dinero –dijo Pierce en una entrevista concedida por aquella época–. Si lo necesito, hago un vale, así de sencillo».[16]

Los periódicos estaban llenos de historias sobre gente que se estaba haciendo rica con las criptomonedas. En Instagram, los adeptos cripto mostraban los Rolex y Lamborghinis que se habían comprado con las

---

13. Siglas en inglés de «Initial Coin Offerings». *(N. del T.)*.
14. Mircea Constantin Șcheau, Simona Liliana Crăciunescu, Iulia Brici y Monica Violeta Achim: «A Cryptocurrency Spectrum Short Analysis», *Journal of Risk and Financial Management 13*, n.º 8 (17 de agosto de 2020).
15. Brady Dale: «The First Yearlong ICO for EOS Raised $4 Billion. The Second? Just $2.8 Million», *CoinDesk*, 17 de septiembre (2019).
16. Gian M. Volpicelli: «To Get Rich in Crypto You Just Need an Idea, and a Coin», *Wired*, 3 de febrero (2018).

ganancias. Como decía un titular del *The New York Times* de enero de 2018: «Todo el mundo se está haciendo ridículamente rico y tú no».[17]

Estas empresas emergentes financiadas por ICO prometieron que la cadena de bloques iba a revolucionar el comercio, pues permitía rastrear y verificar el origen de las transacciones. Incluso grandes empresas como IBM y Microsoft empezaron a asegurar que pondrían prácticamente todo en la cadena de bloques: diamantes,[18] lechugas,[19] contenedores, datos personales e incluso todos los bienes inmuebles del mundo. Parecía como si las ICO impulsadas por la cadena de bloques fueran la utilidad práctica que las criptomonedas llevaban tanto tiempo esperando. Pero había un problema. Nada de todo esto superó la fase de pruebas, si es que alguien se atrevía a llegar tan lejos. La mayoría de las ICO eran estafas, y ni siquiera demasiado innovadoras. Las ICO hicieron que fuera mucho más fácil llevar a cabo una estafa tan antigua como el propio mercado de valores: el esquema «*pump-and-dump*».[20]

La estafa funciona del siguiente modo: un promotor crea una empresa que está teóricamente involucrada en algún negocio emergente como, por ejemplo, el ferrocarril o la bicicleta en el siglo XIX o las empresas puntocom un siglo más tarde. El plan de negocio no es importante mientras se utilice un batiburrillo de palabras que estén de moda. Como el organizador de la Compañía de los Mares del Sur, una de las primeras estafas bursátiles de la historia, dijo a sus asociados allí por el año 1720: «Cuanta más confusión, mejor. La gente no debe saber lo que hace, de ese modo estará más dispuesta a seguir nuestras instrucciones».[21]

---

17. Nellie Bowles: «Everyone Is Getting Hilariously Rich and You're Not», *The New York Times*, 13 de enero (2018).

18. Olga Kharif: «IBM Is Tackling Blood Diamonds with Blockchain», Bloomberg, 26 de abril (2018).

19. Camila Russo: «Walmart Is Getting Suppliers to Put Food on the Blockchain», Bloomberg, 23 de abril (2018).

20. Literalmente, «inflar y tirar». *(N. del T.)*.

21. Edward Chancellor: *Devil Take the Hindmost: A History of Financial Speculation*, Farrar, Straus y Giroux, Nueva York, p. 67 (1999).

Las acciones —o, en el caso de las criptomonedas, las propias monedas— se distribuyen a precios bajos a personas con información privilegiada, quienes se dedican a intercambiarlas una y otra vez a precios cada vez más altos para crear una apariencia de demanda. Un argumento de venta agresivo junto con la subida del precio de las acciones atrae a nuevos inversores. Algunos compradores son crédulos, pero la mayoría cree que entiende el juego: comprar pronto, subirse a la ola y vender antes de la inevitable caída.

Como le explicaba el poeta Alexander Pope, un inversor de los Mares del Sur, a su agente en una carta de 1720: «Si la fortuna nos favorece, el mundo admirará nuestra prudencia. Si fracasamos, guardémonos la desgracia para nosotros. Pero sería ignominioso (en esta era de esperanza y riquezas) no aventurarse».[22]

O, en palabras más sencillas de Mike Novogratz, exgestor de fondos de Wall Street reconvertido en criptoinversor: «Ésta va a ser la mayor burbuja de nuestra vida. Puede hacerse un montón de dinero mientras se escala, y planeamos hacerlo».[23]

Las estafas *pump-and-dump* fueron especialmente populares en los años ochenta y noventa, cuando los corredores de descuento atrajeron al mercado de valores a un nuevo grupo de inversores poco sofisticados. En esos años, descritos en la película *El lobo de Wall Street*, las pérdidas anuales por estafas ascendían a 2000 millones de dólares.[24]

Por supuesto, eso significa 2000 millones de dólares en ganancias, si eras tú el que hacía la estafa. El dinero era tan atractivo que incluso la mafia se metió en el negocio. Los gánsteres entregaban a los corredores bolsas de papel con dinero en efectivo como sobornos para mover las acciones de sus empresas sin valor a fondos de pensiones. El elegante distrito financiero de Nueva York se convirtió en un lugar de ajustes de cuentas. En un incidente especialmente violento, varios corredores con

---

22. Ibíd., p. 64.
23. Erik Schatzker: «A Crypto Fund King Says Bitcoin Will Be the Biggest Bubble Ever», Bloomberg, 26 de septiembre (2017).
24. Stan Hinden: «Penny Stock Fraud Toll Put at $2 Billion a Year», *Washington Post*, 7 de septiembre (1989).

conexiones con la mafia le dieron una paliza a otro y lo colgaron de un noveno piso frente a la bolsa de Nueva York.[25]

Sin embargo, llevar a cabo una estafa bursátil es farragoso. Requiere que abogados, corredores de bolsa y banqueros deshonestos redacten montones de documentos sobre títulos de valores, incluso si toda la información es falsa. Eso deja un rastro de papeles que conduce inevitablemente a la detención de los estafadores. El sector de las criptomonedas no requiere nada de todo eso. Lo único que se necesita es un poco de programación rudimentaria que pueden realizar programadores autónomos contratados en línea y unas cuantas publicaciones de un influyente en las redes sociales.

En septiembre de 2017, durante el apogeo de las ICO, el boxeador Floyd Mayweather Jr. escribió un mensaje en Twitter que habría resultado indescifrable para cualquiera que no estuviera familiarizado con la jerga cripto. Sobre una fotografía suya en la que posaba con veintitrés relucientes cinturones de campeón, escribió: «La ICO de Centra (CTR) empieza en unas horas. Consigue la tuya antes de que se agoten. Yo ya tengo la mía».

Lo que Mayweather estaba diciendo era que había comprado una nueva criptomoneda llamada «Centra» y que sus 7,7 millones de seguidores de Twitter también deberían hacerlo. Centra estaba supuestamente vinculada a algún tipo de tarjeta de débito cripto, pero Mayweather ni siquiera se molestó en explicarlo.

Con la ayuda de Mayweather, Centra recaudó unos 25 millones de dólares.[26] Pero, como la mayoría de las empresas que recaudaron dinero con las ICO, fue una estafa total. La empresa nunca emitió la tarjeta de débito,[27] ni nada en absoluto. Ni siquiera existía el director ejecutivo que aparecía en su página web; su fotografía era una imagen de archivo. Más tarde se supo que los fundadores de Centra, entre

---

25. Leslie Eaton: «Ideas & Trends; Hi. My Name's Matt. I'm Selling Hot Stocks», *The New York Times*, 21 de diciembre (1997).
26. Andrew Hayward: «$25 Million ICO Backed by Floyd Mayweather Was a Fraud, Founder Admits», *Decrypt*, 16 de junio (2020).
27. «SEC Charges Additional Defendant in Fraudulent ICO Scheme», Comisión del Mercado de Valores de Estados Unidos, 20 de abril (2018).

los que había un adicto a la marihuana y los opioides[28] de veintiséis años que dirigía un negocio de alquiler de coches exóticos en Miami, le habían pagado a Mayweather 100 000 dólares por su apoyo.[29]

Sin duda, este tipo de argucias no eran legales. Pero los promotores pensaban —en la mayoría de los casos, correctamente— que las autoridades tardarían años en descubrir lo que estaba pasando. Un grupo de investigadores estimó *a posteriori* que aproximadamente el 80 % de las ICO fueron fraudulentas.[30]

Todas esas ICO y nuevas monedas implicaron mucho más volumen de negocio, al menos hasta que la fiebre se calmó en 2018. Aquel frenesí sentó las bases de muchas de las empresas de criptomonedas que se convertirían en las líderes del sector: por esa época, Sam Bankman-Fried hizo su primer gran negocio como intermediario explotando las discrepancias en los precios de Bitcoin.

Para Giancarlo Devasini, el furor de las ICO fue positivo para sus dos empresas, la plataforma de intercambio, Bitfinex, y la criptomoneda estable, Tether, de la cual por entonces ya se había hecho cargo.

Para Bitfinex, más operaciones significaban más comisiones. Y esos honorarios alcanzaron los 326 millones de dólares en beneficios en 2017.[31] El propio Giancarlo Devasini debió de llevarse más de 100 millones de dólares.

Al principio, Tether sólo estaba disponible en Bitfinex, lo que limitaba su utilidad. Sin embargo, otra plataforma en crecimiento llamada Poloniex empezó a aceptarlas. Los operadores empezaron a utilizar tétheres para enviar dinero entre las dos plataformas y aprovechar las diferencias de precio. Eso hizo que Tether tuviera que emitir más mo-

---

28. Véase la transcripción de la sentencia de Raymond Trapani en su juicio penal. *United States v. Sharma et al.*, Tribunal de Distrito de EE. UU. para el Distrito Sur de Nueva York, 14 de mayo (2018).

29. «Two Celebrities Charged with Unlawfully Touting Coin Offerings», Comisión del Mercado de Valores de EE. UU., 29 de noviembre (2018).

30. Sherwin Dowlatt y Michael Hodapp: «Cryptoasset Market Coverage Initiation: Valuation», Satis Group, 30 de agosto (2018).

31. Bitfinex publicó algo de información financiera en mayo de 2019 durante su oferta de monedas «Unus Sed Leo».

nedas. En marzo de 2017, había en circulación más de 50 millones de dólares en tétheres. A finales de año, se llegaría a los 1000 millones.

No obstante, a Bitfinex y Tether les costó gestionar la afluencia de dinero. El problema era que los bancos no querían como clientes a empresas que se dedicaban al negocio de las criptomonedas. No porque fuera ilegal, sino porque lo consideraban arriesgado. Si se descubría a una plataforma de criptodivisas blanqueando capital, sus banqueros también podrían tener problemas.

Se suponía que Tether era una solución a este problema. Cuando Bitfinex adquirió por primera vez Tether, Phil Potter, director de estrategia de Bitfinex, le había vendido a su jefe, Devasini, la idea de que los bancos estarían más dispuestos a trabajar con una empresa que tenía una criptomoneda estable. Esa idea convenció a Bitfinex de comprar la parte de Brock Pierce y seguir adelante con el proyecto. Pero Potter se equivocaba: la mayoría de los bancos tampoco quisieron tener nada que ver con Tether.

A principios de 2017, Bitfinex tenía todo el dinero en varios bancos taiwaneses. Sin embargo, dado el funcionamiento del sistema financiero internacional, la gestión de una plataforma de criptomonedas también requería la cooperación de otros bancos. Los banqueros taiwaneses de Bitfinex dependían de otros bancos —conocidos como bancos corresponsales— que actuaban como intermediarios para enviar dinero desde Taiwán a los clientes de otros países.

Pero los bancos corresponsales no veían con buenos ojos las criptomonedas. Uno tras otro, dejaron de procesar transacciones para Bitfinex y Tether. El último, Wells Fargo, cesó sus actividades en 2017. Como consecuencia de ello, los bancos taiwaneses cerraron sus cuentas.

Eso significaba que el dinero de Bitfinex estaba atrapado en Taiwán. Literalmente, no podía ser transferido al extranjero. Devasini y sus colegas llegaron a estar tan desesperados por sacar el dinero del país asiático que se plantearon la posibilidad de fletar un *jet* privado y llevarse el dinero en palés. Intentaron demandar a Wells Fargo, pero poco después retiraron la demanda.[32]

---

32. *iFinex Inc. v. Wells Fargo & Company*, 3:17-cv-01882, (N.D. Cal.), 5 de abril (2017).

No obstante, en algún lugar de EE. UU., un informático de unos treinta años leyó el informe de la demanda frustrada después de que ésta llegara a los tribunales. No podía creer lo que estaba leyendo. Se suponía que Tether debía estar respaldada por dólares reales en un banco. Pero, en la demanda, la propia empresa admitía que no tenía acceso al sistema bancario. Y lo que era aún más extraño es que, incluso después de presentar el caso, Tether siguió emitiendo vales. Aquel verano creó unos 200 millones en criptomonedas. Ahora bien, si la empresa ni siquiera tenía una cuenta bancaria funcional, ¿quién estaba ingresando los correspondientes 200 millones de dólares?

El hombre se registró en Twitter, Medium y otras redes sociales bajo el seudónimo de «Bitfinex'ed». Y lo que empezó a publicar a la larga le crearía muchos problemas a Devasini. Tether había engendrado un trol muy poderoso.

CAPÍTULO SEIS

Trucos del gato y el ratón

El nuevo crítico anónimo de Tether, Bitfinex'ed, analizó minuciosamente la demanda que la empresa había presentado contra Wells Fargo, y llegó a la conclusión de que la criptodivisa en realidad no estaba respaldada por dinero en efectivo. Decidió publicar una letanía de preguntas condenatorias: ¿dónde guardaba Tether su dinero?; ¿por qué no había presentado estados contables auditados? Y entonces comparó a Tether con Liberty Reserve,[1] la proto-criptomoneda cuyo fundador había sido arrestado por blanqueo de capital.[2]

«NO TIENEN BANCO… entonces, ¿de dónde sacan el dinero? Todo es mentira», tuiteó en mayo de 2017.

Cuatro años después, cuando *Businessweek* me encargó investigar Tether, Bitfinex'ed seguía publicando varios post diarios. Aunque sus mensajes parecían escritos por un fanático de las teorías de la conspiración, logró despertar mi interés. Todo el mundo con el que hablaba del ámbito criptográfico mencionaba sus mensajes. Los defensores de Tether le hacían responsable de todas las noticias negativas que salían sobre la empresa. Había visto cosas escritas por él en demandas e in-

---

1. Bitfinex'ed: «The Mystery of the Bitfinex/Tether Bank, and Why This Is Suspicious», *Medium*, 1 de octubre (2017).
2. «Founder of Liberty Reserve Pleads Guilty to Laundering More than $250 Million Through His Digital Currency Business», Departamento de Justicia de Estados Unidos, 29 de enero (2016).

formes oficiales. Parecía saber tanto sobre Tether que me pregunté si habría trabajado para la empresa o era un investigador público contrariado. Concerté una reunión con él, con la condición de que no revelaría su identidad.

Me dijo que le esperara en el exterior de un recinto de apartamentos en Biscayne Bay, Miami Beach. Mientras esperaba sentado a una mesa, ojeando Twitter, me llamó la atención un post que parecía referirse a la persona que estaba a punto de conocer. «Imagina levantarte, lavarte los dientes, tomar un café y luego pasarte las siguientes 16 horas quejándote de las criptomonedas estables en Internet», había escrito un criptoinfluyente. Me reí para mis adentros, y entonces me di cuenta de que yo también podría ser el blanco de la broma.

Un hombre con una sonrisa maníaca se acercó hasta donde estaba sentado. Llevaba un polo azul manchado con la salsa de los tacos que se había comido antes de venir. Tenía el pelo rapado y una perilla desaliñada de la que le brotaban unos cuantos pelos largos y descarriados que formaban ángulos extraños. Las zapatillas rojas y negras y los Levi's holgados le daban un aspecto que se asemejaba menos a un espía misterioso y más alguien que acabara de pasar varias semanas jugando en el sótano de la casa de sus padres. Después de indicarme que le llamara Andrew, nos dirigimos a la piscina del complejo de apartamentos, donde nos sentamos en unas sillas de playa con vistas a la bahía.

«Creo sinceramente que se trata del mayor fraude financiero de la historia –me dijo–. Trátame como si no dijera más que tonterías. Investiga. Pero es imposible que digan la verdad».

«Andrew» parecía excesivamente emocionado de conocer a alguien a quien consideraba su alma gemela, y la incomodidad que sentía aumentó todavía más cuando me regaló un pin de solapa que representaba el logotipo de Bitfinex envuelto en llamas. Me dijo que no quería revelar su verdadera identidad porque había recibido amenazas de muerte por parte de los defensores de Tether. A medida que se animaba, aumentaba el tono de su voz.

«Si estuviera totalmente equivocado, ¿por qué no presentan ninguna prueba de lo contrario? Todo el mundo dice que estoy loco, así que uno empieza a dudar de sí mismo. Pero todo esto no tiene ningún sentido», dijo, y su tono de voz terminó en un agudo *in crescendo*.

Andrew se quedó mirando las lanchas rápidas que cruzaban la bahía. Me dijo que sabía que Tether era un fraude porque él había hecho algo parecido. Dentro de un juego de ordenador multijugador, había descubierto la forma de imprimir dinero ilimitado para poder comprar con él armas y otros objetos que quería. Según él, no había obtenido ningún beneficio real con la estafa y, posteriormente, la empresa de juegos en cuestión lo había contratado para que hiciera de jáquer ético para ellos.

«Vi cómo la impresión de dinero afectaba a los precios de los activos –dijo–. Cuando vi que ocurría lo mismo con las criptodivisas, me di cuenta de que entendía lo que estaba pasando».

Andrew me contó que en un episodio de 1989 de la serie de dibujos animados *Patoaventuras*[3] se explicaba la estafa de Tether. En él, un pollo inventa un dispositivo que puede duplicar cualquier objeto del mundo. Los tres sobrinos empiezan a duplicar monedas para poder comprar lo que quieran, pero al final provocan una hiperinflación tan severa en Patoburgo que una piruleta pasa a costar 5000 dólares. «¡Oh, no! No me digáis que habéis estado gastando dinero duplicado», dice Tío Gilito con su acento escocés cuando descubre lo que ha pasado.

Según el argumento de Andrew, Tether, al igual que los tres sobrinos, había estado imprimiendo cada vez más dinero sin ningún tipo de respaldo financiero, y lo había utilizado para comprar bitcoines, provocando que subiera el precio de la criptomoneda. La empresa podía prestar dinero prácticamente a cualquiera mediante la emisión de tétheres y llamándolo «cuentas por cobrar», dijo haciendo el gesto de las comillas con los dedos. O Giancarlo Devasini podía imprimir nuevos tétheres, enviarlos a una plataforma de criptomonedas y utilizar ese dinero falso para comprar bitcoines para, así, equilibrar sus cuentas.

«Imprimes mil millones de tétheres y compras mil millones de dólares en bitcoines –dijo–. Y ya estás respaldado».

Por entonces, no sabía qué pensar de Andrew. Había esperado obtener nuevas pistas con aquella reunión, no una analogía sacada de una

---

3. «El duplicador». *Patoaventuras*, temporada 3, episodio 7, dirigido por James T. Walker y Bob Hathcock, guión de Brooks Wachtel y Gordon Bressack, estrenado el 3 de noviembre de 1989.

serie de dibujos animados sobre patos antropomórficos. Andrew me aseguró que su misión de mostrarle al mundo lo que había en realidad Bitfinex no era una cuestión personal. Aunque a mí me daba la sensación de que sí lo era. Me dijo que se imaginaba a Kevin Smith (quien en una secuela de *Jungla de Cristal* interpretaba a un desaliñado jáquer llamado Warlock que trabaja en el sótano de la casa de su madre) haciendo de él en una película.

«Creo que así es más humillante para Bitfinex», dijo.

Cuando le pregunté cuáles eran sus fuentes o si tenía pruebas, me dijo que no tenía nada nuevo que aportar. Ahí era donde entraba yo.

Si alguien sabía si Tether tenía el dinero que afirmaba tener, ésos eran sus banqueros. Traté de ponerme en contacto con las entidades taiwanesas que Bitfinex había utilizado, pero no obtuve respuesta.

Había leído que, después de que los bancos les cortaran el grifo, Devasini y sus colegas habían peinado el mundo en busca de un banco más adecuado para la plataforma y para Tether. Finalmente, encontraron uno: una empresa emergente de Puerto Rico llamada Noble Bank International.

Me puse en contacto con su fundador, John Betts, y en junio de 2021, nos reunimos en Manhattan. Se trataba de un sudafricano de gran estatura que se movía con la seguridad que solían hacerlo los banqueros de Goldman Sachs, donde había trabajado anteriormente. Por entonces, Noble había fracasado, y estaba enojado por ello. Daba caladas a un vaporizador mientras dábamos vueltas por Washington Square Park. Bitfinex y Tether habían sido sus mayores clientes. Pero me advirtió que no confiara en ellos.

«Hay que sospechar de cualquier empresa financiera que se niega a ser transparente con sus haberes, y que evita la regulación y la transparencia», me dijo.

Betts me explicó que Noble no era exactamente un banco, sino una «entidad financiera internacional»,[4] organizada con arreglo a las leyes puertorriqueñas, mucho más laxas. Su plan era abrir cuentas para las

---

4. Matthew Leising y Yalixa Rivera: «Puerto Rico's Noble Bank Seeks Sale Amid Crypto Slide», Bloomberg, 1 de octubre (2018).

principales empresas y fondos de cobertura cripto. De ese modo, podían transferir dinero fácilmente entre ellos sin tener que sacarlo de Noble.

Betts me aseguró que cuando él trabajó con Tether, sí que había un dólar estadounidense respaldando cada moneda. Sin embargo, en 2018, después de sólo un año, la relación terminó amargamente, y Betts sospechaba que, a partir de ese momento, Devasini había puesto en riesgo las reservas.

El problema, según él, era que Devasini quería utilizar las reservas de Tether para ganar dinero. Por entonces, Tether tenía unos 1000 millones de dólares aparcados en Noble. Todo ese dinero estaba inmóvil, sin obtener ningún beneficio.

Devasini propuso utilizar el dinero para comprar bonos que dieran intereses. Si invertía el dinero en deuda corporativa a, por ejemplo, un 3 % anual, eso significaba unas ganancias de unos 30 millones de dólares.

Pero Betts se opuso. Desde hacía tiempo, el sitio web de Tether aseguraba que cada tether contaba con el respaldo de la moneda tradicional.

Invertir el dinero no sería coherente con eso. Incluso las inversiones más seguras a veces salían mal, lo que podría haber dejado a Tether con un respaldo parcial, además de los peligros inherentes a la estampida bancaria.

Cuando Betts se negó, Devasini le acusó de robar. Betts instó a Devasini a contratar a una gestoría para realizar una auditoría completa que tranquilizara al público, pero Devasini le dijo que Tether no necesitaba llegar tan lejos para responder a las críticas.

«Giancarlo quería una tasa de rentabilidad más alta –dijo Betts–. Le imploré repetidamente que tuviera paciencia y que recurriera a los auditores».

La disputa llegó a tal punto que Devasini quiso retirar todo el efectivo de la empresa de Noble.

El subdirector de Devasini, Phil Potter, quería mantener el dinero en la «entidad financiera internacional», de modo que Devasini y sus otros socios le compraron su parte de la empresa por 300 millones de dólares. Potter aceptó el pago en dólares estadounidenses,[5] no en tétheres.

En junio de 2018, Betts renunció a su cargo en Noble alegando motivos de salud y familiares. Devasini se salió con la suya y retiró sus depósitos; el banco quebró poco después.[6] Betts me dijo que, después de que Tether sacara su dinero de Noble, Devasini habría podido invertirlo como quisiera. Añadió que, pese a no saber exactamente qué había hecho con él, estaba seguro de que era algo mucho más arriesgado que mantenerlo en efectivo. Tether podría estar invirtiendo en prácticamente cualquier cosa.

«No es una moneda estable, es un fondo de cobertura en el extranjero de alto riesgo –me dijo–. Incluso sus propios socios bancarios no conocen el alcance de sus tenencias, ni si existen».

Sabía que Betts tenía sus propias motivaciones para criticar a Tether. Culpaba a Devasini del fracaso de su propio negocio, que había hecho descarrilar la carrera del sudafricano. Sin embargo, lo que Betts estaba diciendo tenía sentido. En el mismísimo núcleo del modelo de negocio de Tether había un conflicto de intereses: cualquier ganancia que obtuviera a través de las inversiones iría a parar a manos de Devasini y los otros propietarios de la empresa, pero las pérdidas recaerían en los titulares de los tétheres. Y si Tether perdía dinero producto de una mala inversión, tenía sentido que la empresa tratara de ocultarlo en lugar de publicitarlo y arriesgarse a sufrir un episodio de pánico bancario.

Los bancos se enfrentan a la misma situación: obtienen beneficios con la inversión de los depósitos de sus clientes. Pero sus depósitos están asegurados; los reguladores se encargan de controlar todas sus operaciones. Hasta donde sabía, sólo había una o dos personas en el Gobierno conscientes de lo que estaba haciendo Tether: abogados que trabajaban en la oficina para la protección de las inversiones, un organismo dependiente de la Fiscalía General de Nueva York. Uno se llamaba John Castiglione.

---

5. Zeke Faux: «Anyone Seen Tether's Billions?», *Bloomberg Businessweek*, 7 de octubre (2021).
6. Leising y Rivera: «Puerto Rico's Noble Bank Seeks Sale Amid Crypto Slide».

CAPÍTULO SIETE

«Una fina capa de hielo»

La oficina para la protección de las inversiones tenía su sede en una torre de oficinas del distrito financiero de Nueva York. Bajo el mando de Elliot Spitzer, el anterior fiscal general, era temida por los bancos de inversión de Wall Street, pero en los años sucesivos, sus recursos habían ido disminuyendo. No tenía suficientes técnicos de datos y economistas para analizar los mercados financieros y, obviamente, carecía de especialistas en criptomonedas.

En 2017, John Castiglione, quien por entonces tenía treinta y ocho años, y un colega llamado Brian Whitehurst fueron asignados para investigar el mercado de las criptodivisas.

Era una tarea ingente para un equipo tan pequeño, sobre todo teniendo en cuenta que ninguno de los dos tenía conocimientos especializados sobre el sector.

Castiglione se había incorporado a la oficina del fiscal general en 2014 procedente de Latham & Watkins, un bufete gigantesco con unos 2100 abogados donde se había dedicado, principalmente, a defender a grandes corporaciones. El cambio de trabajo vino acompañado de un considerable recorte salarial. En la oficina del fiscal general cobraba unos 80 000 dólares anuales, menos de la mitad de lo que ganaba un asociado de primer año en Latham. Pero siempre había querido trabajar para el Gobierno.

Una de sus primeras labores en la Fiscalía General fue la investigación de las *dark pools*,[1] plataformas privadas de negociación de acciones gestionadas por grandes bancos de inversión de Wall Street. Las *dark pools* se comercializaron como una forma de que los inversores institucionales, como los fondos de inversión, mantuvieran en secreto sus grandes operaciones.

El objetivo era que los agentes avezados no se enteraran de que, por ejemplo, Fidelity necesitaba comprar 1000 millones de acciones de Apple y se adelantaran a la operación para hacer subir el precio de las acciones. Sin embargo, Castiglione y sus colegas descubrieron que muchos operadores *dark pool* concedían privilegios especiales a determinados negociadores altamente agresivos. Estos casos se resolvieron con unos 200 millones de dólares en multas.

Castiglione y sus colegas se dieron cuenta de algo: si los bancos de Wall Street, los cuales operaban bajo una estricta regulación, actuaban de este modo, lo que estaba pasando en los mercados de criptomonedas era probablemente peor. En abril de 2018, la oficina del fiscal general envió una sencilla encuesta con treinta y cuatro preguntas a las trece principales plataformas de criptomonedas. Las preguntas pretendían recabar información básica como, por ejemplo, quién era el propietario, cómo gestionaban y supervisaban las operaciones y cómo protegían los fondos de los clientes.

«Como ocurre con otros sectores emergentes, el reto de la moneda virtual es prevenir el fraude y otros abusos, salvaguardar la integridad del mercado y proteger a los inversores particulares, naturalmente sin impedir la actividad legítima del mercado ni la innovación», escribió Castiglione en una carta a las plataformas.[2]

El sector de las criptomonedas reaccionó con indignación. Cuatro plataformas ni siquiera se dignaron responder.[3] Algunas de las otras dijeron que entre sus responsabilidades no figuraba la de vigilar las actividades sospechosas. Castiglione y Whitehurst decidieron centrar-

---

1. En inglés, «grupo oscuro». *(N. del T.)*.
2. «A.G. Schneiderman Launches Inquiry into Cryptocurrency 'Exchanges'», fiscal general del Estado de Nueva York, 17 de abril (2018).
3. «Virtual Markets Integrity Initiative Report», Oficina del Fiscal General del Estado de Nueva York, 2, 18 de septiembre (2018).

se en Bitfinex, la plataforma de criptomonedas propiedad del mismo grupo que poseía Tether. Era la que presentaba más señales de alarma. Aunque, según la empresa, no hacía negocios en Nueva York, uno de sus altos ejecutivos –el director de estrategia, Phil Potter– vivía allí. Castiglione envió una citación a algunas empresas bursátiles de Nueva York, y éstas le informaron de que, efectivamente, utilizaban Bitfinex.

A Castiglione le resultó especialmente extraño que el propietario de una plataforma controlara también una criptomoneda –Tether– que cotizaba en ella. De modo que se preguntó: ¿es posible que estén utilizando tétheres para manipular los precios en la plataforma, o incluso el precio de Bitcoin? (En junio de ese año, el profesor de finanzas John Griffin había publicado un artículo titulado «Is Bitcoin Really Un-Tethered?»,[4] en el que sostenía que alguien había estado imprimiendo tétheres sin respaldo para apuntalar el precio de Bitcoin).[5] Castiglione y Whitehurst enviaron citaciones a Tether y Bitfinex para que hicieran públicos sus registros. Él aún no lo sabía, pero las empresas estaban en mitad de una crisis existencial.

Desde el mismo momento de su creación, Bitfinex y Tether habían tenido problemas con los bancos. A veces, Bitfinex había recurrido a soluciones poco seguras para mover el dinero. Potter lo admitió en un chat en línea con operadores en 2017.

«Hemos tenido contratiempos bancarios en el pasado[6] –aseguró–. Pero siempre hemos sido capaces de sortearlos o lidiar con ellos. Abrir nuevas cuentas o lo que sea. Cambiar de entidad. Ha habido muchos trucos del gato y el ratón de los que todo el mundo en el sector de Bitcoin tiene que valerse en un momento u otro».

La crisis surgió como consecuencia de uno de esos trucos del gato y el ratón. Bitfinex había estado utilizando un servicio panameño de

---

4. «¿Está Bitcoin realmente libre de ataduras?». *(N. del T.)*.
5. John M. Griffin y Amin Shams: «Is Bitcoin Really Un-Tethered?», *The Journal of Finance,* 15 de junio (2020).
6. Bitfinexed: «Bitfinex Tether Phil Potter 'Solved' Banking Problems with Illegal Money Laundering Tactics», YouTube, www.youtube.com/watch?v=62cvxPI-DBGY

transferencia de dinero llamado Crypto Capital[7] para mover fondos y guardar parte del efectivo. De hecho, y aunque pueda parecer sorprendente, esto era aún más sospechoso de lo que parece. Crypto Capital anunciaba en su sitio web que permitía a los usuarios «depositar y retirar dinero fiduciario instantáneamente en cualquier criptoplataforma del mundo».[8] Sin embargo, no disponía de ninguna tecnología especial. Básicamente, era un servicio de blanqueo de dinero.

Crypto Capital se limitaba a abrir cuentas bancarias utilizando nombres de empresas falsas. Les decían a los bancos que iban a usar las cuentas para actividades normales, como inversión inmobiliaria, pero luego dejaban que empresas como Bitfinex las utilizaran para realizar transferencias a sus clientes. (Bitfinex aseguraría más tarde que se creyó las garantías que le dio Crypto Capital de que todo estaba en orden). El servicio era utilizado por otras plataformas de criptomonedas, entre ellas Kraken, QuadrigaCX y Binance. En 2017, procesaba más de 100 millones de dólares al mes.[9]

Para el verano de 2018, Bitfinex tenía casi 1000 millones de dólares en las cuentas de Crypto Capital.[10] Pero, entonces, el blanqueador de dinero dejó de procesar retiradas de fondos para los clientes de Bitfinex. Giancarlo Devasini, el jefe de Bitfinex y Tether, escribió diversos mensajes cada vez más desesperados al jefe de Crypto Capital, un israelí llamado Oz Yosef.

«Estamos recibiendo retiradas masivas de fondos y no somos capaces de procesarlas a menos que podamos transferir algo de dinero –le escribió Devasini a Yosef en agosto de 2018–. En circunstancias

7. «Attorney General James Announces Court Order Against 'Crypto' Currency Company Under Investigation for Fraud», fiscal general del Estado de Nueva York, 25 de abril (2019).

8. «The Rise and Fall of Crypto Capital Corp, Crypto's Premiere Shadow Bank», *Protos*, 17 de agosto (2021).

9. Damian Williams: «Memorandum of Law of the United States of America in Opposition to the Defendant's Pretrial Motions», en EE. UU contra Reginald Fowler, caso n.º S3 19 Cr. 254 (ALC) (Tribunal de Distrito de EE. UU. para el Distrito Sur de Nueva York, archivado el 4 de noviembre de 2021).

10. Tim Copeland: «The Story of Crypto Capital's Dark Past and Its Deep Ties with the Crypto Industry», *Decrypt*, 2 de mayo (2019).

normales, no le molestaría (no lo he hecho nunca hasta ahora), pero la situación es excepcional y necesito su ayuda».[11]

Yosef puso un montón de excusas a Devasini: corrupción, conformidad bancaria, problemas fiscales, erratas, empleados de vacaciones. Era una situación peligrosa: si los clientes descubrían que el retraso en las retiradas de fondos era algo más que un problema temporal, podía producirse una estampida bancaria.

Pero la situación no hizo más que empeorar. En octubre, cuando muchos clientes llevaban ya varias semanas esperando sus traspasos,[12] empezaron a circular rumores de que la propia Bitfinex era insolvente. Aunque la empresa nunca había reconocido oficialmente su relación con Noble Bank, ese mes se informó de que ambas empresas habían roto relaciones.[13] El 7 de octubre, Bitfinex publicó un comunicado en su sitio web en el que sugería, mediante una redacción engañosa, que la plataforma apenas había oído hablar de Noble Bank: «Las historias y acusaciones que circulan actualmente respecto a una entidad llamada Noble Bank no tienen ningún impacto en nuestras operaciones, supervivencia o solvencia».[14] Una semana después, Bitfinex negó los problemas con las retiradas de fondos: «Todas las retiradas de criptomoneda y dinero fiduciario son, y han sido, procesadas como de costumbre sin la menor interferencia».[15]

No era verdad. Ese mismo día, Devasini escribió a Yosef: «Te lo vengo diciendo desde hace tiempo. Demasiadas retiradas de fondos esperando desde hace demasiado tiempo. ¿Hay alguna manera de que nos des dinero?... Por favor, ayuda».

Yosef respondió echándole la culpa a los bancos por cerrar sus cuentas sin motivo. Devasini le dijo que aquella excusa no era suficiente.

---

11. Los mensajes entre ambos se publicaron en el marco del litigio entre Tether y el fiscal general de Nueva York.
12. David Floyd y Nikhilesh De: «For Bitfinex Users, Dollar Withdrawals Are Now a Weeks-Long Struggle», *CoinDesk*, 9 de noviembre (2018).
13. Leising y Rivera: «Puerto Rico's Noble Bank Seeks Sale Amid Crypto Slide».
14. Bitfinex: «A Response to Recent Online Rumours», *Bitfinex Blog* [sin fecha].
15. Bitfinex: «Fiat Deposit Update—October 15th, 2018», *Medium*, 15 de octubre (2018).

«En estos momentos necesito dar respuestas precisas a nuestros clientes. No puedo seguir evitando el problema –le escribió Devasini–. Por favor, entiende que todo esto podría ser extremadamente peligroso para todos, para toda la comunidad cripto. BTC [Bitcoin] podría estancarse por debajo de los 1000 si no actuamos rápidamente».

Lo que Devasini parecía estar sugiriendo era que si Crypto Capital no permitía a sus clientes hacer retiradas, podía producirse una estampida en Bitfinex y Tether. Y si había una estampida en esas dos empresas, eso podría provocar la caída de todo el mercado de criptomonedas.

Tres días después, Devasini añadió: «Tienes demasiado dinero retenido y actualmente nos movemos sobre una fina capa de hielo». Y, en noviembre, después de que Crypto Capital todavía no hubiera enviado nada de dinero, mostró su frustración: «Creo que deberíais dejar de jugar y decirme la verdad sobre lo que está pasando –escribió Devasini–. No soy tu enemigo. Estoy aquí para ayudarte y hasta ahora he sido muy paciente, pero tienes que dejarte de tonterías y decirme qué está pasando».

La verdad era que las autoridades polacas habían descubierto la estafa y confiscado sus cuentas bancarias en el país, donde guardaban la mayor parte del dinero. Más tarde, Yosef sería acusado de fraude por las autoridades estadounidenses, pero logró huir a Israel. En 2019, fue detenido en Polonia otro hombre relacionado con Crypto Capital. Los fiscales de ese país alegaron que la empresa también se dedicaba a blanquear dinero para cárteles de la droga.

En febrero de 2019, los abogados de Tether acudieron a las oficinas del fiscal general para reunirse con las autoridades, un procedimiento estándar en este tipo de investigaciones. Castiglione, Whitehurst y otro colega se sentaron en una sala de reuniones con dos abogados de Bitfinex y Tether. Otro abogado defensor participó en la reunión telefónicamente.

Castiglione y sus colegas les pidieron pruebas de que todos los téthers eran pagados con dólares reales por clientes reales.[16] Los aboga-

---

16. Carta de John Castiglione a los señores Miller y Weinstein: «Re: Subpoenas to iFinex Inc. and Tether Limited», Oficina del Fiscal General del Estado de Nue-

dos defensores se mostraron ofendidos. No obstante, después de cierto toma y daca, uno de los abogados reconoció que habían tenido, en sus propias palabras, un «problema». No dieron demasiados detalles, simplemente que Bitfinex había puesto más de 850 millones de dólares en manos de un procesador de pagos (Crypto Capital) y ese dinero parecía estar «retenido». Bitfinex había tenido que llenar el agujero recurriendo a las reservas de Tether.

«Perdone, ¿puede repetir eso?», preguntó Castiglione.

Castiglione no se lo podía creer. «Retenido» parecía ser un eufemismo de «desaparecido» y, si era así, significaba que la plataforma era insolvente y estaba al borde del colapso. En Wall Street, una plataforma bursátil en una situación similar tendría que anunciarlo y cerrar. Era como si Bitfinex ni siquiera se planteara informar a sus clientes. Castiglione pidió a los abogados que salieran un momento para que él y sus colegas pudieran hablar en privado.

«Joder, no puedo creer lo que acabo de oír –les dijo–. ¿En serio acaban de decir que han perdido 850 millones de dólares de los inversores? ¿Y que van a tapar el agujero con las reservas de Tether?».

Entonces oyeron una voz que salía del altavoz de la sala de conferencias. Uno de los abogados defensores informó a Castiglione que se había olvidado de poner el teléfono en silencio.

La reunión terminó sin conclusiones. Durante las siguientes semanas, Castiglione siguió indagando en el caso. Aunque no le gustaban las teorías de la conspiración, los abogados de Bitfinex y Tether estaban siendo tan esquivos que tenía la sensación de que todo era posible. El sitio web de Tether aseguraba a los usuarios que: «Cada tether está siempre respaldado 1 a 1 por dinero tradicional que guardamos en nuestras reservas. Por tanto, un USDT[17] siempre equivale a un USD». No obstante, después de la reunión, se modificó este párrafo, quedando del siguiente modo: «Cada tether siempre está respaldado al 100 % por nuestras reservas, las cuales incluyen moneda tradicional y equivalentes de efectivo y, de vez en cuando, pueden incluir otros activos y cuentas

va York, https://iapps.courts.state.ny.us/nyscef/ViewDocument?docIndex=2C-N3UUPclyTIOms93ZTYGQ==
17. Abreviación internacional de la criptomoneda Tether. *(N. del T.)*.

por cobrar de préstamos realizados por Tether a terceros, que pueden incluir entidades afiliadas». En otras palabras, las reservas de Tether podían ser cualquier cosa que ellos quisieran que fueran.

Al principio, los abogados de Bitfinex dijeron que el acuerdo para prestarse a sí mismos el dinero de Tether aún estaba pendiente. Sin embargo, tras varias semanas intercambiando cartas, informaron a Castiglione de que se había completado, aunque le aseguraron que era una transacción justa negociada sin conflicto de intereses. Enviaron la documentación que certificaba una línea de crédito de 900 millones de dólares de Tether a Bitfinex. Giancarlo Devasini firmaba en nombre de Tether. Y, en nombre de Bitfinex, Giancarlo Devasini.

En abril de 2019, el fiscal general acudió a un tribunal estatal de Manhattan con sus descubrimientos para pedir que se prohibieran las futuras transferencias entre ambas compañías. «Los ejecutivos de Bitfinex, que también son los propietarios y operadores de Tether, sacaron cientos de millones de dólares de las reservas de efectivo de Tether y utilizaron dichas reservas para apuntalar la plataforma de intercambios llamada Bitfinex», escribió el abogado de la oficina del fiscal general.

La acusación era irrecusable. Pero entonces sucedió algo sorprendente: no pasó nada. La revelación no provocó ninguna estampida en Tether. El precio de un tether cayó brevemente a los 97 centavos antes de volver a recuperarse. «Al mercado no le importa[18] –le dijo por entonces un operador de criptomonedas a un periodista–. Esta comunidad tiene una inmensa tolerancia al dolor».

En lugar de una estampida bancaria, se produjo un rescate financiero. Para devolver el préstamo, Bitfinex recaudó 1000 millones de dólares vendiendo vales criptográficos a los que llamó Unus Sed Leo, que en latín significa «uno, pero es un león»,[19] y prometió utilizar los ingresos futuros para recomprarlos.[20] Entre los compradores estaba EOS, la ICO promovida por Brock Pierce, el cofundador de Tether,

---

18. Paul Vigna: «Cryptocurrency Investors Shrug Off Tether Woes», *Wall Street Journal*, 29 de abril (2019).

19. Pete Rizzo: «'Not a White Paper': Marketing Document Details $1 Billion Bitfinex Token Sale», *CoinDesk*, 4 de mayo (2019).

20. Bitfinex: «Revenues from Tokinex Dedicated to LEO Redemptions», *Medium*, 8 de julio (2019).

además del fondo de cobertura Alameda Research, propiedad de Sam Bankman-Fried. Básicamente, Devasini había impreso su propio dinero para reemplazar lo que había perdido Crypto Capital y se lo había vendido a los principales operadores del sector criptográfico.

En febrero de 2021, Tether acordó pagar 18,5 millones de dólares a cambio de resolver la demanda de Nueva York sin admitir haber cometido ninguna infracción. «Bitfinex y Tether habían encubierto, de forma imprudente e ilegal, pérdidas financieras masivas para poder continuar con su esquema y proteger sus ganancias –dijo la fiscal general Letitia James en un comunicado–. Las afirmaciones de Tether de que su moneda virtual estaba respaldada en todo momento por dólares estadounidenses era mentira». Los partidarios de Tether le dieron la vuelta a esto para defender a la empresa (si Tether era un fraude tan masivo, ¿por qué el fiscal general del estado había aceptado un acuerdo?), pero lo cierto es que la oficina del fiscal general estaba agotada. No quedaba claro si las empresas estaban realmente sujetas a la jurisdicción de Nueva York, pues, según ellas, ya no hacían negocios con clientes estadounidenses.

Castiglione y Whitehurst intentaron advertir a otros reguladores sobre Tether y Bitfinex. Devasini ya había demostrado que estaba dispuesto a utilizar las reservas de Tether como un fondo para sobornos corporativos. Pero la SEC no parecía demasiado interesada; la agencia seguía ocupada resolviendo las estafas *pump-and-dump* de la fiebre de las ICO. Castiglione sólo mantuvo una breve llamada telefónica con los fiscales del Departamento de Justicia. (En octubre de 2021, la Comisión de Negociación de Futuros de Productos Básicos multó a Tether con 42,5 millones de dólares en un caso que se sumó al del fiscal general de Nueva York).

El acuerdo con Nueva York exigía a Tether la publicación de informes trimestrales donde se detallaran sus fondos, además de enviar información aún más detallada al fiscal general. Castiglione esperaba que esto empujara a alguien a investigar más a fondo. Pero ningún regulador los llamó para reunirse con ellos.

Había pasado más de una década desde la creación de Bitcoin. Las criptomonedas se habían vuelto prácticamente omnipresentes. En 2020, cuando su volumen de negocio despegó durante la pandemia,

Tether creció exponencialmente, con unas ventas de unos 17 000 millones de téthers. Al año siguiente, vendió 57 000 millones. No obstante, los reguladores seguían sin saber qué hacer con ella, ni con el resto del sector. Las criptomonedas crecían a un ritmo vertiginoso, y nadie parecía estar aplicando las habituales medidas de seguridad.

CAPÍTULO OCHO

Me llamo Chalopin. Jean Chalopin

En el verano de 2021, sólo pude encontrar una institución financiera que estuviera dispuesta a reconocer que trabajaba con Tether: Deltec Bank & Trust, afincada en las Bahamas. Allí es a donde Giancarlo Devasini había transferido el dinero de la empresa desde Noble Bank, en Puerto Rico, después de la disputa con su fundador, John Betts. Le envié un correo electrónico al presidente de Deltec, un hombre llamado Jean Chalopin, quien accedió a hablar conmigo. Le dije que prefería que nos reuniéramos en persona y compré un billete a Nassau.

Nos reunimos en julio en las oficinas de Deltec, situadas en el último piso de un edificio de seis plantas rodeado de palmeras en una zona muy agradable de la capital. En su vida anterior, Chalopin había sido uno de los creadores de la serie de dibujos animados *Inspector Gadget,* y en la puerta de su despacho colgaba un cuadro del famoso policía cíborg con gabardina de los años ochenta. Sobre una estantería se exhibían varias portadas de revistas donde aparecía la esposa de Chalopin, exmodelo, y su hija, compositora. Chalopin tenía setenta y un años, era pelirrojo y llevaba gafas redondas sin montura. Cuando nos sentamos, cogió de la estantería un libro sobre fraudes financieros titulado *Misplaced Trust.*[1]

«La gente hace cosas raras por dinero», dijo misteriosamente.

---

1. *Confiar en quien no debes. (N. del T.).*

Se preparó una taza de té y me contó que había llegado a las Bahamas en 1987, tras vender su primer estudio de animación, DIC Entertainment. Se había hecho rico con la venta, así que se compró un castillo en las afueras de París y una casa colonial de color rosa en las Bahamas. La mansión sirvió como escenario en la película *Casino Royale* (2006), concretamente como la vivienda del villano. De hecho, el propio Chalopin parecía un personaje salido de una película de James Bond.

Me dijo que hablaba cuatro idiomas mal y dos bien, y que solía pilotar su propio avión. Entre sus proyectos anteriores figuraban el proyecto frustrado de un parque de atracciones futurista en París y de un parque temático de la dinastía Ming cerca de la Gran Muralla china. Se hizo cliente de Deltec a principios de los años ochenta, y posteriormente trabó amistad con su anciano fundador, Clarence Dauphinot, Jr.

Los bancos de las Bahamas suelen aparecer en las películas como un paraíso para el blanqueo de capital.

«Siempre sale un tipo que llega en avión con dos grandes maletas llenas de billetes», se quejó Chalopin. Según él, aquello era un estereotipo anticuado. El punto fuerte de Deltec era el servicio al cliente, no el secretismo.

Tras la muerte de Dauphinot en 1995, el banco, que en el pasado se había dedicado a la banca de inversión por toda Latinoamérica, terminó siendo un pequeño negocio de gestión monetaria. Chalopin invirtió y, con el tiempo, se convirtió en el mayor accionista de la empresa. Decidió buscar clientes en sectores emergentes, como la biotecnología, la edición del genoma y la inteligencia artificial, demasiado pequeños para que los bancos más grandes les dieran una atención personal. Otro de los sectores era el de las criptomonedas, el cual, según Chalopin de forma equivocada, los otros bancos preferían evitar.

«Nadie quería tener nada que ver con las criptomonedas, lo veían algo muy peligroso —me dijo—. Aunque, si profundizas un poco, te das cuenta de que en realidad no lo es».

Chalopin me contó que un cliente que se había hecho rico con Bitcoin le habló de Tether y le presentó a Devasini en 2017. Devasini le preparó un *risotto* y le impresionó por su franqueza. Cuando descubrieron que Devasini había crecido en el mismo pueblo italiano que la madre de Chalopin, empezaron a llamarse *cugino* (primo en italiano). Devasini compró una casa junto a la de Chalopin en las Bahamas, y juntos compraron y se repartieron el terreno frente al mar entre las dos propiedades. Chalopin me dijo que Tether había sido injustamente difamada.

«No hay ningún plan secreto ni complot. No son Enron ni Madoff. Cuando surge un problema, lo resuelven de forma honorable».

Chalopin me dijo que había investigado a Tether durante meses antes de aceptar a la empresa como cliente en noviembre de 2018. Firmó una carta en la que respondía por sus activos. Le sorprendió que los críticos siguieran insistiendo en que la criptomoneda de Tether no estaba respaldada por dinero real.

«Francamente, lo que más se oía por entonces era "el dinero no existe" –dijo–. ¡Nosotros sabíamos que el dinero existía! Estaba justo aquí».

Pero cuando le pregunté si estaba seguro de que en aquellos momentos los activos de Tether estaban totalmente asegurados, se echó a reír. Me dijo que era una pregunta difícil de responder. Él sólo tenía efectivo y bonos de bajo riesgo de Tether. Pero recientemente la empresa había empezado a usar otros bancos para mover el dinero. Sólo una cuarta parte –unos 15 000 millones de dólares– seguía en Deltec.

«No puedo hablar de lo que no sé –me dijo–. Sólo puedo controlar lo que tenemos nosotros».

Un mes después de la entrevista con Chalopin, en agosto de 2021, por fin se produjo un avance en mi investigación. Tras hacer uso de todas mis dotes de persuasión, una fuente me envió un documento donde aparecía una relación detallada de la mayoría de las reservas de Tether. Mi fuente me hizo prometerle que no revelaría de dónde había sacado la información ni publicaría detalles que pudieran delatarla. En el documento aparecían cientos de inversiones realizadas por Tether. La mayoría eran bastante normales como, por ejemplo, bonos a corto plazo. Pero también había algunas cosas extrañas, como inversiones en fondos de cobertura y pequeñas apuestas sobre los precios del cobre, el maíz y el trigo.

Las operaciones que me parecían más arriesgadas eran los miles de millones de dólares en préstamos a corto plazo a grandes empresas chinas. Los fondos del mercado monetario estadounidense evitaban comprar deuda china porque, por un lado, consideraban que el opaco sistema financiero del país era muy arriesgado y, por el otro, algunos inversores estaban especulando con la posibilidad de que el mercado inmobiliario chino se encontrara en una peligrosa burbuja. La cartera de Tether parecía tener deuda emitida por empresas vinculadas al Gobierno chino, como el Banco de Desarrollo Shanghai Pudong, y promotores inmobiliarios, como el Grupo Shimao.

El documento no era exhaustivo, de modo que seguía sin saber si a la compañía le faltaba dinero. No obstante, de lo que no cabía duda era de que su cartera era mucho más extraña de lo que la empresa reconocía públicamente.

Por aquel entonces, ya sabía que Tether estaba siendo investigada por las autoridades federales, aunque la investigación no tenía que ver con el dinero desaparecido; la fiscalía estaba investigando su relación con Crypto Capital y si los ejecutivos de Tether habían mentido a los bancos para poder abrir cuentas durante los primeros meses después de la creación de la empresa. Aunque había oído que los fiscales tenían la intención de hablar con Devasini, eso no era necesariamente tan grave como cabría suponer. Sabía por experiencia que muchas investigaciones nunca llevaban a ninguna parte y que, si finalmente había cargos, las empresas solían resolverlos pagando una multa. No obstante, me preguntaba si el mundo de las criptomonedas apoyaría a Tether si EE. UU. acababa presentando cargos o si eso desencadenaría una estampida bancaria.

Cuando se acercaba la fecha de publicación en *Businessweek* de mi artículo sobre el rastro del dinero de Tether, envié algunas preguntas a la empresa. Devasini se puso hecho una furia. Hacía poco había creado una cuenta de Twitter usando su antiguo nombre de usuario, «urwhatuknow», y utilizó la plataforma para arremeter contra mi futuro artículo. Recurrió al insulto que suele utilizar la industria de las criptomonedas con aquellas noticias que no le gustan: «FUD», abreviatura de «miedo, incertidumbre y duda».[2]

---

2. En inglés, *fear, uncertainty, and doubt. (N. del T.)*.

«Otra revista financiera esclavizada y moribunda tratando de propagar un poco de Tether FUD para ganar unos cuantos dólares y retrasar por un tiempo su extinción», escribió.

El abogado de Tether, Stuart Hoegner, también tenía algo que decirme. En un videochat, calificó a los críticos de Tether de «yihadistas» empeñados en la destrucción de la empresa y dijo que sus afirmaciones de manipulación del mercado no tenían ningún sentido. Y, en un correo electrónico, dijo que mi informe no era «nada más que una recopilación de insinuaciones y desinformación compartidas por personas descontentas sin ninguna relación ni conocimiento directo de las operaciones de la empresa».

«Para la protección e inversión de las reservas, mantenemos un marco de gestión de riesgos transparente, cabal y sofisticado», y añadió que nunca se le había denegado a un cliente la devolución de su dinero.

Como prueba de que Tether estaba totalmente respaldada, Hoegner me remitió a los estados financieros, elaborados por una empresa de contabilidad con sede en las Islas Caimán. Sin embargo, cuando le pregunté dónde guardaba Tether su dinero, se negó a contestar. Tampoco me tranquilizó cuando me aseguró que la empresa tenía efectivo más que suficiente para cubrir la mayor cantidad de dinero que había tenido que pagar en un solo día. Las estampidas bancarias pueden durar más de veinticuatro horas.

En el mes de octubre, *Businessweek* publicó mi investigación con el titular «El misterio de los 69 000 millones de dólares en criptomonedas». (Por entonces, Tether había emitido 69 000 millones de monedas). En el artículo, detallaba tanto el extravagante pasado de los fundadores de Tether como el historial de engañosas revelaciones relacionadas con los fondos de la compañía. Pero, en realidad, no había resuelto el misterio.

La gente extrajo del artículo lo que más le convenía. Para los criptoaficionados, demostraba que Tether al menos tenía algo de dinero, lo que era positivo. Para los escépticos, la información sobre la participación comercial china era irrecusable. Yo tampoco sabía muy bien cómo interpretar los registros financieros. Intenté indagar en los detalles de sus participaciones. La mayoría de los préstamos parecían ser préstamos legítimos a empresas reales. Otros no pude verificarlos, algo poco sorprendente dada la poca fiabilidad de los datos sobre préstamos a empresas chinas. Más que una pistola humeante, los registros parecían otra pista no concluyente.

• • •

En Wall Street, mi artículo atrajo la atención de los fondos de cobertura. Especialmente de los vendedores al descubierto. Se trata de fondos que ganan dinero apostando contra empresas inestables y esperando a que quiebren. Algunos de ellos tratan de acelerar el proceso mediante la publicación de informes donde se denuncian determinados fraudes.

Diversos analistas de grandes fondos especializados en ventas al descubierto me dijeron que habían apostado contra Tether o que estaban considerando hacerlo. Para ellos, se trataba de una apuesta seductora. No existía el riesgo de que el precio de Tether subiera por encima de 1 dólar, por lo que no podían perder dinero. Sin embargo, sí que cabía la posibilidad de que su precio se desplomara.

«He apostado un montón de dinero a que son unos delincuentes —me dijo Fraser Perring, cofundador de Viceroy Research—. En el peor de los casos, no perdería gran cosa. Ya soy rico, pero voy a ser jodidamente rico cuando Tether caiga».

Tether no tenía que ser un absoluto fraude para fracasar. Si se hacía público que tenía, pongamos, 60 000 millones de dólares de activos para respaldar 70 000 millones en criptomonedas, podría desencadenarse una avalancha de reembolsos. Una vez que se liquidaran 60 000 millones en monedas, las restantes no tendrían ningún valor, lo que haría que los vendedores al descubierto se llevaran un buen pellizco. Antes de la creación de los seguros de depósitos, el pánico bancario era habitual. Algunos críticos compararon Tether con los bancos de la frontera americana que habían surgido y quebrado de forma constante durante el siglo XIX.

En aquel entonces, el Gobierno de EE. UU. no emitía papel moneda, sólo monedas de oro y plata, ya que los primeros dirigentes del país temían por encima de todo la inflación, «una infinidad de robos sucesivos y criminales»,[3] en opinión del presidente John Adams, lo que se tradujo en una escasez de moneda. Pero había una solución: los estados permitían a los bancos imprimir sus propios billetes, canjeables por monedas estadounidenses.

Como había muy pocos bancos con el efectivo suficiente para canjear todos los billetes, imprimieron tanto papel moneda como quisieron y lo utilizaron para comprar activos reales como, por ejemplo, propiedades. Mientras los billetes estuvieran en circulación en lugar de ser canjeados, el ardid podía continuar. A estas instituciones se las llegó a conocer por el nombre de «gatos salvajes» porque, supuestamente, desalentaban el cambio de billetes por monedas ubicando sus sucursales en zonas remotas del país, donde había una gran cantidad de animales salvajes.

En los días de inspección, estos gatos salvajes tomaban prestadas monedas para fingir que tenían reservas. Carruajes cargados de oro llegaban a las sucursales para engañar a los inspectores o se entregaban montones de monedas por la puerta trasera durante una inspección. Un banco de Michigan incluso llegó a llenar cajas con clavos y cristales que después cubrió con una fina capa de monedas de plata. No obstante, en este caso los inspectores no se dejaron engañar.

«Menuda tentación para el especulador sin escrúpulos, el aventurero, que sólo soñaba con la riqueza y estaba dispuesto a arriesgarlo todo para conseguirla»,[4] escribió por esa época Alpheus Felch, un comisionado bancario oriundo de Michigan.

Esta era de la banca llegó a su fin cuando, durante los primeros días de la guerra de Secesión, el presidente Abraham Lincoln empezó a imprimir papel moneda federal y estableció un impuesto prohibitivo sobre el resto de los billetes. Los billetes que imprimían los distintos bancos, que en el pasado habían alimentado las economías de las ciudades fronterizas, cayeron en desuso. En algunos lugares se los daban a los niños para que jugaran con ellos. En las zonas rurales, se utilizaban para empapelar las paredes.

---

3. Carta de John Adams a Thomas Jefferson, Archivos Nacionales, 24 de febrero (1819).

4. Alpheus Felch: «Early Banks and Banking in Michigan», *Report of the Pioneer Society of the State of Michigan*, W.H. Graham's Presses, vol. 2, p. 111 (1880).

Era fácil establecer un paralelismo entre los gatos salvajes y las empresas de criptomonedas como Tether. Imagina que existiera una máquina capaz de imprimir dinero gratis. ¿Quién podría contenerse y no obtener unos cuantos millones de dólares extra? Los jefes de Tether tenían ese poder.

Y un simple rumor es más que suficiente para provocar el pánico bancario. En 1973, un comentario casual[5] de un estudiante japonés sobre una cooperativa de crédito local desencadenó un rumor que desembocó en un pánico de terribles consecuencias. Más recientemente, en marzo de 2023, el Banco de Silicon Valley, en California, quebró después de que la preocupación acerca de su cartera de inversiones, amplificada por un destacado podcastero, provocara el pánico entre sus clientes, en su mayor parte ejecutivos de empresas emergentes.[6] Muchos de los vendedores al descubierto dijeron que les sorprendía que Tether no hubiera sufrido ya una estampida bancaria.

No obstante, ninguno de los analistas parecía estar mucho mejor informado que «Andrew», el teórico de la conspiración a quien había entrevistado y que posteaba con el alias «Bitfinex'ed». Un operador de fondos de cobertura me dijo que había contratado a antiguos analistas de la CIA para estudiar el lenguaje corporal de los ejecutivos de Tether durante una entrevista televisiva, una iniciativa que no me parecía especialmente valiosa. Otro viajó durante tres horas en un todoterreno negro para reunirse conmigo en el norte del estado de Nueva York, donde yo estaba pasando las vacaciones, pero sólo me contó historias del pasado de Devasini que poco tenían que ver con el estado en el que se encontraba Tether.

• • •

Un vendedor al descubierto intentó una forma más directa de sacar a relucir los trapos sucios. En octubre de 2021, Hindenburg Research anunció que pagaría un millón de dólares a quien le proporcionara in-

5. «VOX POPULI: Hurtful Rumors Can Spread Faster and Farther in Today's World», *Asahi Shimbun*, 9 de mayo (2023).

6. George Hammond y Elaine Moore: «How Silicon Valley Learnt to Love the Government», *Financial Times*, 17 de marzo (2023).

formación sobre el respaldo de Tether.[7] «Estamos convencidos de que Tether debe hacer públicos todos los activos de los que dispone —escribió Nate Anderson, fundador de Hindenburg—. Mientras no dispongamos de esa información, ofrecemos una recompensa de un millón de dólares a quien pueda proporcionarnos testimonio exclusivo de las supuestas reservas de Tether».

Conocía a Anderson desde hacía casi una década. Cuando nos conocimos, él trabajaba como analista de bajo nivel en una agencia de investigación. Nos encontramos en una cafetería, donde me dio el expediente de un fondo de cobertura llamado Platinum Partners. Con aquel expediente, yo escribí un informe, él presentó una denuncia a la SEC y, poco después, el fondo quebró. Desde entonces, Anderson había fundado Hindenburg, convirtiéndose en uno de vendedores al descubierto más prominentes de Wall Street. Había logrado acabar con, entre otras, una empresa de camiones eléctricos con un valor de mercado de 20 000 millones de dólares llamada Nikola, la cual había difundido un vídeo promocional falso en el que un camión que no funcionaba bajaba por una pendiente. Anderson tenía treinta y siete años, por lo que tan sólo era unos meses mayor que yo. Estaba celoso de él. Anderson no se burló de mí con selfis como había hecho mi amigo Jay después de su éxito con Dogecoin. No le hacía falta. Todo el mundo podía ver sus glamurosas fotos en *The New York Times* y *The Wall Street Journal*.

Al principio me molestó que Anderson hiciera exhibición de su dinero. Yo llevaba meses trabajando para resolver el misterio, tratando de convencer a la gente para que me ayudara. Como la mayoría de los periodistas que conozco, nunca pago por la información. Pero ahora, ¿quién iba a dármela gratis, cuando podía vendérsela a Anderson por un millón de dólares? Y entonces me di cuenta de que yo disponía de

---

7. «Hindenburg Research Announces \$1,000,000 Bounty for Details on Tether's Backing», Hindenburg Research, 19 de octubre (2021). El director tecnológico de Tether, Paolo Ardoino, respondió publicando un meme en Twitter en el que Anderson aparecía como un teórico de la conspiración, con un sombrero de papel de aluminio en la cabeza. En su mensaje, el imaginario Anderson se quejaba, en la jerga de Internet, de que «los reguladores lo cerrarán, bro, en cualquier momento».

la información que Anderson andaba buscando. Concerté una cita con él.

Nos encontramos el mes de noviembre delante de un carrito de perritos calientes a la entrada de Central Park. Anderson apareció con una sudadera con capucha. Mientras paseábamos rodeados de niños que jugaban al béisbol, turistas haciendo fotos y un grupo que tocaba tambores de acero, Anderson me explicó qué podría hacer con la información detallada de las reservas de Tether. Según él, la recompensa aún no había dado frutos. Le dije que podía ayudarle y, sin revelar ningún detalle, le describí los documentos que había recibido.

—Basándonos en lo que acabo de describirte, ¿me darías un millón de dólares? –le pregunté.

—Sí –respondió él.

—¿Tienes un millón de dólares?

—Aquí no –dijo, pero me aseguró que en el banco tenía bastante más que eso.

Lo decía en serio. No pude evitar emocionarme ante la idea de que me pagara varias veces mi salario anual a cambio de unos cuantos archivos que tenía en el iPhone. Pero le había prometido a mi fuente que no compartiría con nadie los documentos. Le dije a Anderson que sería poco ético aceptar una recompensa por ellos.

—No sería poco ético –dijo Anderson.

—Para ti no, pero para mí sí –le dije–. La fuente me los dio; ahora no puedo revenderlos.

Cuando le dije a Anderson que me despedirían, me ofreció un trabajo. Cuando le dije que los documentos eran difíciles de interpretar, dijo que su equipo de expertos podría decodificarlos. Y cuando le pregunté por qué estaba dispuesto a pagar tanto dinero por la información, me dijo que la posible recompensa era mucho mayor que un millón de dólares.

No quería apostar contra Tether, sino elevar una denuncia al Gobierno aprovechando un programa que ofrecía a los informantes una recompensa que podía llegar al 30 % de la multa recaudada. Nikola había pagado 125 millones de dólares, lo que significa que Anderson había obtenido una recompensa de 37,5 millones por su denuncia del fraude cometido por la compañía de camiones eléctricos. Si el

Gobierno acababa multando a Tether por mentir sobre sus reservas, la recompensa podría alcanzar fácilmente esa cantidad. Anderson me dijo que estaba dispuesto a compartir su parte. Tras hacer un rápido cálculo mental, me di cuenta de que podría llegar a ganar unos 10 millones de dólares.

Por aquel entonces había estado leyendo sobre el altruismo eficaz, el movimiento filantrópico al que pertenecía Sam Bankman-Fried, y me dejé llevar por su lógica. Si no quería quedarme con el dinero, siempre podía donarlo a una ONG. En las manos correctas, 10 millones de dólares podían salvar miles de vidas. ¿Lo inmoral no sería rechazar la recompensa?

Sin embargo, durante el trayecto en bici para encontrarme con Anderson, había visto un cartel de prohibido aparcar de esos que se ponen antes de un rodaje; en este caso iban a rodar una escena de la serie de televisión *Billions*. En un capítulo, Bobby Axelrod, un gestor de fondos de cobertura poco ético, dice: «De qué sirve el dinero que te jodan[8] si nunca dices que te jodan?». Pese a estar de acuerdo con la reflexión, tal vez no hiciera falta tener dinero que te jodan para decir que te jodan. Puedes decirlo simplemente porque crees que es lo correcto. No tienes que aceptar 10 millones de dólares sólo porque alguien te los ofrece, del mismo modo que no tienes que comprar criptomonedas Dogecoin si crees que es una tontería. El rencor imponiéndose a la codicia. Le dije a Anderson que hay cosas más importantes que el dinero.

«Este libro se llamará *Jay se equivoca y Zeke tiene razón: la historia de las criptomonedas* –le dije–. Los escritores no deberían llegar a ningún tipo de acuerdo, ¿sabes? Y tampoco deberían tener segundas intenciones».

Cuando volví a casa, Anderson me mandó un mensaje: «Nuestra conversación de hoy podría tener terribles consecuencias para el sistema financiero mundial». A pesar de su exceso de dramatismo, no iba desencaminado. Pocos días después de nuestro encuentro, el 8 de

---

8. En inglés, *fuck-you money*. El *fuck-you money* es la actitud del que puede mandarlo todo a la mierda sin preocuparse por las consecuencias. *(N. del T.)*.

noviembre de 2021, el precio de Bitcoin alcanzó un máximo histórico[9] de 68 000 dólares y el valor total de todas las criptomonedas superó los 3 billones de dólares.[10] ¿Cómo era posible que una industria de estas proporciones tuviera unos cimientos hechos a base de tétheres?

Aunque lo que había descubierto hasta el momento sobre Tether no era concluyente, sí que era muy sospechoso. No podía creer que, todos los días, la gente enviara millones de dólares de curso legal al banco de las Bahamas propiedad del creador de *Inspector Gadget* a cambio de vales digitales conjurados por el actor de *Somos los mejores* y gestionados por ejecutivos que estaban siendo investigados por la fiscalía de EE. UU. Sin embargo, no creía que las respuestas estuvieran en los documentos que había obtenido. Mis mejores historias siempre se han basado en información de primera mano sobre el funcionamiento de los fraudes.

De entre todas las personas que había conocido investigando a Tether, una destacaba especialmente, no sólo como fuente de información sobre Tether, sino también como un tema potencial para una historia acerca de Bloomberg: Sam Bankman-Fried. En los meses que habían pasado desde nuestra breve reunión en Miami, se había convertido en el promotor más prominente del sector. Y el 10 de noviembre, leí en la publicación cripto *Protos* que el fondo de cobertura de BankmanFried, Alameda Research, había recibido 31 700 millones de tétheres en 2021.[11] Eso significaba que, supuestamente, Bankman-Fried había enviado de algún modo 31 700 millones de dólares estadounidenses reales a Tether. Aunque él mismo me había asegurado en Miami que sus negocios con Tether eran legales, pensé que, al ser uno de los mayores clientes de Tether, tenía que saber más cosas. Decidí proponerles a mis editores de Bloomberg un artículo sobre él, de ese modo tendría la excusa de conocerlo mejor.

---

9.   MacKenzie Sigalos: «Bitcoin Hits New All-Time High Above $68,000 as criptomonedas Extend Rally», CNBC, 8 de noviembre (2021).
10.   Joanna Ossinger: «Crypto World Hits $3 Trillion Market Cap as Ether, Bitcoin Gain», Bloomberg, 8 de noviembre (2021).
11.   «Tether Papers: This Is Exactly Who Acquired 70 % of All USDT Ever Issued», *Protos*, 10 de noviembre (2021).

La historia era irresistible. Con sólo veintinueve años, los inversores de capital riesgo acababan de invertir en su plataforma FTX, la cual sólo tenía dos años y medio de antigüedad y una tasación de 25 000 millones de dólares.[12] Según *Forbes*, contaba con un patrimonio neto de 22 500 millones.[13] La gente empezaba a considerarlo la versión financiera de Mark Zuckerberg, el fundador de Facebook.

No creía que FTX fuera una innovación a la altura de las redes sociales. Más bien me parecía un casino donde apostar en monedas al azar, como todas las otras plataformas de criptomonedas. Para mí, la parte más interesante de la historia de Bankman-Fried era su motivación.

Según él mismo, de joven había decidido dedicar su vida a hacer el mayor bien posible en el mundo. De adolescente, había probado el activismo por los derechos de los animales. Más tarde, ya en la universidad, decidió que la mejor manera de hacer el bien sería ganar tanto dinero como fuera posible y dárselo todo a los demás. Y, aproximadamente una década después, se había convertido en una de las personas más ricas y poderosas del mundo.

Sin embargo, hasta el momento, había donado menos dinero a organizaciones benéficas del que se había gastado en el respaldo a celebridades, el *marketing* y los grupos de presión en Washington. Parecía la personificación de un experimento mental de una clase de filosofía de la universidad. ¿Las personas que quieren salvar el mundo primero deben acumular tanto dinero y poder como puedan? ¿O ese objetivo terminará por corromperlos?

Mis editores dieron luz verde a la propuesta. Bankman-Fried hacía poco que se había mudado de Hong Kong a las Bahamas, por lo que lo único que me separaba de él era un vuelo de tres horas desde Nueva York. Uno de sus agentes de relaciones públicas me dio el visto bueno para una entrevista en la nueva sede de FTX en Nassau.

---

12. Alexander Osipovich: «Crypto Exchange FTX Reaches $25 Billion Valuation», *Wall Street Journal*, 21 de octubre (2021).

13. Steven Ehrlich y Chase Peterson-Withorn: «Meet the World's Richest 29-Year-Old: How Sam Bankman-Fried Made a Record Fortune in the Crypto Frenzy», *Forbes*, 6 de octubre (2021).

CAPÍTULO NUEVE

Criptopiratas

Mucho antes de que Sam Bankman-Fried trasladara su plataforma de criptomonedas a las Bahamas, el territorio isleño ya era un refugio de estafadores, contrabandistas y piratas. En el año 1696, el bucanero Henry Avery, buscado por el rey británico, fondeó en el puerto de Nassau a bordo de un barco de guerra robado.[1] Durante las dos décadas siguientes, la isla se convirtió en un país de forajidos gobernado por piratas, entre ellos, Edward Thatch, más conocido como Barbanegra, que la utilizó como base de operaciones desde la que atacar las rutas marítimas cercanas. Los piratas arriaron la bandera de la Unión[2] de la plaza principal del fuerte y, en su lugar, izaron una bandera negra con una calavera blanca, conocida con el nombre de «la cabeza de la muerte».

Las Bahamas es un archipiélago de setecientas islas que se extiende desde el extremo occidental de Haití hasta 177 kilómetros al sur de Miami, lo que lo convertía en una base ideal para leales británicos que huían de la revolución estadounidense, traficantes de armas confederados durante la guerra de Secesión[3] y contrabandistas durante la Ley

---

1. Colin Woodard: *The Republic of Pirates,* FL: Harcourt, Orlando, pp. 12 y 15 (2007).
2. Ibíd., p. 230.
3. Nicholas Shaxson: *Treasure Islands: Uncovering the Damage of Offshore Banking and Tax Havens,* St. Martin's, Nueva York, p. 89 (2011).

Seca. Los hombres blancos que hicieron su fortuna en esta época se apoderaron de las islas, impusieron en ellas la segregación y las gobernaron como señores feudales. Llegaron a ser conocidos como los Bay Street Boys.[4,5]

Cuando terminó la Ley Seca, los Bay Street Boys empezaron a ayudar a los estadounidenses a sortear otra ley: la de los impuestos sobre la renta. Los abogados de la isla crearon tantas «sociedades instrumentales» falsas para los evasores de impuestos estadounidenses que algunos edificios de oficinas estaban cubiertos de placas con nombres de empresas desde los cimientos hasta el tejado.[6] Tras la revolución castrista, la mafia se marchó de Cuba[7] y los Bay Street Boys ayudaron al gánster Meyer Lansky a abrir casinos en las Bahamas.[8] Lansky pagó al ministro de Economía de la isla para que adoptara nuevas leyes que restringieran a las empresas locales la revelación de información financiera, incluso en el curso de investigaciones criminales, lo que convirtió a las Bahamas en un destino aún más atractivo para el blanqueo de dinero.

En los años sesenta, en Bay Street había más bancos que bares y restaurantes. Según un artículo de investigación de la revista *Life*,[9] que consideraba a la isla «un lucrativo centro del crimen internacional», los bancos trabajaban para prestamistas, traficantes de drogas y evasores fiscales. Algunos estafadores de Bay Street vendían por correo seguros falsos o acciones de empresas inexistentes a ciudadanos estadounidenses. Otros utilizaban certificados de depósito falsos como garantía para pedir prestado dinero real a bancos estadounidenses. El territorio, escribió un funcionario colonial británico, «atrae a todo tipo de pres-

---

4. «Los chicos de la calle de la bahía». *(N. del T.)*.
5. «The Bahamas: Bad News for the Boys», *Time*, 20 de enero (1967).
6. Congressional Record: Proceedings and Debates of the Fifty-Seventh Congress, vol. 81, part 10, United States: U.S. Government Printing Office, p. 1562 (1937).
7. Frank Argote-Freyre: «The Myth of Mafia Rule in 1950s Cuba», *Cuban Studies*, n.º 49, pp. 277-78 (2020).
8. Charles A. Dainoff: *Outlaw Paradise: Why Countries Become Tax Havens*, Lexington Book, Lanham, p. xii (2021).
9. Richard Oulahan y William Lambert: «The Scandal in the Bahamas: An Exposé of an Island Paradise Corrupted by Graft, Greed and an Influx of U.S. Gangsters», *Life*, 3 de febrero (1967).

tidigitadores financieros, algunas de cuyas actividades creemos que deberían estar controladas por el bien del interés público».[10]

Uno de los bancos de las Bahamas estaba dirigido por un conocido estafador de Wall Street que había huido al Caribe para evitar una investigación por fraude en EE. UU.[11] Otro sirvió de conducto para que la Agencia Central de Inteligencia[12] financiara operaciones clandestinas dirigidas contra Cuba. Un traficante de cocaína, un neonazi megalómano[13] que trabajaba con Pablo Escobar, se compró su propia isla y depositó tanto dinero negro[14] que algunos bancos de las Bahamas empezaron a cobrarle una comisión del 1 % por recuento de moneda.

En 1967, un nuevo primer ministro negro, Lynden Pindling, desalojó del poder a los Bay Street Boys, aunque la corrupción continuó bajo su mandato.[15] En 1979, un estudio estimó que el «flujo de dinero procedente de la delincuencia y la evasión fiscal»[16] en las Bahamas ascendía a 20 000 millones de dólares anuales. No obstante, en los últimos veinte años, como consecuencia de la presión ejercida por EE. UU. y Europa, las Bahamas ha firmado a regañadientes tratados de intercambio de información y ha reforzado la aplicación de la ley contra el blanqueo de dinero. Lo que no era bueno para los negocios. Los depósitos bancarios empezaron a reducirse. Entonces, una nueva oportunidad llegó en forma de criptomoneda. En 2020, el poder legislativo

10. Carta de W. G. Hullard, Oficina Colonial, a B. E. Bennett, Banco de Inglaterra, 3 de noviembre de 1961. Gracias a Stephen Mihm, profesor de Historia de la Universidad de Georgia, por incluir esta cita y muchos otros detalles sobre el dinero negro en las Bahamas en una de sus excelentes columnas: «FTX's Bahamas Headquarters Was the First Clue», Bloomberg, 7 de diciembre (2022).

11. David Adams: «Robert Vesco: His Years on the Run», *Tampa Bay Times*, 3 de julio (1995).

12. Jim Drinkhall: «CIA Helped Quash Major, Star-Studded Tax Evasion Case», *Wall Street Journal*, 24 de abril (1980).

13. Su nombre era Carlos Lehder. Seth Ferranti: «The Nazi-Loving Drug Lord Who Revolutionized the Cocaine Smuggling Industry», *Vice*, 9 de enero (2016).

14. Guy Gugliotta y Jeff Leen: *Kings of Cocaine: Inside the Medellín Cartel—An Astonishing True Story of Murder, Money and International Corruption*, Garrett County Press, Nueva Orleans (2011).

15. Edward Cody: «Probe Finds Corruption in Bahamas», *Washington Post*, 18 de diciembre (1984).

16. Drinkhall: «CIA Helped Quash Major, Star-Studded Tax Evasion Case».

del país aprobó el «Proyecto de Ley de Activos Digitales e Intercambios Registrados», una de las primeras leyes a nivel mundial en sacar las criptomonedas de una zona legal gris y ponerlas en igualdad de condiciones con las finanzas tradicionales. Las Bahamas estaba preparada para una nueva generación de «prestidigitadores financieros».

Uno de los primeros en llegar fue Sam Bankman-Fried, quien trasladó su plataforma cripto de Hong Kong a las Bahamas en otoño de 2021. FTX planeaba construir una sede de 60 millones de dólares[17] en una parcela junto al océano en West Bay Street, con espacio para mil empleados y un hotel boutique para los visitantes.

«En la actualidad, las Bahamas es reconocida internacionalmente por disponer de uno de los marcos legales sobre activos digitales más sólidos del mundo –dijo Philip Davis, actual primer ministro de las Bahamas, en octubre de 2021, durante un acto para celebrar el traslado de FTX–. La llegada de FTX es una buena muestra de que vamos en la buena dirección».[18]

Yo llegué en febrero de 2022, cuatro meses después del discurso del primer ministro. Cuando me subí al taxi en el aeropuerto de Nassau con una mochila L.L. Bean, el conductor supo inmediatamente que era un aficionado a las criptomonedas.

«FTX, ¿verdad?», me dijo, y me llevó directamente al recinto de oficinas donde FTX tenía su sede mientras se construía la nueva.

La oficina de Bankman-Fried estaba en el interior de una serie de edificios bajos de una sola planta y de tejado rojo, construidos en un aparcamiento cerca del aeropuerto. Los aviones de hélice pasaban continuamente por encima del complejo. En el interior, unas decenas de programadores y vendedores se apiñaban en largas mesas frente a una gran cantidad de monitores. Los espacios de trabajo seguían marcados con el nombre del trabajador en notas adhesivas, como si todos estuvie-

17. Youri Kemp: «Crypto Exchange: Hotel to 'Immerse' Visitors at Its HQ», *The Tribune*, 14 de marzo (2022).
18. Observaciones: Excmo. Sr. Philip Davis, QC, Primer Ministro, Commonwealth de las Bahamas: Gabinete del Primer Ministro, 4 de octubre de 2021: https://opm.gov.bs/remarks-the-rt-hon-philip-davis-qc-prime-minister-October-4th-2021/

ran demasiado ocupados ganando dinero y no hubieran tenido tiempo de deshacer las maletas. Las paredes estaban desnudas, salvo por una bandera pirata con una calavera y dos tibias cruzadas.

Mientras charlaba con el ayudante de Bankman-Fried en la cocina, el multimillonario entró en ella; no llevaba zapatos, sólo unos calcetines blancos, unos pantalones cortos azules y una camiseta gris de FTX. Cogió un paquete de garbanzos korma para microondas, lo abrió y empezó a comérselos fríos. Su ayudante le recordó que yo era periodista y que estaba allí para entrevistarle.

«Ah, hola», me dijo. Parecía tan poco interesado en mí que no estaba seguro de que ni siquiera supiera que teníamos que vernos hoy. Su ayudante le dijo que al día siguiente iría con él a todas partes.

A la mañana siguiente, cuando volví a la oficina, Bankman-Fried estaba dando una charla virtual del Club Económico de Nueva York. La institución, que tenía 115 años de historia, había acogido a reyes, primeros ministros y presidentes, además de a Jeff Bezos, fundador de Amazon, y Jamie Dimon, de J. P. Morgan. Los comentarios que hacían allí los presidentes de los bancos centrales tenían un efecto inmediato en los mercados. Ahora era el turno del rey de las criptomonedas, el billonario de sólo veintinueve años.

Bankman-Fried hablaba a través de Zoom, reclinado en una silla de *gamer*. Acerqué una silla y me puse a mirar por encima de su hombro. Si estaba impresionado de participar en un acto de tan augusta institución, lo disimulaba muy bien. Mientras respondía a preguntas de los miembros del club sobre cómo EE. UU. debería regular el sector de las criptomonedas, abrió un videojuego de fantasía llamado *Storybook Brawl*, eligió a un personaje que respondía al nombre de Peter Pants y se preparó para enfrentarse a alguien que se llamaba Funky Kangaroo.

«Prevemos un gran crecimiento en EE. UU.», dijo mientras lanzaba un hechizo a uno de los caballeros de su ejército de cuento de hadas.

Desde hacía ya tiempo aquel tipo de apariciones se habían convertido en algo rutinario para Bankman-Fried, quien había testificado dos veces ante el Congreso desde diciembre. Aquella misma mañana había aparecido en la Radio Pública Nacional. Mientras él repasaba algunos temas conocidos, aproveché para fijarme en su espacio de trabajo, el cual estaba cubierto con los restos de alguien que pasa la mayor parte del tiempo en la oficina. Sobre su escritorio había billetes arrugados de EE. UU. y Hong Kong, nueve tubos de cacao de labios, un desodorante en barra, un bote de medio kilo de sal marina con una etiqueta en la que podía leerse SALERO DE SBF y el paquete vacío de garbanzos korma que se había comido delante de mí el día anterior. El sillón puf donde dormía estaba tan cerca de su escritorio que prácticamente podía sentarse en él sin tener que levantarse.

Mientras le seguía a todas partes, Bankman-Fried se mostró tan indiferente ante mi presencia que incluso me dejó leer algunos mensajes que la mayoría de los ejecutivos suelen proteger como secretos de Estado. Su principal estratega en Washington le escribió para decirle que el senador Cory Booker apoyaría su punto de vista respecto a la regulación. Multimillonarios y periodistas de *The New York Times* y *Puck* le escribieron para ver si podían entrevistarse con él. Según su agenda, por la tarde tenía que coger un avión a Múnich para reunirse con el primer ministro de Georgia.[19] En un momento dado, recibió un mensaje avisándole que el servicio de transferencia de dinero MoneyGram estaba en venta por unos 1000 millones de dólares; Bankman-Fried dedicó unos segundos a considerar si la empresa podía ser una buena apuesta. Su ayudante le informó de que el jefe de un banco de inversión estaba en las Bahamas y que quería hablar con él cinco minutos.

«Menudo rollo», respondió Bankman-Fried.

Cuando terminó su charla en el Club Económico, abrió una hoja de Excel donde se registraban los ingresos de su plataforma. FTX, al igual que sus competidores, era simplemente un lugar donde la gente podía apostar por los precios de las criptodivisas. Cada vez que alguien compraba un dogecoin o vendía un vale de Cardano en el sitio web de FTX, Bankman-Fried se llevaba una pequeña comisión.

Me mostró con orgullo que, el año anterior, esas comisiones habían representado 1000 millones de dólares en ganancias. También me enseñó un gráfico que indicaba que su plataforma estaba creciendo más

---

19. «Meeting with SBF on FTX Crypto Derivatives Exchange», Gobierno de Georgia, 19 de febrero (2022).

rápido que su mayor rival: Binance. Me dijo que el control de las criptomonedas era sólo el principio.

«Es como si estuviéramos jugando en la piscina de los niños –dijo–. Lo ideal sería que FTX se convirtiera en la mayor fuente de transacciones financieras del mundo».

Sus amigos me habían dicho que, a pesar de sus bravatas, Bankman-Fried mostraba poco interés por el boato asociado a la riqueza. Uno de ellos me aseguró que trabajaba tantas horas que rara vez se duchaba. Cuando no dormía en la oficina, pasaba la noche en un apartamento con unos cuantos de sus colegas. Cuando le interpelé sobre eso, Bankman-Fried me dijo que no tenía demasiado sentido comprar cosas.

«Cuando tu felicidad depende del hecho de gastar dinero, rápidamente te quedas sin formas efectivas de ser más feliz –me dijo–. No quiero tener un yate».

Sin embargo, a juzgar por lo que estaba escuchando, la palabra «yate» tenía mucho peso en esa frase. El apartamento que compartía con sus compañeros de trabajo era un ático en el recinto hotelero más exclusivo de la isla. Y el fin de semana anterior a mi visita, había viajado a Los Ángeles en un *jet* privado para asistir a la Super Bowl. Bankman-Fried me dijo que, teniendo en cuenta lo rápido que estaba ganando dinero FTX, el coste de la comodidad merecía la pena.

El fin de semana de la Super Bowl había habido muchas fiestas. Bankman-Fried reconoció que ni siquiera sabía cómo ni por qué le habían invitado a ellas. Asistió a una comida con Shaquille O'Neal, la leyenda del baloncesto, y a una fiesta donde el presidente de Goldman Sachs hizo de pinchadiscos.[20] La cantante Sia –a la que no conocía– le invitó a una cena en una mansión de Beverly Hills, donde habló de criptomonedas con la estrella del pop Katy Perry.[21] También estaban Jeff Bezos, presidente de Amazon, y Leonardo DiCaprio. Curiosamen-

---

20. A David Solomon, el entonces director general del banco Wall Street, también le gustaba pinchar con el nombre de DJ D-Sol. No se le daba muy bien.
21. La fiesta fue en casa de Michael Kives, un exagente de Hollywood muy bien relacionado. Al día siguiente, Perry les dijo a sus 154 millones de seguidores en Instagram, en una promoción no solicitada: «Dejo la música para convertirme en becaria de @ftx_official ok».

te, la actriz Kate Hudson cantó el himno nacional antes de la cena. Le pregunté a Bankman-Fried si se había divertido.

«No sé si "diversión" es la palabra que usaría para describirlo –dijo él–. Las fiestas no son lo mío».

Tal vez sus dificultades para pasárselo bien estaban relacionadas con otro de los aspectos del multimillonario que habían mencionado sus amigos. Éstos me dijeron que, estuviera donde estuviese, siempre se dedicaba a evaluar las probabilidades, los costes y los beneficios. Cualquier decisión podía ser reducida a un «valor esperado», un término de probabilidad utilizado para expresar el resultado medio ponderado, ya sea un movimiento en una maratón de juegos de mesa, una operación de 1000 millones de dólares o si charlar o no con Jeff Bezos en una fiesta. El objetivo de Bankman-Fried siempre era el de hacer tanto dinero como fuera posible para después donarlo a organizaciones benéficas. Según esta métrica, incluso dormir era un lujo injustificable. El valor esperado de permanecer despierto para seguir operando era demasiado alto.

«Cada minuto que pierdes durmiendo te cuesta unos cuantos miles de dólares, lo que significa que puedes salvar muchas menos vidas», me dijo Matt Nass, uno de sus amigos de la infancia.

Más tarde aquel mismo día, Bankman-Fried me condujo hasta una sala de reuniones. Una vez en ella, intentó sentarse en un sofá con las piernas cruzadas, pero terminó por estirar la derecha y empezó a darle enérgicos golpecitos. Había reservado algo de tiempo para hablar conmigo y parecía incómodo sin ninguna pantalla delante. Mientras hablábamos, me di cuenta de que se rascaba lo que parecía un parche medicinal que llevaba en el brazo. Me dije que no sería muy educado preguntarle para qué era. Sin embargo, empezó a relajarse cuando empezamos a hablar de cómo había decidido convertirse en un capitalista hiperagresivo. Su fuente de inspiración era Peter Singer, un filósofo moralista australiano.

En 1971, Singer, por entonces un estudiante de la Universidad de Oxford, planteó un dilema ético engañosamente simple: si pasaras junto a un niño que se está ahogando en un estanque poco profundo, ¿te detendrías a sacarlo aunque eso significara acabar con la ropa sucia? Si decides rescatar a ese niño –¿y quién no lo haría?–, según Singer, tienes el deber moral de salvar a cualquier otro niño, siempre y cuando tengas los medios para hacerlo. Una donación a una ONG, con un coste mínimo para ti, podría evitar que un niño muriera de hambre. No hacerlo es tan malo como dejar que el niño se ahogue.[22]

El experimento mental de Singer, que bautizó con el nombre de «el niño que se ahoga», ejerció una gran influencia dentro de la escuela filosófica conocida como utilitarismo. Según los utilitaristas, la acción adecuada es aquella que maximiza el bienestar colectivo del mayor número de personas. Bankman-Fried creció en un ambiente proclive al utilitarismo. Sus padres eran profesores de derecho en Stanford, y las cenas en su casa de Palo Alto (California) solían incluir frecuentes debates filosóficos.

Elegir la acción adecuada no siempre está tan claro como en el experimento mental del niño que se ahoga. ¿Debemos matar a una persona si, al hacerlo, salvamos la vida de otras cinco? ¿Está justificado infringir la ley si con ello podemos ayudar a la gente? Algunos utilitaristas extremistas sostienen que un mundo con más seres humanos será siempre mejor que uno con menos, incluso si la superpoblación termina provocando infelicidad. Este argumento, que sus detractores llaman «la conclusión repugnante», sostiene que toda vida humana merece ser vivida, por tanto, más es mejor.

«Cuando Sam tenía unos catorce años, salió de su dormitorio una noche y me dijo algo que me dejó atónita: "¿Qué clase de persona desestima un argumento con el que no está de acuerdo tachándolo de conclusión repugnante"», escribió su madre, Barbara Fried, en los agradecimientos de su libro del año 2020 titulado *Facing Up to Scarcity: The Logic and Limits of Nonconsequentialist Thought.*[23]

Con una familia como la suya, no es de extrañar que Bankman-Fried se aburriera con los deberes de la escuela. En el instituto participaba en torneos del juego de cartas *Magic: The Gathering* y organizaba con-

---

22. Peter Singer: «Famine, Affluence, and Morality», *Philosophy & Public Affairs 1*, n.º 3, 229-43 (1972). Singer señala en el documento que lo escribió en 1971.

23. Barbara H. Fried: *Facing Up to Scarcity: The Logic and Limits of Nonconsequentialist Thought* [Afrontar la escasez: lógica y límites del pensamiento no consecuencialista], Oxford University Press, p. xv, Oxford (2020).

cursos de acertijos matemáticos en los que los equipos competían para resolver una serie de rompecabezas conectados. Al parecer, sus compañeros hicieron billetes de 100 dólares con su cara para gastarle una broma.[24]

Tras obtener bastante buenas notas en el instituto, fue admitido en el MIT, donde *a priori* pretendía estudiar para ser profesor de Física. Sin embargo, no tardó en darse cuenta de que no estaba hecho para la investigación académica. Entró en una fraternidad mixta llamada Epsilon Theta y se mudó a la mansión amarilla que tenía en Brookline. En ella, en lugar de hacer fiestas, los miembros de la fraternidad se pasaban la noche jugando a juegos de mesa y dormían en un ático lleno de literas. «Imagina una fraternidad pero cambia todo el alcohol por las cosas más friquis que se te ocurran»[25], le dijo uno de los amigos de Bankman-Fried de aquella época a un periodista.

Para entonces, Bankman-Fried ya había abrazado plenamente el utilitarismo. «Soy un utilitarista —escribió en su blog a los veinte años—. Básicamente, eso significa que creo que la acción correcta es aquella que maximiza la "utilidad" total en el mundo (es decir, la felicidad total una vez sustraído todo el dolor)». En el MIT, comenzó a plantearse cómo podía transformar su vida para que estuviera mejor adaptada a su filosofía utilitarista. Se hizo vegano y, durante un tiempo, reclutó a otros miembros de la fraternidad para repartir panfletos de un grupo que se oponía a las granjas industriales. Un poco más tarde, en 2012, asistió a una charla de Will MacAskill, un estudiante de doctorado de Oxford de veinticinco años que estaba tratando de convertir las ideas de Singer en un movimiento. MacAskill y sus colaboradores pretendían usar las matemáticas para descubrir cómo se podía hacer el mayor bien con su tiempo y su dinero. Llamaron a su movimiento «altruismo eficaz».

Durante un almuerzo en Au Bon Pain,[26] MacAskill le contó a Bankman-Fried una de sus ideas: «ganar para donar». Le dijo que para al-

24. Theodore Schleifer: «Keeping Up with the Bankman-Frieds», *Puck*, 13 de diciembre (2022).
25. Roger Parloff: «Portrait of a 29-Year-Old Billionaire: Can Sam Bankman-Fried Make His Risky Crypto Business Work?», Yahoo! Finance, 12 de agosto (2021).
26. Adam Fisher: «Sam Bankman-Fried Has a Savior Complex—and Maybe You Should Too», *Sequoia*, 22 de septiembre (2022).

guien con su talento matemático, podría tener sentido encontrar un trabajo bien remunerado en Wall Street para después donar parte de sus ganancias a causas benéficas. Los altruistas eficaces calcularon que una inversión de unos pocos miles de dólares en mosquiteros tratados con insecticida podrían evitar la muerte por malaria de una persona en África. MacAskill estimó que un banquero de éxito que donara la mitad de sus ingresos podría salvar a lo largo de su carrera unas diez mil vidas.[27]

Era una teoría controvertida. Algunos argumentaban que trabajar como banquero sólo ayudaría a perpetuar la desigualdad, socavando cualquier aspecto positivo que pudieran tener las donaciones. El movimiento también había recibido críticas por presentar a los ricos como héroes y no abordar las auténticas causas de la pobreza. A pesar de esto, el discurso de MacAskill tenía todo el sentido del mundo para Bankman-Fried. Cuando hablé con MacAskill, éste se rio al recordar la respuesta que le dio Bankman-Fried:

«Básicamente me dijo: "Sí, tiene sentido"».

Otro joven acólito de MacAskill que acababa trabajando en Jane Street Capital, una empresa que comerciaba con acciones, una de las pocas que, mediante el uso de modelos matemáticos y programas informáticos se había hecho con el control de la mayor parte del negocio de la creación de mercados en Wall Street. Cada vez que alguien compraba o vendía una acción o un fondo cotizado, existían muchas probabilidades de que Jane Street estuviera al otro lado. Los empleos de nivel inicial estaban remunerados con unos 200 000 dólares anuales.

Bankman-Fried consiguió unas prácticas en Jane Street Capital y, después de graduarse, se mudó a Nueva York para trabajar allí. Era operador de la cartera internacional de fondos cotizados,[28] lo que significa que se pasaba el día desarrollando y supervisando algoritmos informáticos que compraban y vendían acciones, tratando de obtener

---

27. «Want an Ethical Career? Become a Banker», University of Oxford, 22 de noviembre (2011). MacAskill revisó posteriormente a la baja dicha estimación porque estaba basada en un coste por vida salvada poco realista.

28. Joe Weisenthal y Tracy Alloway: «The Ex-Jane Street Trader Who's Building a Multi-Billion Crypto Empire», Bloomberg, 1 de abril (2021).

beneficios prediciendo la variación de los precios o embolsándose los pequeños diferenciales de una centésima de punto porcentual en las operaciones entre compradores y vendedores. Disfrutaba con su trabajo y se sentía cómodo con sus compañeros, en su mayoría empollones matemáticos como él. Incluso hacían competiciones de acertijos.

Según él, donaba la mitad de su salario a asociaciones que trabajaban por el bienestar animal y otras organizaciones en sintonía con el altruismo eficaz. Se imaginaba trabajando muchos años en la empresa, ganando millones y convirtiéndose en un gran defensor del movimiento. No obstante, al cabo de unos años, empezó a pensar que aquella carrera profesional era demasiado conservadora. En este punto, su lógica resulta difícil de seguir para alguien que no sea utilitarista. Justo cuando se encontraba a punto de entrar en el exclusivo club del 1 %, empieza a plantearse que debería encontrar algo más arriesgado que hacer. Pero, como es habitual en él, Bankman-Fried tomó la decisión después de analizar la situación en función del valor esperado.

El valor esperado es una media ponderada de los posibles resultados. Supongamos que había un 100 % de posibilidades de que su carrera profesional en Jane Street generara 10 millones de dólares en ganancias a lo largo de su vida. Ése sería su valor esperado. Otra opción que valoró fue la de crear una empresa emergente, la cual tenía, por ejemplo, un 95 % de probabilidades de fracasar y no generar nada. Pero si Bankman-Fried pensaba que tenía apenas un 5 % de posibilidades de convertirse en un unicornio con un valor de 1000 millones de dólares, eso haría que tuviera un valor esperado mucho mayor, concretamente de 50 millones de dólares.

Bankman-Fried pensó que sería egoísta por su parte elegir el camino menos arriesgado, incluso si la alternativa implicaba que había muchas probabilidades de acabar arruinado. En tanto auténtico utilitarista, tenía que maximizar el valor esperado.

«Hay que estar dispuesto a aceptar una alta probabilidad de fracaso —me dijo—. Incluso cuando te va bastante bien, a menudo lo mejor que puedes hacer para maximizar el impacto es no conformarte con lo que tienes».

Bankman-Fried se planteó la posibilidad de dedicarse a la política, donde podía crear políticas que tendrían un impacto en millones de personas, o al periodismo, donde una historia bien escrita podría influir en la forma de pensar de muchas personas respecto a temas de gran importancia. Entonces, a finales de 2017, dejó su trabajo en Jane Street, regresó a California y aceptó el puesto de director de desarrollo de negocios para el Centro de Altruismo Eficaz de MacAskill. Según él, confiaba en poder desempeñar un papel importante en la puesta en marcha del movimiento. No obstante, también le llamaba la atención otra posibilidad, algo que le impulsaría a volver al mundo de los negocios al cabo de unas semanas.

En aquel momento, las criptomonedas estaban viviendo su primera gran fiebre: la locura provocada por la fraudulenta oferta inicial de moneda. Los precios de Bitcoin y de centenares de otras monedas de reciente creación estaban subiendo como la espuma. Tara Mac Aulay, directora ejecutiva del Centro para el Altruismo Eficaz, había estado probando nuevas estrategias de transacciones bursátiles durante su tiempo libre, y compartió con Bankman-Fried algunos resultados prometedores. Pese a no saber mucho de criptomonedas, llamó su atención una página de CoinMarketCap.com donde aparecían las cotizaciones de los precios de las plataformas de intercambio de todo el mundo.

Bankman-Fried se dio cuenta de que algunas monedas se vendían por mucho más en unas plataformas que en otras. Aquél era el tipo de oportunidad de arbitraje consistente en comprar barato y vender caro que había aprendido a aprovechar en Jane Street, donde había creado complejos modelos matemáticos destinados a obtener beneficios con las pequeñas diferencias de precios. En los intercambios de criptomonedas, las discrepancias de precios eran cientos de veces mayores. Parecía dinero fácil, y no requería ningún conocimiento especial de cadenas de bloques; simplemente había que hacer un clic en COMPRAR en un sitio web, un clic en VENDER en otro y obtener beneficios garantizados.

«Es demasiado fácil —recordaba haber pensado—. Algo falla».

Bankman-Fried abrió cuentas en varias plataformas y empezó a operar con Mac Aulay. De hecho, muchos de los aparentes arbitrajes eran demasiado buenos para ser verdad. Algunos de los precios que había visto eran falsos, y otros desaparecían rápidamente. Pero dado que las suficientes operaciones funcionaron, Bankman-Fried se dio cuenta de que había descubierto algo importante. Alquiló una casa de tres habitaciones en Berkeley y empezó a reclutar amigos para que le ayudaran.

Necesitaban un programador para crear el mismo tipo de sistemas de transacciones bursátiles que tenían en Jane Street. Bankman-Fried no era un gran programador, pero conocía a un prodigio de la programación llamado Gary Wang. Los dos se habían conocido de adolescentes en un campamento de matemáticas en Oregón.[29] Un año más joven que Bankman-Fried, Wang había emigrado de China a los ocho años, y había crecido en Cherry Hill, Nueva Jersey, un suburbio de Filadelfia, donde aprendió a programar de forma autodidacta y se convirtió en uno de los mejores estudiantes de matemáticas del país. Los dos volvieron a encontrarse en el MIT, donde Wang se unió a la fraternidad de Bankman-Fried.[30] Wang era un chico callado y tímido, por lo que no le importaba que Bankman-Fried tomara la iniciativa en los diversos proyectos en los que participaban, como el equipo que formaban, La Policía Vegana, en el concurso anual de *Battlecode*.

Wang también se había convertido en un altruista eficaz. Tras terminar la universidad, había empezado a trabajar en Google como ingeniero de *software* especializado en los datos en vuelo. En noviembre de 2017, Bankman-Fried le dijo que si trabajaban juntos en el sector de las criptomonedas, podrían ganar y donar mucho más dinero. Wang se convirtió en el ayudante de confianza de Bankman-Fried y, posteriormente, en director tecnológico de FTX.

También estaba Nishad Singh, un amigo del hermano menor de Bankman-Fried que había sido un invitado habitual en las cenas familiares de Palo Alto. Era sincero, diligente, amable y un comprometido altruista eficaz. Singh hacía pocos meses que había acabado sus estudios en la Universidad de California, Berkeley, y pese a que acababa de empezar a trabajar en Facebook, también se dejó convencer por Bankman-Fried. Empezó como desarrollador de bajo nivel, pero a medida

29. Ava Benny-Morrison y Annie Massa: «From Math Camp to Handcuffs: FTX's Downfall Was an Arc of Brotherhood and Betrayal», Bloomberg, 15 de febrero (2023).
30. Ibíd.

que la empresa crecía, su personalidad lo convirtió en la persona ideal para dirigir a los otros programadores.

Pocos meses después, Bankman-Fried contrató a otra joven matemática con la que había trabajado en Jane Street. Se llamaba Caroline Ellison, era pelirroja, tenía una voz muy suave y era una gran aficionada a Harry Potter. Hija de profesores del MIT, había crecido en Newton, un suburbio de Boston, donde había sido capitana del equipo de matemáticas. Descubrió el altruismo eficaz en Stanford. Al igual que Bankman-Fried, le gustaba publicar artículos en línea sobre extraños experimentos mentales utilitarios del tipo: ¿debe un médico extirparle a un paciente sano sus órganos para salvarle la vida a cinco pacientes enfermos? Como operadora de arbitraje,[31] se dejó convencer enseguida en cuanto Bankman-Fried le explicó las oportunidades que tenía el sector de las criptomonedas.

Para el nombre de su nueva empresa, Bankman-Fried y sus amigos optaron por algo inocuo para evitar que saltaran las alarmas de los bancos, muchos de los cuales aún preferían no hacer negocios con operadores de criptomonedas. Se decidieron por Alameda Research.

«Especialmente en 2017, si le ponías a tu empresa algo así como "Nos Dedicamos al Arbitraje con Criptomonedas Internacional",[32] lo más probable es que nadie aceptara darte una cuenta corriente», le dijo Bankman-Fried más tarde a un periodista.

Todos los empleados de Alameda aportaron sus ahorros para financiar la empresa y acordaron donar los beneficios a obras benéficas. Consiguieron más fondos de altruistas eficaces ricos. Alameda empezó a ganar mucho dinero: en noviembre logró unos beneficios de 500 000 dólares[33] y, al mes siguiente, de 4 millones. A principios de 2018, Bankman-Fried tenía alrededor de quince personas operando en su sede las 24 horas del

31. David Yaffe-Bellany, Lora Kelly y Cade Metz: «She Was a Little-Known Crypto Trader. Then FTX Collapsed», *New York Times*, 23 de noviembre (2022).
32. Sylvie Douglas: «Sam Bankman-Fried and the Spectacular Fall of His Crypto Empire, FTX», *Planet Money*, NPR, 16 de noviembre (2022).
33. Información financiera aproximada de los primeros meses de Alameda facilitada por tres fuentes anónimas.

día. La cocina estaba llena de escritorios elevables y uno de los armarios estaba reservado para echar una cabezada.

Bankman-Fried quería aprovechar un arbitraje en particular. En las plataformas japonesas, Bitcoin solía intercambiarse a precios más altos que en las estadounidenses. Si un bitcoin costaba 6000 dólares en EE. UU., en Japón costaba el equivalente a 6600 dólares en yenes. En teoría, alguien podría ganar un 10 % comprando un bitcoin en una plataforma estadounidense, enviándolo a una japonesa, vendiéndolo y volviendo a convertir los yenes en dólares. Se trataba de una rentabilidad nunca vista. En poco más de cuatro meses, 10 000 dólares podían llegar a convertirse en 1000 millones.

Los principales obstáculos para el arbitraje de Japón eran prácticos. Cuando los bancos detectaban envíos de grandes cantidades de dinero de ida y vuelta en tan poco tiempo creían que se trataba de blanqueo de capitales; aunque decirles que en realidad se trataba de operaciones en criptomoneda tampoco les resultaba muy tranquilizador. Para Alameda, ese tipo de operaciones podía significar que le cerraran sus cuentas bancarias, como le había ocurrido ya a Giancarlo Devasini y Bitfinex. Bankman-Fried tuvo tantos problemas para enviar el dinero que se planteó la posibilidad de fletar un avión y llenarlo de gente que se dedicara a sacar dinero en efectivo en Japón y traerlo de vuelta a casa. (Al final decidió que no merecía la pena).

Un estudiante de posgrado japonés se ofreció voluntario para ayudar a abrir cuentas en el país nipón. Para enero de 2018, Alameda se las había apañado para crear un extraño sistema operativo de bancos y transferencias bancarias. Cada día era una carrera. Si no conseguían sacar el dinero de Japón mediante transferencias antes de que la sucursal cerrara, perdían el 10 % en ganancias de aquel día. Para completar el ciclo era necesaria una logística muy precisa, bastante parecida a la que suele aparecer en las películas de atracos. Un equipo de varias personas se pasaba tres horas al día en una oficina bancaria de EE. UU. para asegurarse de que las transferencias de dinero se realizaban, y otro equipo en Japón esperaba durante horas para asegurarse de ser los primeros de la fila cuando llegaba el momento de enviar el dinero de vuelta. Durante el momento álgido del arbitraje, Alameda estaba generando un beneficio de 1,5 millones de dólares diarios. Aunque la diferencia de precio sólo duró unas semanas, antes de que desapareciera, Alameda ganó unos 15 millones de dólares.

Sin embargo, en febrero todas esas ganancias se esfumaron. La compañía perdió millones de dólares por culpa de unas cuantas operaciones mal diseñadas. Estaba enviando tantas transferencias de una plataforma a otra que, simplemente, se extraviaron 3 millones de dólares en criptomonedas. Como consecuencia de ello, su mayor patrocinador pidió la devolución de su dinero y Mac Aulay y aproximadamente la mitad de los empleados renunciaron, echándole la culpa de los errores a Bankman-Fried. Muchos le acusaron de ser un mal gestor, de no hacer un seguimiento de los detalles importantes y de ser demasiado agresivo para lograr un pelotazo cuando lo más sensato habría sido apostar por unos beneficios constantes.

Un poco más tarde, en 2018, Bankman-Fried asistió a una conferencia de Bitcoin en Macao,[34] donde conoció a algunos de los otros grandes protagonistas del mercado de las criptomonedas. La mayoría operaban desde Asia. Bankman-Fried se dio cuenta de que le sería más fácil hacer contactos e impulsar su negocio si se trasladaba allí. Les anunció a sus colegas en Slack que no pensaba volver a Berkeley. Con el tiempo, muchos de ellos se le unieron en Hong Kong.

El traslado a Hong Kong tenía una ventaja adicional: la normativa sobre criptomonedas era más permisiva que la estadounidense. Las principales plataformas cripto, como Bitfinex y Binance, tenían su sede fuera de EE. UU. Una vez Bankman-Fried y sus colegas se marcharon de California, decidieron crear la suya propia. La llamaron FTX.

El equipo de Bankman-Fried tardó cuatro meses en escribir el código de su nueva plataforma, la cual empezó a operar en mayo de 2019. Para entonces, la fiebre de las ICO se había deshinchado considerablemente, pero todavía había un montón de transacciones bursátiles con criptomonedas. Los cibermercados que se utilizaban para la compraventa de vales se encontraban en un estado lamentable. Tenían numerosos fallos y se caían con frecuencia cuando los precios descendían o remontaban. Pocos años antes, Bitfinex había perdido la mitad de

---

34. David Yaffe-Bellany: «A Crypto Emperor's Vision: No Pants, His Rules», *New York Times*, 14 de mayo (2022).

sus bitcoines en un jaqueo. Y la otra gran plataforma, BitMEX, estaba siendo investigada por el Gobierno estadounidense.

Rápidamente se corrió la voz entre los criptooperadores sobre la existencia de una nueva plataforma. FTX fue un éxito inmediato. Tenía derivados de gran complejidad, como vales con apalancamiento incorporado o futuros de índices bursátiles, e incluso apuestas sobre elecciones o el precio de las acciones. Ofrecía préstamos de margen, para que los operadores pudieran aumentar su rentabilidad. En el momento de mi visita, según el propio Bankman-Fried, la plataforma generaba unos beneficios de un millón de dólares diarios. Y, además, Alameda seguía operando. Bankman-Fried me dijo que en 2021 su fondo de cobertura criptográfico había obtenido 1000 millones más de beneficios.

Ser propietario de una plataforma (FTX) y de una empresa que opera en ella (Alameda) era un obvio conflicto de intereses. En Wall Street no se habría permitido, debido al riesgo de que la empresa comercial recibiera un trato preferente o acceso a información confidencial. Pero Bankman-Fried aseguró, tanto a mí como a otros periodistas, que Alameda jugaba con las mismas cartas que el resto de los operadores. Caroline Ellison y otro joven operador habían sido nombrados directores generales adjuntos de Alameda, y Bankman-Fried me dijo que ahora trabajaba exclusivamente en FTX.

En septiembre de 2021, Bankman-Fried se mudó a las Bahamas. En parte porque Hong Kong exigía una larga cuarentena para todo aquel que salía de su territorio, volvió a trasladar la empresa al país caribeño. Ellison y otros operadores se quedaron en la ciudad asiática, pero la mayoría de su equipo de criptopiratas le acompañaron hasta el Caribe.

CAPÍTULO DIEZ

Imagina algo al estilo Robin Hood

Cuando llegué a Nassau, en febrero de 2022, Sam Bankman-Fried nadaba en dinero. Sólo habían pasado 4 años desde sus días de operaciones bursátiles en su refugio de Berkeley. Y, sin embargo, el mes anterior, FTX había recaudado 800 millones de dólares[1] en capital de riesgo, con una nueva tasación de 32 000 millones de dólares, sólo 3 meses después de recaudar 420,69 millones.[2] La cifra, de connotaciones tanto sexuales como relacionadas con el consumo de cannabis, se eligió a propósito para convertir una oferta de valores en una broma juvenil.

Bankman-Fried se estaba convirtiendo en el icono del niño prodigio de las criptomonedas, el hombre que iba a conquistar la corriente principal de la industria. Comparado con los autoproclamados profetas cripto, como Brock Pierce, cofundador de Tether, o charlatanes como Alex Mashinsky, de Celsius, Bankman-Fried parecía tener los pies en el suelo cuando aparecía en televisión para hablar de la fiebre de las criptos. Parecía cómodo hablando de números con los operadores de Wall Street o de política pública con congresistas. Además, su estilo le daba un aire de autenticidad. Cuando un compañero de trabajo le sugirió que se cortara el pelo, Bankman-Fried se negó.

---

1. Jamie Crawley: «FTX Reaches $32B Valuation with $400M Fundraise», *CoinDesk*, 31 de enero (2022).
2. Danny Nelson: «FTX Raises $420,690,000», *CoinDesk*, 21 de octubre (2021).

«Sinceramente, creo que es VE negativo que me corte el pelo –dijo, recurriendo a su habitual lógica del valor esperado, según recuerda el colega con el que mantuvo la conversación–. Creo que es importante que la gente piense que estoy loco».[3]

Daba la impresión de que Bankman-Fried estaba gastando el dinero a raudales, sobre todo en *marketing*. FTX firmó un contrato de 135 millones de dólares para bautizar el estadio de los Miami Heat con el nombre de su plataforma de criptomonedas y un contrato de 210 millones para patrocinar un equipo profesional de videojuegos,[4] además de contratar a una serie de atletas profesionales para el patrocinio, como Shaquille O'Neal y Tom Brady. Pocos días antes de mi visita, la plataforma había emitido un anuncio durante la Super Bowl, con un coste estimado de unos 20 millones de dólares.[5] En él, aparecía Larry David, el creador de *Curb Your Enthusiasm*,[6] interpretando a un viajero en el tiempo ludita que se burlaba de los principales inventos de la historia de la humanidad, como la rueda, el inodoro o el *walkman*. Cuando alguien le enseña la aplicación de FTX para operar con criptomonedas, exclama: «Mmm, me parece que no». Y en el texto que aparece en pantalla puede leerse: «No hagas como Larry. No dejes pasar de largo el próximo pelotazo».

Sentado frente a él mientras me hablaba del altruismo eficaz, no pude evitar pensar que incitar a la gente a apostar parecía estar en contradicción con su promesa de tener un impacto positivo en el mundo. Bankman-Fried era un operador sofisticado, y reconoció que muchas criptomonedas tenían precios insosteniblemente altos, mientras que otras directamente eran una estafa.

Y, en cambio, allí estaba, diciéndole a gente normal que dejara lo que estaba haciendo, abriera una cuenta en FTX y empezara a hacer clic en COMPRAR.

3. David Yaffe-Bellany: «A Crypto Emperor's Vision: No Pants, His Rules», *The New York Times*, 14 de mayo (2022).
4. Kellen Browning: «A Pro E-Sports Team Is Getting $210 Million to Change Its Name», *The New York Times*, 4 de junio (2021).
5. Entrevista del autor con Brett Harrison, expresidente de FTX US.
6. En España recibió el nombre de *Larry David. (N. del T.)*.

«¿No está induciendo a la gente a que probablemente no les vaya muy bien financieramente hablando?», le pregunté.

Bankman-Fried, de forma poco convincente, trató de argumentar que el anuncio sólo pretendía mejorar el posicionamiento de FTX, no conseguir que la gente se registrara y empezara a operar. E incluso si algunas personas lo hacían, añadió, siempre podían elegir las mejores criptomonedas investigando un poco en Internet. Esto último me sonó a excusa.

—Pero ¿el ciudadano de a pie está preparado para hacer una investigación de ese tipo? –insistí.

—Bueno, ¿y quién cree que *se dedica* a investigar? –me preguntó.

—No lo sé –respondí.

—¿Lo hace alguien? –dijo él.

—Dígamelo usted –le dije.

Había otra cosa que era incongruente con la imagen pública de Bankman-Fried: el pequeño detalle de la legislación estadounidense. Si Bankman-Fried se hubiera quedado en Berkeley, muchas de las apuestas que ofrecía FTX no habrían sido del todo legales. O, mejor dicho, habrían sido completamente ilegales.

Casi todas las monedas con las que podía operarse se habrían considerado ofertas de valores no registrados, como MasterCoin. Además, la plataforma en sí tampoco cumplía con la regulación de operaciones bursátiles de la SEC.

FTX abrió una plataforma en EE. UU. con una oferta limitada de vales con los que operar. Y Bankman-Fried se fijó el objetivo de moldear a su conveniencia la regulación federal. Me dijo que quería que EE. UU. adoptara normas que legalizaran todas las criptomonedas negociadas en FTX, pero que también obligaran a las empresas de criptomonedas a revelar cierta información financiera, como las empresas públicas hacen en el mercado de valores. Según él, era por el bien del sector de las criptos y del público en general permitir la innovación al tiempo que se evitaban las peores estafas.

En los dos años precedentes, se había convertido en uno de los mayores donantes políticos de Washington. Donó 5 millones de dólares a un comité que apoyaba a Joe Biden para las elecciones presidenciales de 2020.[7] FTX y sus ejecutivos repartieron al menos 90 millones de dólares en contribuciones de campaña,[8] convirtiéndose en uno de los mayores donantes de las elecciones de medio mandato, celebradas en 2022. La mayor parte del dinero fue a parar a políticos demócratas, pero los ejecutivos de FTX también dieron al menos 20 millones de dólares a los republicanos. Uno de cada tres miembros del Congreso recibió donaciones.[9]

Si el objetivo de Bankman-Fried era pagar con donaciones un cambio en la regulación del país para que ésta le beneficiara a él y dejara fuera a sus competidores, el plan parecía estar saliéndole a las mil maravillas. En Washington, era tratado como un innovador del sector financiero, no como un criptopirata. Una semana antes de reunirme con él en Nassau, había testificado en una sesión del Congreso, donde había dado su opinión sobre cómo debía regularse el sector. El senador Cory Booker, que había recibido una donación suya de 5700 dólares,[10] le aduló e incluso bromeó con él: «Me ofende que tenga un pelo afro mucho más memorable que el que yo tenía de joven».

Cuando le pregunté acerca de su actividad filantrópica, me dijo que en 2021 había donado 50 millones de dólares, un dinero que había ido destinado a iniciativas para paliar las consecuencias de la pandemia en la India y contra el calentamiento global. No me pareció mucho dinero para una de las personas más ricas del mundo, aunque la mayor parte de su patrimonio neto estaba ligado a la valoración de FTX y, por tanto, no era fácil disponer de él.

Aquello me hizo pensar en algo que había dicho en un pódcast dos meses antes. En dicha entrevista, Bankman-Fried había criticado

7. Sander Lutz: «White House Refuses to Answer Questions About Sam Bankman-Fried Donations», *Decrypt*, 14 de diciembre (2022).
8. Matthew Goldstein y Benjamin Weiser: «New Details Shed Light on FTX's Campaign Contributions», *The New York Times*, 23 de febrero (2023).
9. Jesse Hamilton, Cheyenne Ligon y Elizabeth Napolitano: «Congress' FTX Problem: 1 in 3 Members Got Cash from Crypto Exchange's Bosses», *CoinDesk*, 17 de enero (2023).
10. Cheyenne Ligon: «The 'SBF Bill': What's in the Crypto Legislation Backed by FTX's Founder», *CoinDesk*, 15 de noviembre (2022).

la forma en la que muchos ricos regalan su dinero, pues consideraba que era «hacer cosas que aparentemente son buenas, pero que también son una especie de extraños ejercicios de construcción de una marca».[11] Supuse que esos 50 millones de dólares le habían reportado bastante buena prensa, por lo que sus donaciones podían considerarse una buena inversión.

Cuando se lo planteé, me dijo que sólo el tiempo podría demostrar la sinceridad de sus intenciones y que el próximo año tenía previsto donar como mínimo unos cientos millones de dólares, puede que incluso llegara a los 1000 millones, lo mismo que muchas de las fundaciones más grandes del mundo.

«Espero que eso lo sitúe en un nivel en el que sería una locura hacerlo únicamente para mejorar las relaciones públicas», dijo finalmente.

Como les había ocurrido a otros altruistas eficaces, la atención de Bankman-Fried se había alejado del enfoque inicial del movimiento, basado en campañas benéficas con un impacto fácilmente comprobable, como, por ejemplo, los programas para la prevención de la malaria. En aquellos momentos, según me dijo él mismo, estaba más interesado en combatir las amenazas que podían conducir a la extinción de la humanidad, como las armas biológicas diseñadas por terroristas o los peligros de la inteligencia artificial. Aunque aquéllos parecían argumentos sacados de una película de ciencia ficción, en su opinión, algo que tuviera una mínima posibilidad de salvar las vidas de los miles de millones de personas que vivirían en el futuro era mucho más valioso que aliviar el sufrimiento actual. Pero su auténtica prioridad eran las acciones encaminadas a estar preparados para una nueva pandemia.

«Debemos aceptar que las pandemias cada vez serán peores y más frecuentes, simplemente por la posibilidad de que se produzcan fugas en los laboratorios —me dijo—. Si no estamos preparados, esto tiene la capacidad de desestabilizar el mundo de un modo muy real».

Bankman-Fried creía realmente que podía salvar el mundo. El problema es que su filosofía parecía justificar prácticamente cualquier cosa

---

11. Sam Harris: «Earning to Give: A Conversation with Sam Bankman-Fried», *Making Sense*, 24 de diciembre (2021).

que le permitiera ganar dinero. Me preguntaba dónde trazaría la línea. ¿Por qué no montar una estafa y repartir los beneficios entre los epidemiólogos y aquellos que investigan en seguridad de la IA? Las principales ICO recaudaban 4000 millones de dólares, dinero más que suficiente para financiar proyectos que podían salvar millones de vidas. Analizándolo desde una perspectiva utilitarista, la ganancia en felicidad resultante de evitar esas muertes sería claramente mayor que el dolor provocado a las personas que habían perdido dinero.

—Se ha forjado una buena reputación –le dije, pinchándole un poco–. Seguro que podría montar alguna estafa con criptomonedas y ganar unos cuantos miles de millones de dólares ahora mismo. Entraría dentro de su lógica, ¿no?

—Las organizaciones benéficas no quieren ese tipo de dinero –dijo–. Tener una buena reputación es muy importante para cualquier cosa que hagas. Y en cuanto empiezas a pensar en los efectos secundarios que podría tener, cada vez empeora más.

Al pensarlo detenidamente, me di cuenta de que su respuesta tenía sentido. Si le descubrían haciendo una estafa, FTX se hundiría, cuando en aquellos momentos la empresa ya estaba valorada en 32 000 millones de dólares. Dejando a un lado la ley, un negocio honesto era la mejor decisión empresarial. No obstante, mi lógica tenía un punto flaco que no vi en aquel momento. Los estafadores nunca piensan que los van a pillar.

· · ·

La mayoría de los ejecutivos ni se habrían planteado el escenario de un hipotético fraude. Pero, en el caso de Bankman-Fried, incluso las preguntas más incisivas parecían servir para poner en marcha los engranajes de su mente. Era capaz de generar respuestas analíticas, incluso clínicas, ante prácticamente cualquier cosa. Era como si se dedicara a observar su propia vida desde lejos, sopesando el valor esperado de todas y cada una de sus decisiones. Al mismo tiempo, parecía dar muy poco valor a su propia felicidad en dichas ecuaciones.

De hecho, uno de sus amigos me había dicho que, a pesar de todo el éxito, Bankman-Fried no era feliz. Había roto con su novia para poder trabajar más horas. Cuando le interrogué sobre eso, me dijo que era verdad.

«No puedo prometerle a alguien que estaré a su lado como a la mayoría de la gente le gustaría que lo hiciera —reconoció—. Siempre tengo cosas que hacer en segundo plano, cuestiones que responder y sobre las que reflexionar».

También le pregunté si alguna vez se planteaba cambiar su forma de vida. Se estrujó la cara entre las manos unos segundos antes de responder.

«No es una decisión que me replantee constantemente, porque creo que no me hace ningún bien estar constantemente reevaluándomelo todo —respondió—. En el día a día, ya no la siento como una decisión».

Quería entrevistar a su círculo íntimo, para disponer de más opiniones sobre su honestidad. Sin embargo, Gary Wang, el programador, no estaba en su escritorio. Me dijeron que le gustaba ir a la oficina por la tarde y trabajar toda la noche. Y Caroline Ellison estaba en Hong Kong, como de costumbre, dirigiendo el fondo de cobertura Alameda.

El único al que vi fue a Nishad Singh, quien ahora era el jefe de ingeniería de FTX. Su escritorio estaba justo al lado del de Bankman-Fried. Fuimos a un lugar privado para entrevistarle. Tenía veintiséis años, por lo que hacía relativamente poco que había terminado sus estudios en la Universidad de California en Berkeley. Estaba un poco regordete comparado con las fotografías que había visto de él de adolescente, cuando había batido un récord de ultramaratón.[12] Cuando le pregunté si seguía corriendo, se pasó una mano por la barriga.

«¿Tengo pinta de correr?», dijo en tono jocoso, antes de añadir que el trabajo le absorbía completamente.

Singh parecía alguien humilde y con los pies en el suelo para tratarse de un chico que probablemente era multimillonario. Y me conquistó cuando, tras preguntarle por sus criptohistorias favoritas, sacó el móvil y leyó en voz alta algo que había escrito yo. Tras una hora de charla cordial, decidí sincerarme con él. Le dije que parecía obvio que la gente

---

12. Mercury News: «Saratogan Nishad Singh Sets the World Record for Fastest 100-Mile Run by a 16 Year Old», *San Jose Mercury News*, 10 septiembre (2012).

acabaría perdiendo dinero apostando en su criptocasino. Sin embargo, entendía que las pérdidas de los inversores, en su mayoría jugadores de países del primer mundo que podían permitírselo, quedaría compensado por las donaciones que FTX realizaría para, por ejemplo, acabar con la malaria.

Singh asintió.

«Claro –dijo él–. Imagina algo al estilo Robin Hood».[13]

No obstante, no estaba muy seguro de que Bankman-Fried fuera a regalar su dinero de una forma tan desinteresada. Según mi experiencia, la filantropía resultaba muy poco atractiva para los financieros turbios. Le dije a Singh que, gracias a mi trabajo, había conocido a muchos estafadores, y que incluso había llegado a sugerirles a algunos de ellos que serían más felices si donaban parte de sus ganancias a obras benéficas. Ninguno lo había hecho.

—La gente malvada que hace las estafas no quiere regalar su dinero –le dije–. En su lugar, se compran casas o algo así, y después se quedan allí sentados y apesadumbrados.

—Sí, estoy de acuerdo contigo –me dijo–. O sea, francamente, esto era una preocupación que tenía. Como si sólo conociera mi mundo interior, mi mente y mi corazón.

Singh me dijo que confiaba en que Bankman-Fried se tomara en serio el altruismo eficaz. Ambos habían donado gran parte de su dinero desde que habían empezado a trabajar. Y, argumentó, no tendría mucho sentido que Bankman-Fried le diera tanta importancia a su plan si no tuviera la intención de llevarlo a cabo.

«Sería una forma muy rara de arruinar tu reputación», dijo.

El día de su charla en el Club de Economía, a eso de las cinco de la tarde, Bankman-Fried se quedó dormido, primero sentado en su silla *gamer*, después hecho un ovillo en el puf azul que había junto a su escritorio, con su rizada cabeza apoyada en el codo. En la oficina sólo

---

13. Es posible que Singh no estuviera al corriente de ningún fraude en FTX en el momento de la entrevista. En la vista judicial de febrero de 2023, en la que se declaró culpable de los cargos de fraude criminal, aseguró que no había sabido lo que estaba ocurriendo hasta el verano de 2022, unos meses después de mi visita.

se oía el ocasional chasquido producido por los empleados que chateaban en Slack. Detrás de él, un programador examinaba una página de código con los pies sobre la mesa y los pantalones cortos manchados de salsa de soja del almuerzo. Durante la siesta de Bankman-Fried, los operadores intercambiaron a través de su plataforma unos 500 millones de bitcoines, dogecoines, tétheres y otras criptodivisas, gracias a lo cual FTX obtuvo unos 100 000 dólares en comisiones. Aproximadamente una hora después, Bankman-Fried se desperezó, se comió un paquete de Nutter Butters y volvió a cerrar los ojos. Decidí marcharme.

Durante una de mis conversaciones con Bankman-Fried, conseguí hacerle algunas preguntas sobre Tether. Aunque, según algunas especulaciones, las reservas de Tether podían incluir pagarés de FTX o Alameda, él volvió a asegurarme que no era cierto. Me dijo que Alameda había enviado a la empresa miles de millones de dólares, de modo que al menos una parte de las reservas eran reales.

«Creo que la gente que asegura que no está respaldado por nada o que es fraudulento o un esquema Ponzi se equivoca –dijo–. Las criptomonedas están respaldadas. Estoy prácticamente seguro de que lo están».

Me dijo que a Tether se le daban muy mal las relaciones públicas, pero que los chicos que había detrás eran dignos de confianza. Me pregunté si sabría algo acerca de sus antecedentes. ¿Habría leído la demanda del fiscal general de Nueva York o visto los mensajes entre Giancarlo Devasini y su blanqueador de dinero israelí en Crypto Capital? Le pregunté por qué deberíamos creerlos cuando en el pasado habían mentido.

«Le entiendo –dijo–. No hay transparencia, ni supervisión, ni sistema, ni siquiera un largo historial que nos garantice que no se convertirá en un gran problema en el futuro».

Bankman-Fried trató de asegurarme que la cartera de Tether era bastante sólida. En el peor de los casos, según él, los activos de Tether aún podían tener un valor de 90 centavos por cada dólar. Para mí, aquello era un motivo de preocupación. ¿Quién querría comprar tétheres a un dólar cuando en realidad tenían un valor inferior? Pero él no parecía muy preocupado.

«Están pasando un montón de cosas raras ahí dentro –dijo–. Si mañana tuvieran que venderlo todo a cambio de efectivo, yo diría que no es la mierda más líquida del mundo».

Me dio la sensación de que no estaba llegando a ninguna parte. Ya sabía que Tether tenía un montón de cosas raras en su cartera, como lo sabía todo el mundo del sector de las criptomonedas. Sin embargo, por muy arriesgado que pareciera, la moneda estable no había provocado ninguna estampida bancaria. De hecho, por entonces, Tether había alcanzado los 79.000 millones de monedas. Además, Bankman-Fried era uno de los principales usuarios de Tether, por lo que no era probable que fuera él quien me revelara que estaba pasando algo peor de lo que mostraban las apariencias. Los vendedores al descubierto y los teóricos de la conspiración seguían insistiendo que en breve revelarían un gran secreto, pero hasta el momento no lo habían hecho. Hasta donde yo sabía, la investigación federal por fraude bancario no había avanzado nada. Y aunque seguía investigando los activos de Tether a través del documento que me habían pasado, aquello tampoco me había proporcionado ninguna pista.

Sin embargo, mientras estaba en las Bahamas entrevistando a Bankman-Fried, una estrambótica historia que había aparecido en EE. UU. prometía revelar nueva información sobre las personas detrás de Tether. Al parecer, varios fiscales de Washington D. C. habían logrado rastrear a las personas que se habían quedado con los bitcoines robados de Bitfinex, la plataforma de Devasini, en 2016. Dado que el precio del bitcoin había subido tanto desde el jaqueo, las monedas robadas ahora tenían un valor de 4500 millones de dólares, lo que lo convertía en el mayor robo de toda la historia.

Los fondos no estaban en manos de misteriosos norcoreanos o algún grupo de ciberterroristas. Los miles de millones robados estaban en posesión de una pareja de treintañeros que vivían en el centro de Manhattan, no muy lejos de donde yo vivo, en Brooklyn. Sus nombres eran Ilya Lichtenstein y Heather Morgan y, a juzgar por las redes sociales, ninguno de los dos tenía aspecto de genio criminal.

Lichtenstein, que se hacía llamar «Dutch», tenía el pelo rizado y una sonrisa pícara, como un Elijah Wood con cara de niño. Se mostraba muy cariñoso con Clarissa, la gata de Bengala del matrimonio. A Morgan le gustaba la música, una música extravagante y de mala calidad que ella misma componía, interpretaba y publicaba en vídeos en YouTube y TikTok. En uno de ellos, bailaba mientras fingía que un reptil de juguete era su pene. En otro, avanzaba girando sobre sí misma por las calles del distrito financiero vestida con un chándal dorado, una riñonera y un sombrero de ala plana con la inscripción OFCKS. Se llamaba a sí misma «el puto cocodrilo de Wall Street». En una de sus canciones llegaba a presumir de sus habilidades como jáquer: «Dame tu contraseña / Todos tus fondos han sido transferidos». Su nombre rapero era «Razzlekhan».

Si dos personas así habían sido capaces de echarle el guante al dinero de Devasini, ¿por qué los clientes de Tether deberían confiarle sus 79 000 millones de dólares? Decidí seguir indagando.

CAPÍTULO ONCE

«Pongámonos raros»

Los jáqueres se pasaron varias semanas dentro de los servidores de Bitfinex antes de perpetrar el atraco.[1] Durante todo el verano de 2016 observaron a los usuarios de la plataforma de criptomonedas comprar y vender bitcoines. Estudiaron los comandos que controlaban el sistema de seguridad. Era como si hubieran estado escondidos en un conducto de ventilación situado sobre la cámara acorazada de un banco, observando cómo los cajeros sacaban y metían el dinero meticulosamente en busca de vulnerabilidades.

No iban detrás de los bitcoines; no se puede robar una línea en una hoja de cálculo. Lo que necesitaban eran las claves privadas: contraseñas criptográficas que les permitieran desbloquear las criptomonedas. Con esas claves, podrían poner un cero en la línea de Bitfinex de la hoja de cálculo gigante de Bitcoin y escribir un número muy grande en la suya.

En cuanto tuvieron las claves, dieron el golpe. A las 10:26 de la mañana del 2 de agosto de 2016, los jáqueres aumentaron el límite diario de retiradas de la plataforma de 2500 a 1 millón de bitcoines, más que suficiente para vaciar toda la cámara acorazada. A continuación, utilizando las claves privadas, comenzaron a emitir instrucciones para transferir

---

1. Este relato del jaqueo procede de un informe encargado por Bitfinex y obtenido por el autor.

bitcoines de Bitfinex a direcciones de la cadena de bloques controladas por ellos mismos. Durante las siguientes tres horas y cincuenta y un minutos, los dos jáqueres informáticos robaron 119 754 criptomonedas, más de la mitad de los bitcoines de la plataforma.

Cuando los ejecutivos de Bitfinex se dieron cuenta de lo que había ocurrido, contrataron a un equipo de seguridad para que buscaran pistas en la memoria de los servidores. El pirateo fue tan ambicioso y sofisticado que algunos usuarios sospecharon que se trataba de un trabajo desde dentro. Otros sugirieron que los culpables formaban parte de un cuerpo de élite norcoreano de jáqueres que seis meses antes había robado 81 millones de dólares del Banco Central de Bangladesh. No obstante, los investigadores no tenían demasiadas pistas. Antes de finalizar la sesión, los jáqueres habían borrado todas sus huellas digitales.

La única información que tenía Bitfinex eran las direcciones de 34 caracteres en la cadena de bloques a donde los jáqueres habían enviado el dinero. En un intento por obtener cualquier tipo de ayuda, la empresa publicó las direcciones en Internet para que todo el mundo pudiera verlas. Pero la mayor parte de los fondos estuvo retenida durante años en esos monederos digitales, incluso cuando Bitcoin pasó de ser una mera curiosidad de friquis a convertirse en una fiebre global. Aunque el dinero seguía allí, no había forma de averiguar quién se lo había llevado. Y sin las claves privadas de los jáqueres, la policía no tenía forma de recuperarlo.

En el año 2020, un agente del Servicio Interno de Rentas (IRS) encontró una pista mientras trabajaba en su despacho del sótano en Grand Rapids, Michigan. La gente creía que las criptomonedas eran imposibles de rastrear porque la cadena de bloques no registra los nombres de los usuarios. Sin embargo, los registros de las transacciones nunca se borran de la base de datos. Y aunque en estos registros no aparece ningún nombre, sí se asigna una dirección única a cada cartera. Si todas las carteras pueden vincularse a una persona específica, entonces un investigador puede ver fácilmente todas las transacciones que ha hecho esa persona.

Los investigadores pueden vincular a una persona con una dirección realizando una compra, del mismo modo que le compran droga a un traficante antes de detenerlo; o pueden vigilar las transferencias hechas a determinadas plataformas, como FTX de Bankman-Fried, y después enviar citaciones a la plataforma para obtener los registros de los usuarios. Después de que el FBI lograra desarticular Silk Road, el mercado negro de drogas, pudo rastrear a muchos de los traficantes del sitio web. Como explica el escritor Andy Greenberg: «Bitcoin resultó ser todo lo *contrario* de ilocalizable; en realidad, era una especie de trampa para criptodelincuentes que, durante años, habían dejado un rastro incesante e indeleble de sus negocios sucios».[2]

No fue fácil, pero el agente del IRS siguió el rastro del dinero de Bitfinex a través de una enrevesada red de direcciones y plataformas. Y eso le llevó hasta la pareja de Nueva York: Ilya Lichtenstein y Heather Morgan.

Morgan, que por entonces tenía treinta y un años, era la fundadora de una pequeña empresa de redacción creativa llamada SalesFolk. Vivía con Lichtenstein en un apartamento de lujo de 6500 dólares al mes situado en el número 75 de Wall Street, en el corazón del distrito financiero neoyorquino. En sus publicaciones de TikTok puede verse que el apartamento estaba lleno de baratijas, entre ellas, un cráneo de cocodrilo, una figura de un camello y un objeto que describió como «piedras de alcantarilla ucranianas». De la pared colgaba una piel de cebra, cerca de una bicicleta elíptica con rayas de cebra. También había dos cráneos de antílope de largos cuernos y una radiografía de los pulmones de Morgan de cuando contrajo el MERS en Egipto.

Morgan se presentaba a sí misma como una revolucionaria tecnológica, siempre moviéndose deprisa, siempre saltándose las reglas. Como articulista regular en la revista *Forbes,* su biografía decía lo siguiente: «Cuando no está haciendo ingeniería inversa en los mercados negros para encontrar mejores formas de combatir el fraude y la ciberdelincuencia, le gusta rapear y diseñar ropa *casual*». O como ella misma asegura en la canción «Versace Bedouin»: «Soy muchas cosas. / Una

---

2.   Andy Greenberg: «Inside the Bitcoin Bust that Took Down the Web's Biggest Child Abuse Site», *Wired,* 7 de abril (2022).

rapera, una economista, una periodista, / una escritora, una CEO / y una sucia, sucia, sucia, sucia zorra».

En su vertiente de intérprete, Razzlekhan se mostraba tanto hipersexual como agresivamente poco atractiva. Alternaba chistes sobre la diarrea o el sexo con alardes sobre sus atrevidas prácticas empresariales. Su movimiento característico, si es que puede llamarse así, consistía en levantar la mano con los dedos en forma de «V», sacar la lengua y decir: «¡*Razzle Dazzle!*».[3] A continuación, emitía una sonora tos flemática.

Sus canciones, desde «Pho King Badd Bhech» hasta «Gilfalicious», estaban llenas de rimas exasperantemente forzadas, y la puesta en escena era tan artificiosa que parecía un cruce entre Chet Hanks y Kendrick Lamar. Sus letras no tenían ningún sentido. En «High in the Cemetery», describe una alucinación en la que le regalan una lámpara mágica y conoce a un genio que le ofrece satisfacer sus deseos a cambio de «un caramelo». Más adelante en la canción descubrimos la verdadera identidad del genio: «No era un pervertido cualquiera. / Era Mark Zuckerberg».

Tanto en sus artículos para *Forbes* como en sus vídeos de autoayuda que colgaba en YouTube, Morgan explicaba que creó su alter ego de rapera como una forma de aceptar las excentricidades que la convertían en blanco habitual de las burlas. Había crecido en un pequeño pueblo de cuatrocientos habitantes en las afueras de Chico (California), donde la habían «acosado sin piedad» debido al ceceo y los correctores dentales. Durante sus estudios en la Universidad de California en Davis, estuvo estudiando en el extranjero, concretamente en Corea del Sur y Turquía. Después de graduarse, encontró un hogar entre los mochileros, primero en Hong Kong y después en El Cairo. Sus amigos recuerdan que le gustaban especialmente los raperos satíricos, como Lil Dicky y The Lonely Island, y que solía ponerse a rapear de forma espontánea.[4]

---

3. «¡Escándalo!». *(N. del T.)*.
4. Cyrus Farivar, David Jeans y Thomas Brewster: «Razzlekhan: The Untold Story of How a YouTube Rapper Became a Suspect in a $4 Billion Bitcoin Fraud», *Forbes*, 17 de marzo (2022).

«Cuando conoce a alguien, es como si hubieran sido amigos desde siempre», aseguró Amina Amoniak, quien mantuvo el contacto con Morgan tras conocerla a través del sitio web Couchsurfing.com[5]

· · ·

Morgan conoció a Lichtenstein en el año 2013, en San Francisco. Ella se había mudado allí para trabajar en una empresa emergente que estaba pasando por un proceso de aceleración, y él ejercía de orientador del programa.[6] Encontré rastros de sus primeros flirteos en LinkedIn, donde Lichtenstein le escribió a Morgan una recomendación: «Heather elabora mensajes precisos que se incrustan en el cerebro del cliente como un afilado gancho de carnicero». Un amigo le dijo a un periodista que recordaba haber presenciado por aquel tiempo cómo Lichtenstein trataba de sacar a una borracha Morgan de un bar.[7] Otro recordaba que Morgan le dijo algo insólito cuando le presentó a Lichtenstein:

«Éste es Ilya –dijo Morgan–. Es un jáquer de sombrero negro».[8]

Lichtenstein nació en Rusia, pero creció en Chicago, a donde sus padres se habían mudado huyendo de la persecución religiosa. Medía 1,65 m y tenía el pelo negro, espeso y ondulado. Según sus amigos, era raro y empollón.

«Un buen chico. Inteligente. Como si McLovin de *Supersalidos* acabara dando el golpe», le dijo a un periodista uno de sus compañeros de instituto.[9]

Mientras estudiaba en la Universidad de Wisconsin-Madison, descubrió un negocio algo turbio conocido como «*marketing* de afiliación», en el que la gente compra espacio publicitario al por mayor en Facebook o Google y después crea anuncios de píldoras dietéticas, es-

5.   Entrevista del autor con Amoniak.
6.   Farivar, Jeans y Brewster: «Razzlekhan: The Untold Story of How a YouTube Rapper Became a Suspect in a \$4 Billion Bitcoin Fraud».
7.   Ibíd.
8.   Ibíd.
9.   Kevin T. Dugan y Matt Stieb: «The Many Lives of Crypto's Most Notorious Couple: How the Accused Bitcoin Launderers Spent Their Time», *New York*, 15 de febrero (2022).

timulantes cerebrales y sitios de apuestas en el extranjero. Lichtenstein aseguró en varios foros que, cuando aún era estudiante, ganaba más de 100 000 dólares al año con el *marketing* de afiliación.

Unos años antes, había escrito un artículo de investigación sobre el tema y resultó que una de mis fuentes había hecho negocios con Lichtenstein.[10] La fuente en cuestión, Ryan Eagle, por entonces no era más que un adolescente que también había crecido en un suburbio de Chicago. Gracias a la fortuna que había amasado con anuncios en Internet como los de Lichtenstein, había podido comprarse un Bentley cromado, varios relojes con piedras preciosas, una máscara de cota de malla incrustada en diamantes y una desagradable adicción a las drogas. Me dijo que, incluso en una industria llena de colegas odiosos, la inteligencia y la arrogancia de Lichtenstein eran especialmente memorables.

«Era uno de esos putos empollones que consiguen sacarte de quicio», me aseguró Eagle, que ahora ya ha dejado las drogas.

Después de graduarse, Lichtenstein fundó, junto a otras personas, una empresa de tecnología publicitaria, pero se largó en 2016, aproximadamente en la época en la que se produjo el jaqueo, por razones que nunca explicó. En las redes sociales, él y Morgan publicaron fotos de vuelos en clase preferente a Hong Kong y México. En los vídeos que Morgan colgaba en TikTok, a menudo Lichtenstein parece estar participando a regañadientes. «Me sigues grabando, esperando que pase algo, ¿qué quieres que haga? ¿Quieres que me meta algo por el culo y baile un poco?», dice él en uno de esos vídeos después de que Morgan le pregunte por su costumbre de probar la comida para gatos de Clarissa. («Necesita sal y pimienta, pero, aparte de eso, está bastante buena», responde él).

Y en lo que fue o bien una desafortunada coincidencia o bien otro asombroso acto de arrogancia, el día antes del jaqueo Morgan publicó una fotografía en Instagram de ella y Lichtenstein sentados en un sofá de felpa azul. El pie de foto decía: «Me encanta meterme en problemas con este loco».

---

10. Zeke Faux: «How Facebook Helps Shady Advertisers Pollute the Internet», *Bloomberg Businessweek*, 27 de marzo (2018).

Resultaba inverosímil que alguien que había intentado rimar «Mi nombre es Razzlekhan» con «esa abuela buenorra a la que te quieres tirar» pudiera ser una ladrona experimentada. Además, se trataba del mundo de las criptomonedas, donde la falta de experiencia o competencia nunca ha sido un obstáculo para alcanzar la fama y hacerse rico, y donde los jaqueos a gran escala son habituales.

Cuando le preguntaron por qué se dedicaba a robar bancos, Willie Sutton, el famoso atracador, supuestamente dijo: «Porque es donde está el dinero».[11] Sin embargo, en la actualidad, con el auge de los pagos electrónicos, las sucursales no suelen tener más de unos 50 000 dólares en efectivo. Además, los cristales antibalas, los billetes marcados, las cerraduras con temporizador y las cámaras de seguridad de alta resolución han convertido los atracos a bancos en una reliquia del pasado.

Mientras tanto, las criptomonedas han creado una serie de delitos completamente nuevos. Por ejemplo, los programas de secuestro, mediante los cuales los jáqueres entran en un sistema informático corporativo o gubernamental, lo bloquean y exigen el pago de un rescate para restablecer el acceso. Esta idea existe al menos desde la década de los años noventa, pero los pagos por transferencia o con tarjeta de crédito hacía que fuera relativamente fácil atrapar a los autores del ciberataque. Las criptomonedas resolvieron el problema. En 2020, los jáqueres obtuvieron más de 600 millones de dólares en criptomonedas mediante programas de secuestro.[12]

Otro tipo de ciberataque es el jaqueo de las plataformas cripto. Una plataforma como Bitfinex o FTX es como un banco de criptodivisas. En cada una de ellas se guardan enormes cantidades de monedas. Y para robarlas, un ladrón no tiene que arriesgarse a que le dispare un guardia de seguridad ni ocultar el rostro de las cámaras. Basta con entrar en un sistema informático, la mayoría de los cuales, al parecer, no están muy bien vigilados.

Mt. Gox, la primera gran plataforma de criptomonedas, evidentemente sufrió un ciberataque. Y los jaqueos no se detuvieron tras el robo

---

11. Willie Sutton dijo que la cita se la había inventado un periodista y que él robaba bancos porque era emocionante. Willie Sutton, Willie y Edward Linn: *Where the Money Was,* p. 120, Viking, Nueva York, 1976.
12. Chainalysis: «The 2022 Crypto Crime Report».

de Bitfinex. Algunos de los más sonados son el de Coincheck, que perdió 530 millones de dólares en 2018, y KuCoin, con unos 250 millones en 2020. En 2021, se robaron un total de 3200 millones de dólares[13] en criptodivisas de plataformas y aplicaciones de finanzas descentralizadas (o DeFi), en las que los criptooperadores hacen negocio directamente entre ellos. Eso es cien veces más que la media anual de todos los atracos a bancos estadounidenses.[14] Gran parte del dinero fue sustraído por Lazarus, el grupo de jáqueres norcoreanos.

En 2015, tras perder unos 400 000 dólares en criptomonedas por un ataque informático, Bitfinex puso en marcha un nuevo sistema de seguridad. Otras plataformas solían mezclar las criptomonedas de los usuarios y guardaban las claves privadas en ordenadores que no estaban conectados a Internet, una práctica conocida con el nombre de «almacenamiento en frío». El nuevo sistema de Bitfinex mantenía el saldo de cada usuario en una dirección separada de la cadena de bloques, lo que permitía que los clientes vieran por sí mismos dónde estaba su dinero. Utilizaba un programa de la empresa de criptoseguridad BitGo.

«Este nuevo nivel de transparencia y seguridad convierte en inviables los ataques sufridos, por ejemplo, por Mt. Gox», aseguró Mike Belshe, director general de BitGo, en un comunicado de prensa para anunciar el acuerdo.

El programa de BitGo estaba diseñado para aprobar automáticamente las transferencias por debajo de cierto límite. De este modo, los pequeños movimientos no sufrirían retrasos, pero para las grandes transacciones era necesario que un ejecutivo de Bitfinex aprobara manualmente la operación. Esto suponía que, en caso de que Bitfinex sufriera un ciberataque, como máximo se perdería una pequeña cantidad de bitcoines. No obstante, la configuración del sistema era defectuosa. El límite podía cambiarse con un comando informático enviado por alguien con las credenciales electrónicas de un ejecutivo de Bitfinex.

---

13. Ibíd.
14. FBI: «Bank Crime Statistics». www.fbi.gov/investigate/violent-crime/bank-rob-bery/bank-crime-reports

Eso es lo que hicieron los piratas informáticos tras utilizar un «troyano de acceso remoto» para infiltrarse en la plataforma. Este tipo de programa malicioso permite a los atacantes hacerse con el control total del ordenador atacado, como si estuvieran literalmente sentados frente al teclado. Los jáqueres sólo lograron ser detenidos porque a un empleado de Bitfinex se le ocurrió comprobar los saldos de las cuentas y se dio cuenta de que algo no iba bien.

Bitfinex informó del ataque a las autoridades, pero no se encontró ninguna pista. Los jáqueres borraron la memoria de los servidores al salir, eliminando cualquier indicio de su ubicación. Ledger Labs, que investigó la brecha de seguridad en nombre de Bitfinex, no pudo determinar cómo habían entrado los piratas informáticos en los servidores de la plataforma. Aunque BitGo sigue asegurando que su programa funcionó correctamente, a partir de entonces modificó sus normas para que los límites de retirada sólo pudieran aumentarse tras una videollamada con un empleado de BitGo.

Michael Shaulov, exprogramador del cuerpo de inteligencia israelí y cofundador de la empresa de criptoseguridad Fireblocks, me dijo que este tipo de ciberataques no suelen requerir grandes conocimientos técnicos. A menudo, lo más difícil es crear un correo electrónico que engañe a un empleado para que abra un archivo adjunto malicioso.

«El vector de ingeniería social es la clave», me dijo Shaulov.

Eso se parecía mucho a una pista. En 2019, Heather Morgan había dado una conferencia titulada «Cómo utilizar la ingeniería social para conseguir lo que quieras» en un evento llamado NYC Salon. En el folleto promocional de la conferencia, Morgan posaba con un ajustado vestido metálico y un estampado de piel de serpiente mientras sostenía en la mano una llave inglesa de grandes dimensiones. «Odio el término "manipular"», dijo en la conferencia tras intentar calentar al desconcertado público rapeando unos cuantos versos de Versace Bedouin. La ingeniería social, dijo, consiste en «conseguir que alguien comparta información o realice una acción que se negaría a hacer de cualquier otro modo».

El día del jaqueo, un empleado de Bitfinex se conectó al foro principal de Bitcoin en Reddit y publicó todas las direcciones a las que los jáqueres habían enviado los bitcoines robados. No parecía gran cosa; sólo era una lista de miles de códigos de 34 caracteres. Pero, en realidad, era como usar tinta para marcar el dinero dentro de la bolsa del atracador.

Todas las transacciones de la cadena de bloques de Bitcoin son públicas, de modo que cualquiera puede buscar una dirección y ver todas las demás direcciones a las que ha enviado o de las que ha recibido criptomonedas. Pocas personas aceptarían bitcoines de las direcciones que Bitfinex había publicado en Reddit. Aunque no tuvieran reparos con el dinero robado, les preocuparía saber si podrían gastárselo o si se convertirían en sospechosos.

Los bitcoines robados no se movieron durante cinco meses. Era como si los jáqueres hubieran olvidado una parte crucial de su plan: para poder utilizar los bitcoines que habían robado, tenían que encontrar la forma de borrar su conexión con el jaqueo. Un lugar donde los bitcoines robados eran bienvenidos era AlphaBay, un mercado de la Internet oscura, uno de los muchos sucesores de Silk Road, donde los usuarios publicaban anuncios clasificados ofreciendo opiáceos, armas y tarjetas de crédito robadas a cambio de criptomonedas. En su sitio web, AlphaBay aseguraba que aspiraba a convertirse en «el mayor mercado del inframundo al estilo eBay». Por si alguien aún no lo había entendido, en la sección de preguntas frecuentes aparecía la siguiente pregunta: «¿Es legal el mercado de AlphaBay?». Respuesta: «Por supuesto que no».

En enero de 2017, unos 22 000 dólares en bitcoines jaqueados fueron trasladados a AlphaBay mediante una serie de pequeñas transacciones.[15] Todos los bitcoines enviados a AlphaBay estaban mezclados, lo que dificultaba establecer su conexión con el lugar que habían ocupado en la cadena de bloques. Una vez que un usuario retiraba sus fondos a una nueva dirección, sus bitcoines sólo podían rastrearse hasta AlphaBay. Aunque las principales plataformas no estaban dispuestas a aceptar bitcoines procedentes de direcciones asociadas con el jaqueo, algunas plataformas más pequeñas no pusieron reparos a la hora de aceptar monedas procedentes de un bazar de drogas de la web oscura.

---

15. Esta cifra procede de los registros judiciales.

Desde AlphaBay, los bitcoines jaqueados se enviaron a una plataforma de criptomonedas y, después, a otra. La segunda cuenta de intercambio la abrió Lichtenstein, utilizando para ello su nombre real. Incluso envió un selfi para verificar su identidad. La única persona que conocía la conexión entre Lichtenstein y los fondos jaqueados era la persona que dirigía AlphaBay, la cual utilizaba el alias «Alpha02».

Desafortunadamente para los ladrones, AlphaBay estaba siendo investigada en aquel momento por otro caso. La policía de varios países creía haber descubierto que Alpha02 era un ciudadano canadiense de veinticinco años llamado Alexandre Cazes, el cual se había mudado a Tailandia y, con los beneficios, se había comprado tres propiedades, un Lamborghini y un Porsche. Uno de sus errores fue utilizar en algunos de sus primeros mensajes una dirección de correo electrónico, Pimp_Alex_91@hotmail.com, que estaba asociada a su nombre real.

El 5 de julio de 2017, los investigadores pusieron en marcha la que denominaron Operación Bayoneta. La policía real tailandesa embistió con un coche la puerta principal de un recinto de Bangkok donde, gracias a la colaboración con las autoridades estadounidenses, sospechaban que vivía Cazes. La conmoción le hizo salir y, mientras la policía le detenía, otros agentes se apresuraron a entrar en el edificio. Cazes fue arrestado y murió en prisión una semana después, aparentemente se suicidó.[16] Sin embargo, dejó numerosas pruebas. Dentro del recinto de su propiedad, la policía encontró su ordenador portátil, abierto y conectado a AlphaBay.

Entre los agentes federales estadounidenses que viajaron a Bangkok para la redada de AlphaBay estaba Chris Janczewski, quien por entonces tenía treinta y tres años y era agente especial del IRS. Por extraño que parezca, Janczewski había querido trabajar para Hacienda desde que un agente especial visitara su fraternidad de contabilidad en la Universidad Central de Michigan. El conferenciante había deleitado a Janczewski y a sus compañeros aspirantes a contables con historias de persecuciones a gran velocidad y registros que implicaban derribar puertas a patadas. No obstante, en su primer trabajo no hubo persecu-

---

16. Wassayos Ngamkham: «Canadian Drug Suspect Found Hanged in Cell», *Bangkok Post*, 12 de julio (2017).

ciones ni puertas que derribar, sino únicamente auditorías de un montón de fontaneros y vendedores de coches de Charlotte y alrededores, en Carolina del Norte.

«Como puedes imaginar, a la gente no le entusiasma que los vayas a ver», me dijo Janczewski.

En 2015 fue reclutado para una nueva unidad de ciberdelincuencia con sede en Washington. El equipo, formado por una docena de agentes, al principio se centró en los datos jaqueados utilizados para cometer fraude fiscal. A continuación, pasaron a investigar casos de criptomonedas. Los agentes se dieron cuenta de que, aunque la cadena de bloques era anónima y los delincuentes solían mover sus monedas de una cartera a otra, el rastro de las transacciones casi siempre conducía a una plataforma de intercambio, la cual exigía una identificación antes de permitir que alguien vendiera sus bitcoines a cambio de efectivo. Incluso si los delincuentes utilizaban un intermediario o una identificación falsa, siempre dejaban alguna pista. Lo único que debían hacer los agentes era rastrear las transacciones el tiempo suficiente.

«Al final todo el mundo mete la pata», me dijo Tigran Gambaryan, otro antiguo miembro de la unidad de ciberdelincuencia del IRS.

El rastreo de criptomonedas condujo a Janczewski y sus colegas a traficantes de drogas, servicios de blanqueo de dinero e incluso a un sitio web que vendía vídeos de abusos a menores. Con cada nueva redada, reunían más datos que les permitían vincular más delitos a más direcciones de Bitcoin, y más direcciones de Bitcoin a más personas.

Janczewski no quiso decirme cuándo él y sus colegas habían establecido la conexión entre los bitcoines robados y Lichtenstein y Morgan, ni darme más detalles sobre la investigación del jaqueo. Sin embargo, en 2020, según muestra la documentación legal, ya habían comenzado el laborioso proceso de convertir las pistas en pruebas utilizables en los tribunales. Enviaron solicitudes legales a las plataformas por las que habían pasado los fondos robados y a los proveedores de servicios de Internet que utilizó la pareja. Tardaron más de un año en reunir pruebas suficientes para justificar una orden de registro.

Una mañana del año 2021, los agentes federales llegaron al número 75 de Wall Street a las 3 de la madrugada. «Hemos detectado que alguien de este edificio está traficando con pornografía infantil[17] –le dijo uno de los agentes al sorprendido portero de la finca, según *Vanity Fair*–. Hemos de subir a la azotea para ver si podemos rastrear de dónde proviene la señal».

Volvieron al cabo de unas semanas y una tercera vez unas semanas después de eso. «¿Seguro que están en el edificio correcto?», preguntó el portero. (En aquel momento, la policía investigaba la muerte de una prostituta en la torre de enfrente; en el vídeo de vigilancia aparecían unos hombres sacando del edificio un bidón de 200 litros donde habían escondido su cadáver).[18] Los agentes le aseguraron que sí.

El 5 de enero de 2022, Janczewski y otros agentes federales regresaron. Era una mañana fría y húmeda. Esta vez, subieron en el montacargas hasta el piso treinta y tres y llamaron a la puerta de Morgan. Sus padres estaban de visita y le habían traído un paquete de sus galletas de caqui favoritas, que preparaba su abuela. Cuando los agentes empezaron a buscar teléfonos y ordenadores,[19] ella y Lichtenstein les dijeron que querían salir del apartamento y llevarse con ellos a su gata Clarissa. Entonces, Morgan intentó crear una distracción de una forma bastante chapucera.

Dijo que la gata estaba escondida debajo de la cama y se agachó junto a una mesilla de noche. Mientras llamaba a Clarissa, cogió un teléfono de la mesilla y empezó a presionar frenéticamente el botón de bloqueo. Janczewski se lo quitó de las manos.

Debajo de la cama, los agentes encontraron una papelera llena de aparatos electrónicos, incluida una bolsa con cremallera con una etiqueta que ponía TELÉFONO PREPAGO y un neceser a rayas rojas y blancas con otros nueve teléfonos. Los agentes incautaron al menos cuatro billeteras *hardware* (unidades USB que contienen las contraseñas criptográficas de los bitcoines de un usuario) y una cartera con 40 000 dólares en efectivo. En el despacho de Lichtenstein encontraron dos libros con cavidades ocultas. La pareja mantuvo una breve conver-

17. Nick Bilton: «The Ballad of Razzlekhan and Dutch, Bitcoin's Bonnie and Clyde», *Vanity Fair*, 18 de agosto (2022).
18. Kenneth Garger: «NYC Man Charged with Helping Transport Nicole Flanagan's Body in Barrel to NJ», *New York Post*, 24 de agosto (2021).
19. La descripción del registro aparece en los informes de su causa penal.

sación en ruso, idioma que Morgan había estado estudiando. Ninguno de los agentes entendió lo que se dijeron.

Tras un registro inicial de los dispositivos electrónicos, los agentes no encontraron las claves privadas de los bitcoines robados, por lo que no tenían pruebas suficientes para detener a la pareja.

Cinco días después del registro, Morgan lanzó una nueva canción, «Moon n Stars». Por encima de un espeluznante ritmo de batería y órgano, Razzlekhan rapeaba durante cinco minutos y medio sobre su conexión con Lichtenstein: las excentricidades compartidas, sus ojos verdes y su «bonito trasero», o sus bromas privadas, como el hecho de que siempre llevara bocadillos en los bolsillos o que ninguno supiera conducir. Aseguraba que no quería un trabajo fijo y que se arriesgaba para sentirse viva. En un momento dado, incluso llegaba a decir: «No olvides tener un plan de huida». Ella y Lichtenstein se habían casado unos meses antes. En la canción decía que quería estar con él «hasta el puto final».

Aunque su forma de cantar es tan desmañada como siempre, sabiendo que la publicó en un momento en que se enfrentaba a una posible larga condena, la letra adquiere un tono conmovedor: «Somos demasiado raros para la gente corriente, / todo el mundo lo sabe», rapea Razzlekhan en la última estrofa. «Eres el mejor para mí, / así es nuestra historia. / Éste es el show de Razzlekhan y Dutchie. / ¡Preparémonos para la fiesta y pongámonos raros!». Al final de la canción, Razzlekhan dice en ruso con un marcado acento americano: «Te quiero».

Los agentes también consiguieron órdenes judiciales para registrar las cuentas de almacenamiento en la nube de Lichtenstein. En una de ellas encontraron una lista de identificaciones falsas, tanto masculinas como femeninas, y notas que sugerían que la pareja había viajado a Kiev en 2019 para comprar tarjetas de débito con seudónimos. A los agentes les pareció que Lichtenstein y Morgan se habían estado preparando para huir del país. El 31 de enero descifraron la codificación de uno de los archivos de Lichtenstein y encontraron algo aún más incriminatorio: las claves privadas de casi dos mil direcciones Bitcoin vinculadas al jaqueo de Bitfinex. El Gobierno tenía ahora el control de 3600 millones de dólares en criptomonedas robadas.

Una semana después, los agentes volvieron al apartamento de la pareja y los arrestaron. Lichtenstein y Morgan no fueron acusados de cometer el jaqueo propiamente dicho, sino que se los acusó de las medidas que habían tomado para ocultar el manejo del dinero robado.

La detención tuvo una repercusión nacional al convertirse en la mayor incautación de fondos robados que se había realizado nunca. «Hoy, el Departamento de Justicia ha asestado un duro golpe a los ciberdelincuentes que intentan aprovecharse del auge de las criptomonedas», declaró Lisa Monaco, vicefiscal general, durante la rueda de prensa. Los comentaristas de TikTok destrozaron los vídeos musicales de Morgan y, en cuestión de horas, Razzlekhan se convirtió en una leyenda de las redes sociales, así como su riñonera y movimientos obscenos, pasando a integrar el reducido club de los estafadores famosos. «Los delitos de Bitcoin no son nada comparados con el hecho de llamar rap a esta mierda», comentó Trevor Noah en *The Daily Show.*

Los productores de crónicas negras vieron paralelismos con Anna Delvey, la falsa heredera, o Elizabeth Holmes, la fundadora de Theranos. Netflix encargó un documental sobre Razzlekhan a uno de los creadores de *Tiger King,* la lasciva docuserie sobre zoológicos privados, apenas tres días después de la detención. Entre otros, también se anunció un pódcast, una serie de ficción del productor de la película *Juego de ladrones: El atraco perfecto* y un documental producido por *Forbes,* el editor de las columnas de Morgan.

Tanto Morgan como Lichtenstein se declararon inocentes. Lichtenstein fue recluido en una prisión federal de Virginia, mientras que Morgan quedó en libertad tras pagar una fianza de 3 millones de dólares y volvió a instalarse en el 75 de Wall Street. Argumentó que en su caso no había riesgo de fuga porque tenía varios embriones congelados en Nueva York, pues tenía la intención de tener un hijo con Lichtenstein mediante fecundación *in vitro.*

No muy lejos del apartamento de Morgan, en un semáforo justo delante de la entrada por la que los sospechosos de delitos penales son conducidos al tribunal federal de Manhattan, vi una pegatina con una caricatura que representaba a una Razzlekhan en topless montada en un cocodrilo, con la lengua fuera y los dedos haciendo su característica

«V». Parecía nueva. Me la imaginé pegándola allí, desafiante, mientras se dirigía al tribunal.

En mayo de 2022, vi que Morgan había puesto a la venta muchas de sus pertenencias en el tablón de anuncios de su edificio de apartamentos, incluidos tres cerrojos electrónicos y un grabado falso de Banksy. Según las copias de los mensajes que me pasó un vecino, se mudaba y necesitaba deshacerse de cosas.

Me interesaba conocer su versión de la historia. Sin embargo, no me pareció adecuado fingir que estaba interesado en lo que vendía. Pensé en llamarle, pero recordé que en «Versace Bedouin» recomendaba no hacerlo: «Mándame un email, que le den a tu mensaje en el bip, bip, bip». Entonces me di cuenta de que Morgan había dado cursos sobre cómo conseguir que la gente respondiera a los correos electrónicos. Su primera regla era «acechar electrónicamente» a tu audiencia para entenderla. Tras haberme pasado horas escuchando sus canciones y viendo sus vídeos, supuse que eso lo tenía superado. Después decía que había que pensar en lo que estaba haciendo la competencia. «Heather —escribí—, la gente que va a hacer el documental sobre ti quiere convertirte en el próximo Tiger King. Tu opinión podría ayudar a remodelar la narrativa». No obtuve respuesta.

Años después del atraco a Bitfinex, una quinta parte de los bitcoines desaparecidos seguían sin aparecer. Alrededor de 70 millones de dólares habían sido enviados a Hydra Market, un sitio web ruso de la web oscura.[20] Nadie sabía a dónde había ido a parar después el dinero, pero se sabía que en Hydra había vendedores llamados «hombres del tesoro» que se dedicaban a intercambiar criptomonedas por paquetes de rublos envueltos en papel film transparente que enterraban en lugares secretos. Era posible que hubiera fajos de dinero en algún lugar de Rusia, esperando a que Morgan y Lichtenstein los desenterraran.

Aquí es donde la historia del atraco, por lo que respecta a los jefes de Bitfinex y Tether, da un giro inesperado. A pesar de que la parte del dinero que faltaba nunca logró recuperarse, al parecer el jaqueo podría acabar

---

20. Tim Robinson: «Elliptic Follows the $7 Billion in Bitcoin Stolen from Bitfinex in 2016», *Elliptic*, 13 de mayo (2021).

resultándoles rentable. No pude obtener una respuesta clara sobre quién iba a recibir los bitcoines que EE. UU. le confiscó a Razzlekhan y Dutch, pero no sería extraño que fueran tanto Giancarlo Devasini como los otros propietarios de la plataforma. Bitfinex dijo que ya había devuelto a casi todos los usuarios el dinero que habían perdido durante el jaqueo. Los bitcoines valían unos 70 millones de dólares cuando fueron robados. Ahora Devasini y su equipo podían recuperar miles de millones de dólares. El hecho de que sus bitcoines acabaran en manos de un par de idiotas me inspiraba poca confianza en su capacidad para proteger el dinero, pero el hecho de que las criptomonedas estuvieran inmovilizadas en las carteras de la pareja probablemente era un golpe de suerte.

Haciendo un rápido cálculo mental, supuse que el ex cirujano plástico probablemente disponía de una considerable caja B. Primero estaba lo que fuera que recuperara del jaqueo de Bitfinex, además de los beneficios que estaba obteniendo del intercambio. Y si realmente había comprado un montón de bitcoines, como su socio me había dicho, también podría haber ganado miles de millones de dólares de esa manera.

A medida que aumentaba mi estimación de la fortuna potencial en bitcoines de Devasini, cada vez me parecía más extraño que estuviera tan ansioso por utilizar los depósitos de Tether en inversiones potencialmente arriesgadas. ¿Acaso, como Razzlekhan, corría riesgos para sentirse vivo? Después de leer lo que había escrito sobre Bernie Madoff, no me atrevería a descartarlo. Sin embargo, si algunas de las inversiones de Tether salían mal, podría producirse una estampida bancaria.

El movimiento más arriesgado del que había oído hablar hasta entonces era el préstamo de 1000 millones de tétheres a Celsius, el cuasibanco. Su fundador, Alex Mashinsky, me había hablado de ello en la conferencia Bitcoin 2021 de Miami. Para mí, la empresa de Mashinsky, que prometía rendimientos de hasta el 18 % anual, me sonaba a esquema Ponzi. Y, además de prestar dinero a Celsius, Tether también había invertido en ella.

No tardé en descubrir que Mashinsky tenía una historia interesante. En un artículo de 1999 que encontré en una publicación sobre tecnología que ya no existía, enumeraba algunos de los negocios que había intentado después de mudarse a EE. UU.: «importar urea desde Rusia, venderle oro indonesio a Suiza o comerciar con cianuro de sodio venenoso excavado en China para que lo utilizaran los mineros de oro en EE. UU.».[21] En el artículo también aseguraba que quería entrar en el negocio de los trasplantes de cuerpo entero. «Darle a un anciano un cuerpo nuevo: conservar la cabeza y la columna vertebral y recrear el resto», decía.

Su nueva iniciativa sólo era un poco más razonable que las anteriores. Mashinsky le dijo a los usuarios, a los que llamaba «celsianos», que Celsius les permitiría darles duro a los bancos codiciosos y ayudar a los menos afortunados. Los usuarios le elogiaron por ayudarles a ganar el dinero suficiente para pagar sus deudas o incluso dejar sus trabajos. Uno de ellos dijo, en un testimonio publicado en Twitter, que había pedido una segunda hipoteca y cobrado la pensión por anticipado para poner el dinero en Celsius.

«La belleza de lo que ha conseguido Celsius es que ofrecemos rendimiento, lo pagamos a personas que nunca podrían hacerlo por sí mismas, se lo quitamos a los ricos y ganamos al índice —dijo Mashinsky durante una retransmisión en directo—. Es como ir a las Olimpiadas y conseguir quince medallas en quince disciplinas diferentes».

Celsius era realmente un banco de criptomonedas. Los usuarios depositaban sus monedas Bitcoin, Ethereum o Tether y recibían el pago semanal de los intereses. No obstante, los tipos de interés que pagaba Celsius eran decenas o cientos de veces superiores a los que pagaban los bancos convencionales por las cuentas de ahorro. Y Mashinsky nunca explicó adecuadamente qué estaba haciendo Celsius para ganar todo el dinero que necesitaba para pagar unos intereses tan altos.

No obstante, a pesar de su turbio pasado, su cháchara comercial desesperada y su plan de negocio ridículamente inverosímil, Celsius logró recaudar cientos de millones de dólares de inversores de capital riesgo. La empresa declaró que sus activos se habían más que cuadruplicado en 2021, hasta alcanzar los 25 000 millones de dólares. La participación como propietario de la empresa convertía a Mashinsky en multimillonario, al menos sobre el papel.

---

21. Rob Guth: «Bandwidth Merchant?», *The Industry Standard*, 25 de enero (1999).

Me puse en contacto con varias personas relacionadas con Celsius para ver si podía obtener más información sobre sus operaciones y el nombre de un antiguo operador de la empresa llamado Jason Stone no dejaba de aparecer. Algunos contactos me recomendaron que le localizara. Me contaron que, después de que Mashinsky le confiara enormes sumas de dinero, Stone había viajado a Puerto Rico, donde se había pasado varios días de juerga y haciendo apuestas arriesgadas antes de abandonar la empresa tras una amarga disputa.

«Es un psicópata», me aseguró una de las fuentes, aunque lo dijo afectuosamente.

Al parecer, Stone estaba detrás de una cuenta anónima de Twitter —«0xb1»— que utilizaba como avatar la imagen de un mono mutante demoníaco. La imagen del simio era un NFT, o vale no fungible, y costaba la desmesurada cifra de 1,1 millones de dólares. (Más adelante daré más detalles). En Twitter, Stone escribió sobre todo tipo de extrañas criptomonedas en las que estaba invirtiendo, desde SushiSwap a FODL Finance u OHM, una «moneda de reserva descentralizada y resistente a la censura» con un rendimiento que podía alcanzar hasta el 7000 %. Llamaba a lo que estaba haciendo «granja de rendimiento». ¿Era esto lo que Celsius estaba haciendo con el dinero que había tomado prestado de Tether?

Cuando llamé a Stone, me atendió encantado. Me dijo que se había marchado de Celsius en 2021 porque había descubierto algunos negocios turbios de la empresa, y que si supiera cómo gestionaba realmente Celsius su dinero, me quedaría atónito.

«Me sedujeron –dijo–. Todos la cagamos al dejar que creciera tanto».

Quedamos en vernos en persona.

CAPÍTULO DOCE

«Clic, clic, clic, gana dinero, gana dinero»

Jason Stone abrió la puerta de su apartamento del distrito financiero de Nueva York vestido con una camiseta negra de Hermes, unos *joggers* negros ajustados y unas zapatillas Allbirds grises. El operador cripto tenía treinta y cuatro años, el pelo rizado y una barba incipiente de varios días. Parecía el actor Jonah Hill con resaca.

Había ropa apilada sobre una mesita, y en un estante debajo del televisor vi un casco de *La guerra de las galaxias*, concretamente, la réplica del cazarrecompensas Boba Fett. En una Polaroid sobre una mesa cercana aparecía una mujer enmascarada tirando de Stone por una cadena atada a su cuello. En una pequeña estantería había cuatro cajas de color rosa llenas de artículos de *bondage* de la marca Agent Provocateur, entre ellos un arnés de cuero y una paleta de azotes.

«No son sólo para las chicas que me follo –dijo Stone–. También son para mis amigos, cuando quieren llevar accesorios a las fiestas sexuales.

Stone estaba en mitad de una disputa legal con Celsius y, mientras hablábamos, intercambiaba mensajes de texto con tres personas y se preparaba para la vista judicial. Cuando estaba demasiado excitado para escribir, enviaba mensajes de voz. En un momento dado, me ofreció chocolate con hongos alucinógenos. Acababa de recibir una copia de los registros de su correo electrónico corporativo y estaba revisando los mensajes que se habían enviado él y Alex Mashinsky, fundador de Celsius.

«Dios mío, tío –le gritó a su abogado por teléfono con una risa aguda–. Son tan buenos para nosotros que casi no me lo puedo creer. ¡Es una locura! Los correos son divertidísimos».

Mientras Stone repasaba los correos, le pregunté por su relación con Mashinsky. Se habían conocido cuando Mashinsky invirtió en Battlestar, la empresa emergente de criptomonedas de Stone. Era el año 2018 y Stone tenía treinta años. Se había criado en una majestuosa finca del Upper West Side neoyorquino, había estudiado en Fieldston, una elitista escuela privada, y muchos fines de semana había asistido a fiestas en apartamentos de lujo o en casas de amigos de los Hamptons. Su madre era banquera de Citigroup, y su abuelo, ejecutivo de Lehman Brothers.

De adolescente, su abuelo le había animado a jugar a la bolsa, y una de sus apuestas había sido Apple. La operación acabó reportándole unas ganancias de más de seis cifras.

Empezó a interesarse en las criptomonedas gracias a Ethereum, la cadena de bloques que había permitido el auge de las ICO. En 2016 se dedicó un tiempo a la minería de Ethereum con su portátil, pero lo dejó cuando vio que era demasiado difícil vender los vales a cambio de dinero real; posteriormente, se arrepintió cuando un amigo le dijo, durante una partida de póquer, que su precio se había multiplicado por diez. Stone sacó el dinero que tenía en acciones y lo invirtió todo en Ethereum. Más tarde, creó Battlestar, la cual, supuestamente, debía ayudar a los inversores a conseguir un beneficio con sus criptomonedas mediante un procedimiento que denominó «grado institucional de los servicios de participación». (No preguntes).

El concepto de usar las criptomonedas para acumular ingresos era nuevo, por lo que Battlestar tardó en despegar. Pero, para el verano de 2020, Stone descubrió una nueva tendencia en el mercado cripto llamada DeFi (finanzas descentralizadas). La gente estaba obteniendo unos tipos de interés exageradamente altos invirtiendo en nuevos tipos de monedas mediante las granjas de rendimientos. Casi nadie entendía cómo funcionaba. Aunque no era exactamente en lo que se especializaba Battlestar, cuando Mashinsky le preguntó sobre el tema, Stone llevaba varias semanas jugueteando con ello, lo que le convertía en un relativo experto.

Para entonces, Celsius había ingresado más de 1000 millones de dólares, y estaba pagando hasta un 12 % de interés a los usuarios que les enviaban tétheres y otras criptomonedas estables. Eso significaba que Mashinsky debía encontrar formas de invertir los 1000 millones de dólares para obtener una ganancia al menos de esa misma cantidad. DeFi parecía una buena opción. Mashinsky decidió que Stone era el experto en DeFi que necesitaba. Lo contrató para que invirtiera parte del dinero de Celsius en el nuevo mercado de criptomonedas.

Mientras Stone me explicaba cómo funcionan las granjas de rendimiento, machacó un poco de hierba, lio un canuto del grosor de un rotulador, usó mi bolígrafo para prensarlo y dio una calada. La primera inversión DeFi que Stone hizo en Celsius fue en algo llamado C.R.E.A.M. Finance. (El nombre hace referencia a la canción «Cash Rules Everything Around Me», el clásico de 1993 del grupo estadounidense de rap Wu-Tang Clan). Según su creador, un antiguo miembro de un grupo musical taiwanés, debía ser «un sistema financiero abierto e inclusivo basado en contratos inteligentes».[1]

Para entonces, la fiebre de las ICO ya era cosa del pasado. Ya no era plausible que alguien anunciara que iba a crear Dentacoin, una criptodivisa para dentistas, y recaudara millones de dólares (algo que sí había ocurrido en 2017). DeFi era diferente. Estaba basado en «contratos inteligentes», básicamente, programas sencillos que se ejecutan en la cadena de bloques. Recuerda que la cadena de bloques de Bitcoin es una hoja de cálculo de dos columnas, y que MasterCoin, Ethereum y otras plataformas similares permitían añadir nuevas columnas para representar nuevas monedas. Ahora imagina que se añadieran nuevas funciones a la hoja de cálculo. En lugar de que los usuarios sólo pudieran añadir bitcoines a la fila de una persona y sustraerlos de la de otra, estos contratos inteligentes permitían cambiar un tipo de moneda por otra o hacer un préstamo a otro usuario.

DeFi utilizó estos contratos inteligentes para crear versiones descentralizadas y anónimas de plataformas como FTX, propiedad de Sam

---

1.   «Announcing C.R.E.A.M. Finance», *Medium*, 16 de julio (2020).

Bankman-Fried. Fue una innovación realmente poderosa. Pero, naturalmente, la comunidad cripto no tardó en convertir a DeFi en una serie de estrategias para ganar dinero rápido, como ya habían hecho con las ICO.

Cada programa DeFi nuevo venía acompañado de una nueva moneda. Con Cream, cualquiera que operara o tomara prestadas monedas recibía una recompensa en vales Cream. Las propias monedas podían depositarse en Cream para ganar aún más monedas. O, como explicaba Method Man, miembro de Wu-Tang, en un deprimente rap para promocionar Cream: «¡Suministra cripto, consigue Cream, o pide prestado cripto, consigue más Cream!».[2] (Method Man nunca confirmó ni desmintió si el que cantaba era realmente él).

Pese a que no tenía mucho sentido que los vales de Cream tuvieran algún valor, su precio siguió subiendo mientras la gente tenía interés en participar. Según Stone, durante los tres primeros días ganó 150 000 dólares en fichas Cream cada hora.

«Yo estaba clic, clic, clic, ganar dinero, ganar dinero, ganar dinero —dijo Stone—. No tenía ni tiempo de reflexionar sobre lo que pasaba, ¿me sigues? ¡Ganaaaaaar dinero!», gritó, como si estuviera presentando un vídeo de rap.

Mientras revisaba sus viejos correos electrónicos delante de mí, dio con uno del otoño de 2020 en el que Mashinsky le confesaba que no creía en DeFi mientras le pedía a Stone que invirtiera cada vez más dinero de los clientes en ellas.

«Puede que DeFi no exista en enero —escribió Mashinsky—. Lo que queremos es que todos los que juegan con DeFi tengan una cuenta en Celsius, para que cuando el Ponzi se agote todos depositen sus monedas en Celsius».

Puede que la estrategia de inversión fuera desacertada, pero funcionó. Stone declaró 4 millones de dólares de beneficios en octubre, y a finales de año Celsius le estaba enviando decenas de millones de dólares a la semana para que los invirtiera.

---

2. «Cream Finance Theme—Method Man and Havoc». YouTube, www.youtube.com/watch?v=-SFPp7Gsycs

Todo ese dinero era de Celsius. La empresa aún no le había pagado nada. Pero, según los términos de su acuerdo con Mashinsky, Stone debía recibir el 20 % de los beneficios que obtuviera para Celsius utilizando DeFi. Stone calculaba que, como mínimo, le correspondían unos cuantos millones de dólares. Para evitar pagar impuestos, decidió mudarse a Puerto Rico.

En 2012, Puerto Rico creó enormes exenciones fiscales para atraer a gente rica de todo el país. Mudarse a la isla significaba dejar de pagar impuestos federales sobre la renta y sobre las ganancias de capital, y pagar sólo un 4 % de impuestos sobre los ingresos obtenidos en Puerto Rico.

Cinco años más tarde, después de que un montón de criptomineros se hicieran ricos con las ICO, algunos de ellos decidieron que era una buena idea hacerse puertorriqueños. Uno de los primeros en llegar fue Brock Pierce, cofundador de Tether.[3] Compró una mansión de nueve habitaciones en el Viejo San Juan, junto a la casa del gobernador, la convirtió en un santuario de Bitcoin y centro de fiestas, y reclutó a otros acólitos para que se mudaran también a la isla. Decenas le hicieron caso. Según ellos, estaban construyendo una comunidad a la que llamaron Puertopia, Sol o Puerto Crypto.

«Estamos aquí para utilizar nuestras habilidades, nuestros superpoderes, y descubrir cómo podemos ayudar a Puerto Rico, a la Tierra y a la gente», le aseguró Pierce a un periodista en 2018.[4]

A Pierce le gustaba caminar por las calles de San Juan con un altavoz Bluetooth reproduciendo a todo volumen el discurso de Charlie Chaplin en *El gran dictador*.[5] Realizaba rituales cuasireligiosos, como bendecir cristales, besar los pies de un anciano o rezar bajo un árbol histórico.[6] Para la mayoría de sus seguidores, el principal atractivo era

3. Neil Strauss: «Brock Pierce: The Hippie King of Cryptocurrency», *Rolling Stone*, 26 de julio (2018).
4. Ibíd.
5. Ibíd.
6. Nellie Bowles: «Making a Crypto Utopia in Puerto Rico», *The New York Times*, 2 de febrero (2018).

no pagar impuestos. Reeve Collins, el primer consejero delegado de Tether, fue uno de los que acudieron a la llamada de Pierce.

«De modo que no. No, no quiero pagar impuestos»[7], le dijo en una ocasión a un periodista de vacaciones en la isla en un bar junto a una piscina. «Es la primera vez en la historia de la humanidad que alguien que no es un rey, un gobierno o un dios puede crear su propio dinero».

A algunos lugareños no les hacía ninguna gracia la presencia de sus nuevos vecinos ricos. En San Juan aparecieron carteles que recordaban a los viejos anuncios de «Se busca». En uno de ellos salía la foto de Pierce y lo acusaban de imperialista: «Éste es el aspecto que tienen nuestros colonizadores».[8] En un momento dado, los manifestantes se reunieron en el Viejo San Juan para protestar por las exenciones fiscales y pintaron grafitis con proclamas como: BROCK PIERCE ES UN COLONIZADOR o GRINGO GO HOME.[9]

Stone llegó en diciembre de 2020, y se instaló en la casa de un amigo que se dedicaba a operar con criptomonedas. Mashinsky se alegró con el traslado de Stone a Puerto Rico, ya que Celsius no tenía licencia para hacer negocios en Nueva York. Para entonces, Stone estaba haciendo tanto dinero para Celsius que pensó que podría ahorrarse unos cuantos millones de dólares en impuestos sobre la renta. Se trajo dos perros, un terrier y un pitbull, que sacaba a correr por la playa.

Stone probó la ketamina por primera vez en la isla —según él, la droga preferida de la gente que se dedicaba a las criptodivisas—, además de fumar marihuana por las tardes mientras pensaba en nuevas ideas de inversión. «Creo que realmente me ayudó en mi trabajo», aseguró.

Su descripción de la vida que llevaba en Puerto Rico parece un montaje de la versión criptográfica de *El lobo de Wall Street*: «baile, fiesta, drogas y playa». Stone tenía dos grandes pantallas instaladas en la mesa del comedor. Rara vez apartaba la vista de ellas, ni siquiera cuando su anfitrión organizaba sus habituales fiestas. Mientras la gente bailaba por la habitación, él se dedicaba a mirar las pantallas y esnifar rayas de

7. Ibíd.
8. Coral Murphy Marcos y Patricia Mazzei: «The Rush for a Slice of Paradise in Puerto Rico», *The New York Times*, 31 de enero (2022).
9. Ibíd.

ketamina. Otros operadores de criptomonedas también traían sus portátiles, aunque algunos preferían meterse Adderall o cocaína. Según me contó por entonces uno de sus amigos, a Stone le gustaba decir que era uno de los mayores especuladores de DeFi, y que solía alardear a gritos de sus jaqueos o del dinero que estaba ganando.

«Hacía mucho ruido al teclear, como si quisiera que la gente lo supiera», me dijo el amigo.

Mashinsky le dijo a Stone que invirtiera todo lo que pudiera. Los altos tipos de interés estaban atrayendo mucho dinero y no sabían qué hacer con él. El 7 de enero de 2021, Mashinsky le envió un correo electrónico a Stone y a otros ejecutivos de Celsius para decirles que sólo aquel día se habían depositado 46 millones de dólares. «Tenemos que movernos más rápido en todos los frentes si se presenta la oportunidad de utilizar todo ese dinero», escribió Mashinsky. «¡¡¡ESFORZAOS!!! Tenéis que hacer mayores tratos más rápido». Poco tiempo después, Stone estaba gestionando más de 1000 millones de dólares.

Al tratarse de criptomonedas, todo el dinero estaba almacenado en el portátil de Stone. Era como si tuviera 1000 millones de dólares en fajos de 100 dólares sobre la mesa del comedor de su amigo. Aunque la cuenta estaba protegida por una contraseña, Stone se volvió paranoico. No podía dormir más de unas cuantas horas seguidas. Trabajaba hasta las tres de la madrugada y se despertaba a las seis o siete de la mañana.

«No salía de casa. Tenía miedo de que Corea del Norte viniera y me pusiera una pistola en la cabeza –me dijo. Y cuando yo me reí, añadió–: No tiene gracia».

Stone me contó que otro de los grandes protagonistas de DeFi era Sam Bankman-Fried. Al ver las direcciones de las carteras de criptomonedas de Bankman-Fried, Stone se dio cuenta de que su fondo de cobertura, Alameda Research, estaba ganando enormes cantidades de vales como los de SushiSwap a través de las granjas de rendimiento. Stone estimaba que Alameda obtuvo miles de millones de dólares de esta manera. Y el propio Stone se convirtió en un operador influyente. Otros inversores empezaron a vigilar su cartera, comprando cuando él compraba y vendiendo cuando él vendía, lo que hizo aumentar sus beneficios.

Básicamente, Celsius atraía los depósitos de inversores con la promesa de grandes rendimientos, enviaba el dinero al ordenador de Stone para que éste invirtiera el dinero en arriesgados proyectos DeFi y esquemas Ponzi mientras cruzaba los dedos para que todo saliera bien. Parte del dinero que estaba invirtiendo Celsius también lo había cogido prestado de Tether. Aunque Mashinsky aseguraba que Celsius era más seguro que los bancos, la empresa ni siquiera tenía un sistema para rastrear lo que Stone y sus otros operadores hacían con el dinero. Como un ejecutivo de Celsius escribió en un correo electrónico interno en diciembre de 2020: «Tal y como están ahora las cosas, Celsius no tiene una visión clara, en tiempo real y factible de nuestros activos y pasivos».

En marzo de 2021, Stone decidió abandonar Celsius y crear su propia empresa de gestión monetaria. A Mashinsky no le hizo ninguna gracia. Y, además, la contabilidad criptográfica era tan chapucera que ni siquiera se pusieron de acuerdo en si Stone había ganado dinero o no. Según Stone, había ganado cientos de millones de dólares. Sin embargo, como el precio del Ether se había disparado, Mashinsky dijo que Celsius habría ganado más dinero si simplemente lo hubiera retenido, lo que significaba que las descabelladas operaciones de Stone habían sido una pérdida de tiempo. Esto fue parte de la disputa que más tarde llegaría a los tribunales.

Stone me dijo que lo había dejado porque había descubierto algunas operaciones turbias de Mashinsky. Sin embargo, en aquel momento no se lo contó a nadie e incluso se ofreció para seguir gestionando el dinero de Celsius a través de su propia empresa.

Posteriormente, Mashinsky diría en su discurso público que: «Somos probablemente uno de los negocios menos arriesgados que los reguladores de todo el mundo han visto jamás».[10] No hacía falta que Stone me dijera que esto no era verdad. Pero me dijo que la viabilidad de Celsius dependía de un vale llamado CEL que había creado el propio Mashinsky. Lo único que sostenía su valor, según Stone, eran las operaciones de Mashinsky.

---

10. Joshua Oliver y Kadhim Shubber: «Alex Mashinsky, Celsius Founder Feeling the Heat», *Financial Times*, 17 de junio (2022).

«Creo que se ha convencido a sí mismo de que no está dirigiendo un esquema Ponzi –dijo Stone–. Es un auténtico sociópata. Una persona extremadamente peligrosa».

Cuando empecé a investigar a Celsius, me reuní con Mashinsky en un local de batidos de Manhattan para hacerle unas cuantas preguntas acerca de las actividades inversoras de la empresa. Por aquel entonces aún no conocía la versión de Stone ni sabía nada de la disputa legal, pero sí sabía que Celsius había invertido en DeFi. Mashinsky había insistido en que era algo seguro. Según él, Celsius se aprovechaba de los altos tipos de interés mientras duraban y después pasaba a trabajar en otro tipo de inversiones.

«DeFi es una de las cinco patas. Como este taburete, que tiene tres patas –dijo señalando su asiento–. Añádele dos patas más. Eso es lo que es Celsius. Un taburete de cinco patas».

Mashinsky empezó a explicarme en qué consistían las otras patas, pero antes de llegar a la tercera, se distrajo con su pajita de papel, la cual se había desintegrado, y le pidió a su relaciones públicas que le trajera otra. Si Celsius hubiera sido una empresa financiera al estilo tradicional, habría tenido que revelar ciertos detalles de sus operaciones tanto a los reguladores como a sus clientes. Pero, hasta donde sabía, nadie estaba regulando a Celsius. Le pregunté a Mashinsky si, dado que aceptaba depósitos, Celsius debía estar regulada como un banco.

—No somos un banco –repuso él–. Te pedimos un préstamo con la promesa de devolvértelo y después le prestamos el dinero a una institución, le cobramos intereses y te damos la mayor parte de ese dinero.

—Se parece bastante a lo que hacen los bancos –le dije.

Mashinsky intentó explicármelo con una metáfora.

—Pongamos que somos vecinos y yo vengo a verte y te pido prestado azúcar porque se me ha acabado –dijo–. Y entonces vuelvo más tarde y te lo devuelvo. Y te digo: «Mira, has sido tan amable que aquí tienes el azúcar que me dejaste y un pequeño terrón de regalo». El azúcar es una mercancía. No hace falta ningún regulador.

A continuación, le pregunté qué hacía entonces con Tether, y él insistió con su dulce analogía. A veces, todos los clientes depositaban bitcoines, pero él podía obtener un mayor interés con criptomonedas estables. Cuando ocurría eso, llamaba a Devasini.

—Cuando no tengo suficiente azúcar, llamo a Giancarlo y le digo: «Oye, necesito más azúcar. Yo te doy chocolate» –me dijo Mashinsky.

Estaba confundido. Siguiendo con la metáfora, no entendía cómo Devasini era capaz de transformar el chocolate en azúcar. Y aunque tuviera un método infalible, Celsius se estaba haciendo tan grande que aquello parecía conllevar innumerables riesgos. Celsius manejaba miles de millones de dólares, y Mashinsky hablaba de ello como si estuviera tratando de hacer un pastel.

—Pero es que estás sentado encima de una montaña de azúcar –le dije–. Incluso podría imaginarse al Departamento de Obras Públicas interviniendo porque hay tanto azúcar que empieza a inundar la calle.

La discusión continuó, pero Mashinsky se distrajo con el estruendo de la batidora del local de batidos.

—¿Podemos irnos de aquí? Me estoy volviendo loco –gritó.

Nos acompañó, a mí y a su agente de relaciones públicas, hasta su apartamento, situado a la vuelta de la esquina. Él y su esposa lo habían comprado por 8,7 millones de dólares en 2018. Una vez en él, nos acomodamos en una especie de altillo con vistas a una amplia sala de estar y Mashinsky cogió fruta de una bandeja que había traído otro de sus asistentes.

Mashinsky argumentó que las criptomonedas eran mejor que los dólares porque la inflación inevitablemente erosionaría el valor de toda moneda emitida por el Gobierno. Le dije que no tenía ahorros en efectivo, así que no me sentía como si estuviera sentado sobre un montón de dinero que se estaba desvalorizando. Y no me preocupaba la seguridad de mi cuenta bancaria.

—Si le doy un montón de azúcar al Banco de América, estoy convencido de que voy a recuperarlo todo –le dije.

—Mientras la orquesta siga tocando –dijo–. En cuanto deje de tocar, todo el mundo pierde.

Mashinsky puso fin a la conversación alegando que tenía que asistir a otra reunión. Al salir del edificio, estaba frustrado por no haber sido capaz de ganar la discusión. Me parecía tan obvio que los dólares eran más seguros que las criptomonedas. Todo el sector parecía sostenerse sobre una serie de absurdos ardides. Sin embargo, el precio de las criptomonedas se mantenía estable. ¿Cómo se puede argumentar en contra de la lógica de los «precios siempre suben» cuando los precios no hacen más que subir?

No obstante, aproximadamente en el momento de la detención de Razzlekhan, leí sobre una criptomoneda que había dejado de subir. De hecho, se había estrellado de forma espectacular. Se trataba de un vale llamado Smooth Love Potion.[11] Su valor, que alcanzó los treinta y seis céntimos en 2021, había caído por debajo de un céntimo. Además, era una de las criptomonedas de las que más había oído hablar desde que había empezado a investigar el sector.

Smooth Love Potions era la criptomoneda oficial de un juego para móviles llamado *Axie Infinity*, un juego en el que los jugadores compraban con dinero real equipos de simpáticas criaturas parecidas a gotas amorfas que enviaban a la batalla y obtenían vales si salían victoriosos. El juego se había hecho increíblemente popular en el sudeste asiático, especialmente en Filipinas. La moda se había extendido por todo el país, atrayendo a más de un millón de jugadores gracias al boca a boca, las redes sociales, los vídeos virales y las noticias nacionales. Familias enteras se pasaban el día jugando al *Axie Infinity* en lugar de trabajar.

En 2021, cuando preguntaba a los promotores de las criptomonedas por ejemplos de su uso en el mundo real, muchos señalaban hacia Filipinas. Consideraban *Axie Infinity* una nueva forma de empleo y una potencial panacea para la pobreza global.

Era la demostración más significativa de lo que algunos habían empezado a llamar Web3: una Internet en la que los usuarios son dueños de sus datos y éstos se rastrean mediante cadenas de bloques, en lugar de estar controlados por grandes corporaciones tecnológicas como Facebook. Algunos incluso me dijeron que un día todos podríamos ser propietarios de nuestros perfiles sociales en la cadena de bloques y ganar dinero con ellos, como hicieron los filipinos con esas pequeñas gotas amorfas.

---

11. Poción suave de amor. (*N. del T.*).

Sin embargo, después de que el precio de Smooth Love Potions se desplomara, dejé de oír hablar de *Axie Infinity*. Empecé a preguntarme qué estaría pasando en Filipinas. Tenía la sensación de que, pasara lo que pasase, sería un mensaje procedente de nuestro futuro criptográfico. Era hora de descubrir la verdad sobre *Axie Infinity*.

CAPÍTULO TRECE

Jugar para ganar

La fiebre de *Axie Infinity* empezó cuando un joven de veintiocho años de una ciudad calurosa y polvorienta a unos setenta kilómetros al norte de Manila vio un anuncio en Facebook. El joven, regordete, con el pelo rapado y gafas, se llamaba Arthur Lapina, pero sus amigos le llamaban Art Art.

En marzo de 2020, la ciudad de Cabanatúan, como la mayor parte del mundo, estaba en confinamiento tras el repentino brote global de coronavirus. El cierre significaba que Lapina acababa de perder su empleo en el bar donde trabajaba como ayudante de cocinero, donde se pasaba el día cortando orejas y carrilleras de cerdo para hacer *sisig* y preparando otros platos que se servían en el bar.

Lo que más le llamó la atención del anuncio de Facebook fueron las coloridas criaturas de *Axie* –inspiradas en el extraño ajolote, un tipo de salamandra originaria de Ciudad de México–, que un escritor describió acertadamente como un «alegre calcetín tubular».[1] Lapina siempre había jugado con el móvil y ahora buscaba una nueva distracción. Seguía soltero, y el confinamiento le obligaba a quedarse encerrado en la desvencijada casa de madera donde vivía con su madre y su extensa familia. Se lo descargó.

---

1. Steph Yin: «Seeking Superpowers in the Axolotl Genome», *New York Times*, 29 de enero (2019).

La mecánica del juego le habría resultado familiar a cualquiera que hubiera jugado a *Pokémon* o *Magic: The Gathering*. Crea un equipo de tres simpáticas gotas animadas con partes del cuerpo intercambiables y enfréntate a otras criaturas.

Lapina ya había hecho sus pinitos con las criptomonedas, por lo que no le echó para atrás el requisito de pagar en vales para comprar el equipo. Pagó unos 150 pesos filipinos (2,50 dólares) y empezó a luchar.

Aunque el juego no era mejor que muchos otros juegos gratuitos que había probado antes en su teléfono móvil, le ayudaba a pasar el rato. Cuando ganaba batallas, obtenía pequeñas cantidades de la criptomoneda del juego, la cual recibía el extraño nombre de Smooth Love Potions. Con esta criptomoneda podían criarse más criaturas. Lo que diferenciaba al juego de otros era que estas pociones también podían intercambiarse en algunas plataformas de criptomonedas. Por entonces, cada una –representada por el dibujo de un líquido rosa que chapoteaba en el interior de un recipiente de fondo redondeado– sólo valía un céntimo. A Lapina eso no le importaba. Disfrutaba planeando estrategias para ganar batallas y viendo cómo subía su nombre en la clasificación de la aplicación.

Pero, ese verano, el precio de las Smooth Love Potions empezó a subir, y con él, las ganancias de Lapina. Les contó a sus amigos que había encontrado la forma de ganar unos cuantos dólares al día jugando a un juego de móvil. Encontró un público receptivo. Las tiendas de la ciudad seguían cerradas. La flota de miles de triciclos taxi acumulaba polvo. La mayoría de la gente estaba en paro. Las familias andaban tan escasas de dinero que la ciudad distribuía raciones de arroz, sardinas en lata y carne en conserva.

Rápidamente corrió la voz sobre el descubrimiento de Lapina. Otras personas de la ciudad le pidieron ayuda para comprar sus Axies. Una conductora de triciclo me dijo que había pedido dinero prestado a un usurero antes de pedirle consejo a Lapina sobre qué criaturas debía comprar. Otro me dijo que había empeñado su triciclo.

«Mi amigo me dijo que era legal».

El dinero seguía llegando. Era como si Lapina hubiera lanzado un hechizo mágico que concediera los deseos de toda la ciudad. En muchas casas de Cabanatúan empezaron a aparecer segundas plantas. El concesionario local agotó los potentes escúteres Yamaha NMAX. Algunas tiendas de comestibles y gasolineras empezaron a aceptar Smooth Love Potions en lugar de dinero en efectivo.

Sus vecinos le estaban tan agradecidos que le dejaban comida rápida a la puerta de casa: *pizza,* hamburguesas o pollo frito de la cadena local Jollibee. Algunos le llamaban «maestro».

Lapina empezó a utilizar sus ganancias para comprar más equipos de criaturas, y contrató a otras personas de la ciudad para que jugaran con sus equipos en sus propios teléfonos móviles a cambio del 60 % de lo que ganaran en el juego. Poco tiempo después, Lapina tenía a más de cien personas jugando para él, y entre ellas había profesores, su abuela e incluso un agente de policía al que tuvo que convencer para que no dejara el cuerpo.

Otros propietarios de criaturas Axie contrataban a siervos y creaban sus propios pequeños feudos en otras ciudades de Filipinas. El mismo patrón no tardó en repetirse en Vietnam, Venezuela y otros países donde los salarios eran lo suficientemente bajos como para que las ganancias potenciales del juego resultaran muy atractivas. El fenómeno se parecía mucho a los granjeros de oro chinos de *World of Warcraft* con los que Brock Pierce, el cofundador de Tether, había obtenido tantos beneficios una década antes, pero a mayor escala. Los propietarios de *Axie* inventaron un eufemismo para referirse a sus granjeros de Smooth Love Potions: «becarios». En el verano de 2021, los había por todo Filipinas.

«Una casa, un terreno y un millón de pesos, todo eso lo puedes conseguir jugando al juego *online* más popular del momento: *Axie.* Pero la pregunta es: ¿estás seguro de ello?», dijo en tagalo Jessica Soho, la presentadora de un popular telediario filipino, durante un bloque informativo sobre *Axie* aquel mes de agosto.

A Sky Mavis, la pequeña empresa que había creado *Axie,* su rápido crecimiento le pilló por sorpresa. La empresa había sido fundada en 2018 en la ciudad de Ho Chi Minh por un programador vietnamita de veinticinco años, un jugador profesional noruego y un expresidente de la fraternidad de Yale de veintisiete años que había estado trabajando como reclutador para fondos de cobertura.[2] Pocos jugadores se habían descargado *Axie* para finales de 2019, momento en el que la empresa empezó a pagarles en su criptodivisa Smooth Love Potion. Incluso por entonces, el crecimiento era lento, hasta que los filipinos descubrieron el juego.[3]

Sin embargo, una vez que se puso de moda en Filipinas, el número de usuarios aumentó exponencialmente, exactamente el tipo de crecimiento que buscan los capitalistas de riesgo. El juego registró 61 000 nuevos jugadores en mayo de 2021, 139 000 en junio y 475 000 en julio.[4] En octubre, unos 2 millones de personas jugaban a diario, la mayoría en Filipinas.[5] Sky Mavis se capitalizó recaudando 152 millones de dólares de inversores de capital riesgo, incluida la destacada compañía Andreessen Horowitz, con una valoración de unos 3000 millones de dólares.[6]

«En nuestra opinión, en realidad se trata del principio del metaverso, aunque de momento esté escondido en un jueguecito muy mono –declaró en un pódcast Aleksander Larsen, cofundador noruego de Sky Mavis–. En realidad creo que *Axie* tiene el potencial para ejercer un gran impacto en todo el mundo al permitir a la gente interactuar con la economía global y salir de las prisiones donde han nacido».[7]

Hubo otra gente del sector de las criptomonedas a quienes no les pasó por alto la fiebre de *Axie*. Y, en lugar de tacharlo de insostenible o preguntarse de dónde salía tanto dinero, lo consideraron como la confirmación de que el futuro les pertenecía a las criptomonedas. Imagi-

2.   Leah Callon-Butler: «Most Influential 2021: Trung Nguyen», *CoinDesk*, 8 de diciembre (2021).

3.   Darren Loucaides: «To Infinity and Back: Inside Axie's Disastrous Year», *Rest of World*, 22 de junio (2022).

4.   Brandon Rochon: «Axie Infinity Growth Pt. 1—Approach to 10M Players», *Covalent*, 1 de diciembre (2021).

5.   Aleksander Larsen. Entrevista. Patrick O'Shaughnessy, presentador. «Sky Mavis: The Builders Behind Axie Infinity», *Business Breakdowns*, 15 de septiembre (2021).

6.   Yogita Khatri: «Axie Infinity Creator Announces $152 Million in Series B Funding Led by a16z», *The Block*, 5 de octubre (2021).

7.   Aleksander Larsen. Entrevista. Patrick O'Shaughnessy, entrevistador. «Sky Mavis: The Builders Behind Axie Infinity».

naron un mundo en el que los perfiles de las redes sociales eran activos cripto y todo el mundo ganaba dinero en Internet como los jugadores de *Axie* en Filipinas.

«Una de las principales críticas a las criptomonedas hasta el momento ha sido que no tienen valor ni aplicación en el mundo real, pero *Axie* hace que reconsideres qué es el valor en el mundo real —escribió Packy McCormick, un inversor, en su popular boletín—. Los niños de Filipinas, Vietnam, Brasil y otros países están solicitando becas *Axie* como si se tratara de una universidad o de un trabajo, con la esperanza de mejorar sus expectativas vitales».[8]

La plataforma de Sam Bankman-Fried, FTX, pagó a un grupo de becarios para que usaran su nombre corporativo dentro del juego.[9] Otro de los patrocinadores del juego era Mark Cuban, juez en *Negociando con tiburones* y propietario de los Dallas Mavericks, el equipo de la NBA. «Cualquier persona en cualquier parte del mundo puede jugar y ganar dinero —aseguró Cuban en un semidocumental sobre *Axie* publicado en YouTube—. Lo que tiene mucho sentido en cuanto analizas los números».[10]

En realidad, los números no tenían ningún sentido. Lapina me dijo que en los primeros días de la fiebre, un jugador podía comprar un equipo de Axies por unos 5000 pesos y ganar unos 400 pesos en pociones al día. En dólares estadounidenses, eso equivale a una inversión de 91 dólares con un rendimiento diario de unos 7,25 dólares. La mayoría de los jugadores enviaban las pociones a un intermediario más sofisticado, como Art Art, quien se dedicaba a cambiarlas por tétheres y después las canjeaba por dinero en efectivo en una plataforma de criptomonedas. Incluso con la comisión del intermediario, un jugador empezaría a ganar dinero al cabo de unas pocas semanas, y ya no dejaría de ganarlo.

8. Packy McCormick: «Infinity Revenue, Infinity Possibilities», *Not Boring*, 19 de julio (2021).
9. Andrew Hayward: «FTX Sponsors Play-to-Earn 'Scholars' in Ethereum Game Axie Infinity», *Decrypt*, 5 de agosto (2021).
10. «PLAY-TO-EARN | NFT Gaming in the Philippines | English». YouTube, www.youtube.com/watch?v=Yo -BrASMHU4&t=263s

A los filipinos con los que hablé los beneficios no les parecían poco razonables. Pero un inversor más sofisticado se habría dado cuenta de que la tasa de rentabilidad diaria era del 8 %, una cifra demasiado buena para ser verdad. A ese ritmo, si durante diez meses seguidos se reinvertían las ganancias, Lapina y el resto de los jugadores que compraron un solo equipo de Axies se harían trillonarios.

Los límites de la oferta monetaria mundial anticipaban que la economía del juego estaba abocada al colapso mucho antes de que Lapina y sus amigos de Cabanatúan se convirtieran en los hombres más ricos de la historia. La propia mecánica de las misiones y las pociones era irrelevante. Las Smooth Love Potions sólo servían para producir más criaturas dentro del juego. Lo único que mantenía a flote la economía de *Axie* era que nuevos jugadores decidieran seguir comprando.

En el verano de 2021, el precio de las Smooth Love Potions empezó a caer en picado. El juego permitía un suministro infinito de pociones, y Sky Mavis podía emitir tantas como quisiera, sin coste alguno.

A finales de 2021 había más 3000 millones de pociones en circulación. Si hubieran sido frascos reales, habrían cubierto de botellitas cada centímetro del área metropolitana de Manila.

Sin embargo, cuantas más pociones generara *Axie Infinity,* y los jugadores vendieran en el mercado abierto, más bajaba el precio. En febrero de 2022 el precio cayó por debajo del céntimo. Lapina tuvo que despedir a sus becarios.

Según Lapina, en su mejor semana, en verano de 2021, ganó unos 10 000 dólares, más que el salario medio anual del país. Pese a que siempre recordaba a sus jugadores que muy posiblemente los beneficios de las pociones no durarían para siempre, él no siguió su propio consejo. Compró relojes personalizados de temática anime para él y sus amigos, prestó dinero a quien se lo pidió y donó miles de dólares en comida y artículos de higiene a los presos de una cárcel local. Después del desplome del precio, se quedó sin nada.

Más adelante lo visité en su casa, situada a unos kilómetros de Cabanatúan, que se había construido con las ganancias del juego. Según los estándares estadounidenses, era una casa modesta, un rancho con paredes desnudas y suelos de imitación de mármol, pero para Cabanatúan, era un palacio. Era evidente que se había quedado sin dinero antes de terminar la construcción; el techo, por ejemplo, estaba lleno de agujeros. La casa de cemento a prueba de goteras que había construido para sus abuelos también estaba inacabada, y las barras de refuerzo del segundo piso aún eran visibles en el tejado.

Lapina se mostró reticente a que nos viéramos, ya que la noche anterior había bebido tanta ginebra que se había caído de bruces y aún tenía visibles rasguños tanto en la barbilla como en la mejilla. Sin embargo, su tía le convenció para que reviviera los días gloriosos para mí. Nos sentamos juntos al único mueble que había en el salón, un sofá de piel a rayas blancas y negras.

«Las cosas que pude hacer entonces, como construir esta casa, eran sólo un sueño –me dijo en tagalo–. No puedo creer lo que pasó».

Me dijo que la gente a la que había ayudado ahora no quería saber nada de él. Me dijo que necesitaba un préstamo para pagarle a su padre un tratamiento médico, pero que algunos no querían dejárselo porque pensaban que en realidad seguía siendo rico, mientras que otros se negaban porque dudaban de su capacidad para devolverles el dinero. Desde la otra habitación me llegaba la musiquilla de otro juego P2E.[11] Sin embargo, no había conseguido que ninguno de los juegos que imitaban el éxito de *Axies Infinity* le resultara rentable. Según él, aún conservaba unas cuantas Smooth Love Potions.

«Son como una especie de recuerdo para mí», me dijo.

• • •

Sky Mavis ha negado toda responsabilidad en la debacle de *Axie Infinity*. «Los patrones de negocio de estos activos de la cadena de bloques generaron una burbuja especulativa que Sky Mavis no pretendía», me dijo un abogado de la empresa. La compañía «nunca prometió a los jugadores de *Axie Infinity* ninguna rentabilidad». Para algunos de los recolectores de pociones, el colapso del esquema sólo significó el fin de un trabajo. No obstante, muchos filipinos me contaron que habían invertido las ganancias en comprar sus propias criaturas del juego, o

---

11. *Play to earn* en inglés, «jugar para ganar». *(N. del T.)*.

incluso habían pedido dinero prestado para poder dedicarse al juego a jornada completa. Mi chófer en Filipinas, Patrick Alcantara, me dijo que se había planteado la idea del suicidio después de perder unos 2100 dólares que le habían prestado las hermanas de su mujer, la mayor inversión que había hecho en toda su vida.

«Era como si fuera adicto», me dijo.

En Manila, entrevisté a otra de las personas que habían perdido dinero con el juego. Se llamaba Shiela Quigan y su casa estaba en un estrecho callejón que corría paralelo a un fétido arroyo lleno de basura. El callejón era aún más estrecho de lo que debería porque los vecinos lo utilizaban como prolongación de sus pequeñas casas. En el exterior, los niños pequeños se perseguían unos a otros por entre los triciclos aparcados. En un montón de jaulas apiladas había gallos criados para combatir en peleas. Una carpa hecha de lonas azules descoloridas acogía una fiesta de karaoke. Una mujer cantaba a voz en cuello una balada *country.*

«How do I live without you, oooo-ooo», berreaba.

Quigan tenía treinta y ocho años y trabajaba como coordinadora comunitaria para una institución sanitaria de mujeres. Ganaba unos quinientos dólares al mes. Era tan poco que, para ahorrar dinero en transporte, durante la semana se quedaba a dormir en la oficina. Su marido, Ryan, conducía un camión de reparto. Vivían en una habitación con su hijo de once años y su hija de cinco. Su situación era muy precaria. El asentamiento improvisado en el que vivían había sufrido varios incendios de rápida propagación, en los años 1997, 2008 y 2017, y Quigan me dijo que esperaba poder mudarse a un barrio mejor antes del próximo incendio, o de que los desalojaran para urbanizar la zona.

«Tarde o temprano, el propietario de este terreno nos echará», dijo.

Del exterior llegaba el zumbido de la secadora de ropa comunitaria a un peso el minuto.

Cuando oyeron hablar de *Axie Infinity,* en el momento álgido de la fiebre, al principio Quigan se mostró escéptica. Tras pedir a cinco personas pruebas de que realmente estaban ganando dinero con el juego, éstas le mostraron que llevaban meses recibiendo pagos constantes. Quigan estimó que en unos meses podría ganar lo suficiente para hacer reformas en la casa. Su madre les prestó unos 1500 dólares para comprar su primer equipo: una gota peluda, una planta y una criatura marina con una cola deforme.

Ryan jugaba por la noche durante horas después de llegar a casa del trabajo, sentado en un extremo del sofá mientras Shiela dormía en el otro. Nunca le dejaba jugar a su hijo, pues existía la posibilidad de que cometiera un error y les hiciera perder todas sus ganancias. Cuando el precio de las pociones empezó a bajar, la pareja barajó la posibilidad de reducir las pérdidas y vender las 30 000 pociones que él llevaba ganadas. Pero al final no lo hicieron. Según Quigan, se dejó convencer por las optimistas declaraciones de Sky Mavis.

«La empresa dijo que nos esperáramos a la sorpresa, y que daríamos la vuelta al mundo», me dijo ella.

Según Quigan, ella y su marido estaban pensando en emigrar a Dubái en busca de un trabajo mejor. No obstante, hoy en día sigue comprobando a diario el precio de las pociones.

«No me enfado –dice–. Sigo teniendo la esperanza de que algún día, de algún modo, vuelva a subir».

Puede que Quigan no estuviera enfadada, pero yo sí lo estaba. Los criptomineros y ejecutivos de empresas de capital riesgo de Silicon Valley les habían dado falsas esperanzas a los filipinos al promover una burbuja insostenible basada en una imitación de *Pokémon* que habían vendido como el futuro del trabajo. Y, para colmo, en marzo de 2022, jáqueres norcoreanos irrumpieron en una especie de plataforma de criptomonedas afiliada al juego y robaron 600 millones de dólares en criptomonedas estables y étheres.[12] Según fuentes estadounidenses, la operación sirvió para que Kim Jong Un pudiera financiar los lanzamientos de prueba de sus misiles balísticos. De modo que, en lugar de ofrecerles a los pobres una nueva forma de ganar dinero, *Axie Infinity* utilizó los ahorros de muchas personas para sufragar el programa armamentístico de un dictador.[13]

---

12. Nikhilesh De y Danny Nelson: «US Officials Tie North Korea's 'Lazarus' Hackers to $625M Crypto Theft», *CoinDesk*, 14 de abril (2022).

13. Las autoridades estadounidenses estiman que los robos digitales, incluido el jaqueo de Sky Mavis, han servido para financiar la mitad del programa de misiles

En abril de 2022, dos meses después de mi visita a las oficinas de FTX en las Bahamas y de la detención de Razzlekhan, Sam Bankman-Fried organizó una conferencia en Nassau. Bautizada simplemente como «Crypto Bahamas», se anunció como «una reunión exclusiva de los principales inversores y constructores del sector de la cadena de bloques, los activos digitales y la Web3».

Éste era el tipo de gente que había estado vendiendo *Axie Infinity* como una visión de futuro. Decidí ir a comprobar si estaban escarmentados por su fracaso. Tal vez se hablara menos de cómo hacerse rico rápidamente y más de algunos de los usos prácticos de las criptomonedas que a veces se mencionaban como, por ejemplo, el hecho de que permitieran realizar operaciones las veinticuatro horas del día, acelerar las transferencias bancarias o permitir que los trabajadores inmigrantes enviaran fondos a su país de forma más barata. Además, siempre cabía la posibilidad de que por fin pudiera entrevistar al escurridizo jefe de Tether, Giancarlo Devasini, el cual tenía propiedades en la isla.

---

balísticos de Corea del Norte. Robert McMillan y Dustin Volz: «How North Korea's Hacker Army Stole $3 Billion in Crypto, Funding Nuclear Program», *Wall Street Journal*, 11 de junio (2023).

CAPÍTULO CATORCE

Ponzieconomía

En mi primera mañana en Nassau, un autobús me esperaba a la puerta del hotel para llevarme al Baha Mar, un recinto turístico y casino con 2300 habitaciones donde Sam Bankman-Fried celebraba su conferencia «Crypto Bahamas». Las entradas para el Baha Mar estaban agotadas. Se rumoreaba que Katy Perry y su marido, Orlando Bloom, harían acto de presencia, además de Tom Brady, Derek Jeter, el gran jugador de béisbol retirado, así como el expresidente Bill Clinton y el ex primer ministro Tony Blair. Yo me hospedaba en la otra punta de la isla.

Cuando nos alejamos de la entrada, me sorprendió ver que el vehículo en el que viajaba llevaba escolta policial. El agente motorizado se saltaba los semáforos a gran velocidad, con las sirenas a todo volumen y haciendo gestos marciales con las manos mientras el motor del autobús se esforzaba por mantener el ritmo. El monumental atasco se abrió como una cremallera cuando los conductores se subieron a la acera para dejar paso. Me di la vuelta para comprobar si Clinton iba también en el autobús. Sólo vi a otras tres personas, y ninguna de ellas era el expresidente. Si a mí me tratan así en las Bahamas, pensé, imagina lo que deben hacer por Bankman-Fried.

Anthony Scaramucci, el rimbombante gestor de fondos de cobertura que había sido director de comunicaciones de Trump durante once días, era el copresentador del acto. Como nunca desaprovechaba la oportunidad de dar una rueda de prensa, reunió a los periodistas antes de que empezara el programa. Scaramucci tenía cincuenta y ocho años, estaba muy bronceado y tenía un aspecto reluciente gracias al bótox. Llevaba un traje perfectamente entallado y se acababa de teñir el tupé de negro azabache. Nos dijo que algún día FTX podría convertir todas las acciones en vales cripto, lo que, según él, permitiría a Starbucks vendernos acciones con el café con leche. Pero lo que parecía obsesionarle más era la vestimenta de los adeptos a las criptomonedas.

«Es increíble cómo se visten –dijo–. Yo me pongo un traje de Brioni mientras que esos tipos llevan pantalones Lululemon. Están a otro nivel, se avanzan al futuro. Son las personas peor vestidas que he conocido en mi vida».

Al comenzar la conferencia, Philip Davis, primer ministro de las Bahamas, subió al escenario y animó a los asistentes a mudarse a su país, como había hecho Bankman-Fried.

«Si se imaginan su futuro en el mundo de la criptodivisas, entonces las Bahamas es su lugar –dijo–. Damas y caballeros, son completamente bienvenidos a las Bahamas».

Más tarde durante aquella misma mañana, el escritor Michael Lewis subió al escenario para entrevistar a Bankman-Fried y a un inversor de capital riesgo especializado en criptomonedas. Yo había crecido leyendo sus libros, como *El póquer del mentiroso* o *La gran apuesta*, por lo que estaba emocionado por saber qué pensaba sobre las criptomonedas el tipo que me había enseñado cómo Wall Street había hecho saltar por los aires la economía mundial con las obligaciones garantizadas por deuda. Según me había contado, Bankman-Fried iba a ser el tema de su próximo libro.

Lewis parecía el director de una escuela. Llevaba una americana azul con solapas de pico, una camisa blanca abotonada con detalles azules y el pelo suelto perfectamente peinado hacia un lado. Y cuando empezó a deshacerse en elogios hacia Bankman-Fried, tuve la sensación de que estaba allí para entregarle un premio a su alumno estrella.

«Hace tres años, nadie sabía quién eras. Y ahora sales en la portada de muchas revistas. Y eres multimillonario. Y tu negocio es uno de los que crece más rápido de la historia de la humanidad –dijo Lewis, entre los aplausos del público y las risitas de Bankman-Fried–. Estás batiendo récords de velocidad. Y no creo que la gente se dé cuenta de lo que ha pasado, de lo espectacular que ha llegado a ser la revolución».

Mientras Lewis continuaba hablando, Bankman-Fried movía la punta de sus zapatillas New Balance plateadas y, a veces, se presionaba las piernas con los codos, como si quisiera mantenerlas quietas. Era como si Lewis lo considerara otro de esos forajidos íntegros y rebeldes sobre los que tanto le gusta escribir. Ahora bien, las preguntas del escritor eran tan aduladoras que parecían impropias de un periodista. Desde el abarrotado auditorio, empecé a preguntarme si Lewis estaba realmente escribiendo un libro o si FTX le había pagado para estar allí. (Lewis me aseguró más tarde que, ciertamente, había venido para investigar para su libro y que no había recibido ninguna compensación económica).

Aunque, según Lewis, no sabía prácticamente nada sobre criptomonedas, parecía convencido de que era algo genial. El escritor dijo que, contrariamente a lo que la gente cree, las criptomonedas no eran muy adecuadas para cometer delitos. Según él, los reguladores estadounidenses eran hostiles al sector porque los bancos de Wall Street les habían lavado el cerebro o los tenían comprados. Me pregunté si realmente no sabría nada de las innumerables estafas que había habido con criptomonedas, pero la idea me pareció absurda.

«Miras el sistema financiero existente, luego miras lo que se ha construido fuera del sistema financiero existente por la comunidad cripto, y la versión cripto es mejor», dijo Lewis.

Las otras intervenciones de Bankman-Fried en el escenario de «Crypto Bahamas» fueron igual de absurdas. Pasó a duras penas por una entrevista junto a Blair y Clinton, quien en un momento dado incluso le tendió una mano paternal de apoyo. (Al parecer, Clinton cobró al menos 250 000 dólares por asistir a la conferencia).[1] Intercambió banalidades sobre campañas benéficas con la supermodelo Gisele Bündchen –los dos habían posado para una campaña publicitaria de FTX que apareció en *Vogue* y *GQ*– y lugares comunes sobre el liderazgo con el marido de ésta, Tom Brady.

---

1. Lydia Moynihan: «How Sam Bankman-Fried's Ties with the Clintons Helped Him Dupe Investors», *New York Post*, 19 de enero (2023).

—¿Alguna vez te aburres de ganar tanto dinero? —preguntó el moderador.

—La verdad es que te insensibiliza un poco —respondió Bankman-Fried.

—Yo nunca me canso de ganar —respondió Brady.

Me resultó deprimente comprobar cuánta gente a la que admiraba había sido convencida por Bankman-Fried para que promoviera sus criptoapuestas. (Posteriormente descubrí que Brady y Bündchen cobraron unos 60 millones de dólares por su apoyo).[2] Además de Lewis, Clinton y Brady —a quien había vitoreado en un desfile de la Super Bowl cuando iba al instituto— también estaban Larry David, mi cómico favorito y protagonista del anuncio de FTX en la Super Bowl, y David Ortiz, que llevó a los Red Sox, el equipo de mi ciudad natal, a su primer campeonato de las Series Mundiales después de ochenta y seis años sin conseguirlo.

«Me apunto, colegas», afirmaba Ortiz en un anuncio de televisión de FTX.

El público que asistía a la conferencia de Bankman-Fried carecía del fervor cuasirreligioso que había visto en las reuniones más populares de Bitcoin en Miami. Los asistentes se dividían en tres grupos: los capitalistas de riesgo, unos de los primeros en llegar al sector y que, después de ver cómo los vales que habían comprado alcanzaban precios ridículamente altos, ahora pensaban que podían predecir el futuro; los fundadores de empresas emergentes cripto, los cuales habían logrado recaudar tantos millones de dólares que parecían creerse sus propios proyectos descabellados sobre la creación del futuro de las finanzas y, por último, los programadores, que estaban tan absortos con sus ingeniosas ideas para hacer nuevas cosas en el mundo de las criptomonedas que nunca se paraban a pensar si la tecnología servía realmente para algo.

En la fiesta de un proyecto llamado Degenerate Trash Pandas, le pregunté a un programador si algún día las criptos serían útiles para la gente normal.

---

2. Entrevista del autor con Sam Bankman-Fried.

«¿Por qué crees que eso es importante? —me dijo él con total sinceridad—. De verdad, me gustaría saberlo».

En la sala de prensa, vi a Kevin O'Leary, el juez de *Negociando con tiburones,* más conocido con el sobrenombre de «Mr. Wonderful», puliendo su ya de por sí reluciente calva con una maquinilla de afeitar eléctrica mientras se preparaba para aparecer en televisión. (Le pagaron 15 millones de dólares por su apoyo a FTX). También reconocí a un tipo de Nueva York al que había investigado años atrás. A veces se hacía llamar «Jim Stark», aunque su verdadero nombre era Andrew Masanto, y había sido acusado en tres demandas[3] interpuestas por consumidores indignados por su supuesta implicación en la comercialización de una cura milagrosa para la caída del cabello hecha de «células madre de origen vegetal». (Él siempre ha negado la conexión). Tras volver a presentarme, Masanto me dijo que estaba construyendo una «plataforma social de Web3» y que había ayudado a crear una popular criptomoneda. Busqué su valor de mercado y vi que era de casi 4000 millones de dólares.

«La tecnología goza de mucha legitimidad», me dijo.

Gracias a los representantes de prensa de FTX, concerté una serie de entrevistas con los asistentes. Una de ellas fue con John Wu, presidente de Ava Labs, el cual dirigía una popular cadena de bloques llamada Avalanche. Si había alguien en la conferencia con una mentalidad sobria, imaginé que sería él. Dos semanas antes, la empresa había recaudado dinero con una valoración de 5000 millones de dólares. Wu tenía cincuenta y un años y en su currículum figuraban la Universidad de Cornell, la Escuela de Negocios de Harvard y una etapa en el colosal fondo de cobertura Tiger Global.

Sin embargo, nada más sentarnos, él y un compañero de trabajo se pusieron a alardear delante de mí de un juego P2E al estilo *Zelda* de su cadena de bloques que había conseguido cuarenta mil usuarios en menos de un mes. Según ellos, el juego enseñaba a la gente sobre DeFi

---

3. *Jules Vanden Berge v. Christopher Masanto, Andrew Masanto, Altitude Ads Limited, Blooming Investments Limited and Amplify Limited,* 3:20-cv-00509-H-DEB (S.D. Cal. 17 de marzo de 2020); *Socorro Lopo v. Christopher Masanto et al.,* 2:21-cv-01937-JAK-JEM (C.D. Cal. 2 de marzo 2021); *Widiantoro et al. v. Masanto et al.,* 1:21-cv-06941-KPF (S.D.N.Y. 17 de agosto de 2021).

y les permitía obtener grandes beneficios. Todo aquello me sonó muy parecido a *Axie Infinity.* No podía creerme que lo estuvieran promocionando con semejante seriedad después del colapso de *Axie.*

«Ahora puedes obtener un diez por ciento con DeFi –dijo Wu–. Por fin puedes ser un verdadero autónomo. Hay gente que incluso está dejando su trabajo. No es magia. Si sabes lo que haces, puedes cambiar totalmente de vida».

Michael Wagner, fundador de un criptojuego de temática espacial llamado *Star Atlas,* puso como ejemplo a *Axie Infinity.* En lugar de gotas de colores y Smooth Love Potions, los jugadores de *Star Atlas* tenían que comprar naves espaciales NFT para ganar vales ATLAS, y me contó que ya había vendido casi 200 millones de dólares en naves. No obstante, cuando le pregunté si podía probar el juego, me dijo que aún no existía. Pese a que ya había vendido las naves espaciales, me dijo que el juego no estaría listo hasta dentro de cinco años.[4]

«Está en una fase muy inicial –me dijo–. Pero creemos que el juego podría atraer a miles de millones de usuarios».

Otro ejecutivo cripto me mostró la imagen digital de una zapatilla que había comprado por ocho dólares y que, según dijo, había llegado a valer más de un millón de dólares. Hacía poco, todos los propietarios de estas zapatillas imaginarias habían recibido la imagen de una caja, la cual estaba valorada en 30 000 dólares. Cuando abrió la caja, encontró otra imagen de unas zapatillas y otra caja, cada una de las cuales de un valor ridículamente alto.

«Se trata del típico esquema Ponzi infinito –dijo él, encantado–. Es lo que denomino ponzieconomía».

Aparentemente, el uso más popular de las criptomonedas en el «mundo real» era una aplicación llamada Stepn. La aplicación hacía un seguimiento del movimiento de los usuarios y les pagaba en «Green Satoshis» por caminar o correr. Primero los usuarios debían comprarse unas zapatillas virtuales, las cuales costaban 500 o 1000 dólares. No cabía duda de que aquello volvía a ser *Axie Infinity,* pero a nadie parecía

---

4. Volví a hablar con Michael Wagner en junio de 2023. Para entonces, *Star Atlas* había lanzado una demo jugable, pero el precio de los vales ATLAS se había desplomado hasta prácticamente cero. «Nuestra filosofía, desde el principio, ha sido la de desarrollar iterativamente y hacer lanzamientos modulares», me dijo.

importarle. Un escritor que visitó las oficinas de FTX por aquel entonces se dio cuenta de que los empleados caminaban por el aparcamiento para ganar criptomonedas en Stepn.[5] La empresa que había creado la aplicación estaba ganando unos 40 millones de dólares al mes.[6]

—¿Qué les diría a los críticos que dicen que, y probablemente lo digan de muchos proyectos, que se trata de un esquema Ponzi? –le pregunté con mucha cautela al cofundador de Stepn, Yawn Rong, durante una entrevista que le hice por Zoom.

Rong, un exmayorista de azulejos australiano de treinta y tantos años, no se ofendió. Enseguida reconoció las similitudes.

—Sí, es una estructura Ponzi. Pero no es un esquema Ponzi –dijo.

Rong me explicó que, en un esquema Ponzi, el organizador es el que gestiona el «dinero del fraude». En lugar de eso, él distribuía las zapatillas y sólo se llevaba una pequeña parte de cada operación.

—Los usuarios operan entre sí. No lo hacen a través de mí, ¿verdad? –me dijo.

Básicamente, su argumento era que al descargar la aplicación Stepn y caminar para ganar vales, los adeptos cripto estaban llevando a cabo un esquema Ponzi entre ellos.

Se me ocurrió que casi cualquiera de las empresas de las que había oído hablar sería un buen material para un reportaje de investigación. Pero la idea de reunir metódicamente datos para desmentir sus ridículas promesas se me hacía cuesta arriba. Me hizo pensar en una máxima llamada el «principio de asimetría de la estupidez», acuñada por un programador italiano, que servía para describir el reto de desmentir falsedades en la era de Internet. «La cantidad de energía necesaria para refutar tonterías es un orden de magnitud superior a la necesaria para producirlas», escribió el programador, Alberto Brandolini, en 2013.

Entre una entrevista y otra, no perdía de vista la sala, en busca de Nishad Singh, el angelical secuaz de Bankman-Fried que tan eficazmente me había halagado cuando nos conocimos. Al no verlo por ninguna parte, imaginé que él también estaría molesto por la pésima calidad

5. Fisher: «Sam Bankman-Fried Has a Savior Complex—and Maybe You Should Too».
6. Shaurya Malwa: «Solana-Based STEPN Reports $122.5M in Q2 Profits», *CoinDesk*, 12 de julio (2022).

de los planes de negocio. También había tenido la esperanza de reunirme por fin con Gary Wang, el programador estrella de FTX, o con Caroline Ellison, la antigua compañera de Jane Street que por entonces ejercía de directora de Alameda. Pero tampoco los vi por ninguna parte.

Un día antes de que diera comienzo la conferencia, Sam Bankman-Fried había estado a punto de admitir que buena parte del sector estaba basado en estupideces. No en el escenario, por supuesto, sino en una entrevista para un pódcast con Matt Levine, columnista de *Money Stuff*.[7] Levine le hizo una pregunta muy sencilla sobre las «granjas de rendimiento», la técnica de inversión que Jason Stone había utilizado en Celsius. Mientras Bankman-Fried intentaba explicar su funcionamiento, hizo una brillante exposición sobre cómo llevar a cabo una estafa piramidal con criptomonedas.

—Empiezas con una empresa que fabrica una caja –explicó–. Probablemente la disfracen para que parezca un protocolo que va a cambiarnos la vida, ya sabes, que va a transformar el mundo y que va a sustituir a todos los grandes bancos en treinta y ocho días o algo así. Quizá por el momento ignoren lo que hace, o finjan que no hace literalmente nada.

Bankman-Fried explicó que a esta caja le costaría muy poco emitir un vale para compartir los beneficios de la caja.

—Claro que aún no hemos dado ninguna razón convincente de por qué la caja producirá beneficios en el futuro, pero, no sé, ya sabes, tal vez los haya –dijo Bankman-Fried.

Levine dijo que la caja y su «vale de caja» no deberían valer nada. Bankman-Fried no le llevó la contraria. Pero dijo:

—En el mundo en el que vivimos, si haces esto, todo el mundo dirá: «Oh, un vale de caja. A lo mejor mola».

La gente curiosa empezará a comprar vales de la caja. Y la caja podría empezar a regalar vales a aquellos que decidan poner dinero dentro, del mismo modo que *Axie* recompensaba a sus jugadores con Smooth Love

7. SBF. Entrevista. Joe Weisenthal y Tracy Alloway, entrevistadores. «Sam Bankman-Fried and Matt Levine on How to Make Money in Crypto», pódcast *Odd Lots*, 25 de abril (2022).

Potions. Los inversores cripto se darían cuenta que podían obtener más rendimiento depositando su dinero en la caja que en un banco. En poco tiempo, dijo Bankman-Fried, la caja estaría repleta de cientos de millones de dólares, y el precio del vale de la caja subiría.

—Es una caja muy chula, ¿no? Y valiosa, a juzgar por todo el dinero que aparentemente la gente ha decidido poner dentro. ¿Quiénes somos nosotros para decir que están equivocados?

Según Bankman-Fried, otros jugadores más sofisticados pondrían cada vez más dinero en la caja, «y el proceso continúa hasta el infinito. Y todo el mundo gana dinero».

—Me considero una persona bastante escéptica –dijo Levine–. Pero eso ha sonado mucho más cínico de cómo yo habría descrito la recolección de rendimientos. Es como si dijera, bueno, me dedico al negocio de los esquemas Ponzi y me va estupendamente.

Bankman-Fried dijo que era una respuesta razonable.

—Considero que hay un deprimente exceso de validez… –dijo antes de interrumpirse.

Aunque no me sorprendió que Bankman-Fried se hubiera mostrado tan franco, no dejaba en muy buen lugar el retrato que había hecho de él, mucho menos centrado en los aspectos potencialmente fraudulentos del sector cripto. Mi artículo giraba en torno a la cuestión de si realmente iba a donar todo su dinero a la beneficencia.

Conseguí un breve encuentro con Bankman-Fried en el exterior de la sala de prensa.

—¿He sido demasiado blando con usted? –le pregunté.

—Tal vez –respondió él. Unos minutos después se fue corriendo a almorzar con Tom Brady.

A medida que le daba más vueltas al gigantesco volcán de criptoestupideces en erupción de «Crypto Bahamas», me di cuenta de que Tether era su núcleo de magma. Todos los esquemas dependían de plataformas como FTX, las cuales permitían que los inversores compraran y vendieran sus vales. Y las plataformas, a su vez, confiaban en Tether como conexión crucial con los dólares estadounidenses reales. Sin Tether, posiblemente toda esta economía nunca se hubiera desarrollado.

Ninguna de las personas que entrevisté parecía especialmente preocupada por saber dónde estaba el dinero de Tether o qué respaldaba sus vales. Tenía sentido: si hubieras hecho una fortuna con vales criptográficos respaldados por absolutamente nada, ¿te pasarías el día preocupado por si Tether tenía todos los dólares que decía tener o te irías de fiesta con Katy Perry y Orlando Bloom? Aun así, me parecía que estaban ignorando un riesgo para toda su economía.

«Los que están vendiendo a corto plazo son imbéciles –me dijo Kyle Samani, un inversor de capital riesgo especializado en el sector cripto cuyo fondo de inversión ganó cientos de millones de dólares con un vale llamado Solana–. Es real, es legítimo. No se dan cuenta de que el sistema está excesivamente colateralizado. No estoy preocupado».[8]

Esperaba tener la oportunidad de ver por fin al misterioso jefe de Tether, Giancarlo Devasini. La sede donde tenía lugar la conferencia estaba a pocos kilómetros de su mansión y, además, la mayoría de sus principales clientes estaban allí. Sin embargo, no lo vi ni a él ni a ningún otro empleado de Tether.

Deltec Bank & Trust, donde Tether guardaba parte de su dinero, era uno de los principales patrocinadores de la conferencia, por lo que me alegré al encontrarme con su presidente, Jean Chalopin, en el césped del recinto. Habíamos mantenido el contacto después de la entrevista que le hice en su oficina, y solíamos vernos para tomar una copa o desayunar cuando viajaba a Nueva York, que era muy a menudo. Me encantaba hablar con el banquero francés de su época de *Inspector Gadget* y estar atento por si se le escapaba alguna pista sobre Tether, y a él también parecía gustarle escuchar mis historias, aunque a veces me preguntaba si Devasini le pagaba para que me vigilara.

Cuando le pregunté por qué no había nadie de Tether en la conferencia, Chalopin me informó de que la empresa había enviado a un representante: Jean-Louis van der Velde, su director general. Van der Velde era un holandés de cincuenta y nueve años residente en Hong Kong que había trabajado con Devasini desde la época en que se había dedicado al negocio de la electrónica. Si Devasini era un recluso, Van

---

8. Hannah Miller: «Solana Generates $1 Billion in Returns for Multiple Early Backers», *The Information*, 13 de diciembre (2021).

der Velde era un fantasma. Nunca había concedido una entrevista y se le veía tan poco en público que algunos seguidores de Tether, especialmente los más conspiranoicos, habían especulado con la posibilidad de que no fuera una persona real.

Me habían dicho que su puesto en la empresa tenía poco peso y que siempre se sometía al auténtico jefe, Devasini. Aun así, era probable que lo supiera todo acerca de las reservas de Tether, o más concretamente, de la falta de ellas. Chalopin me dijo que tal vez podría presentarnos, pero que debía tener cuidado con lo que decía. «Piensa en ellos como en un animal herido que han atacado injustamente. Tienes que acercarte muy despacio», me recomendó en un mensaje de texto.

El último día de la conferencia, Chalopin me llamó para que me reuniera con él en el pasillo, justo a la salida de uno de los auditorios. Al acercarme al banquero, me fijé en el hombre alto, de pelo canoso y peinado hacia la derecha y con un mechón colgándole por delante de la frente.

—Si metes la pata, te mato –me susurró Chalopin, sonriendo.

Le tendí la mano al otro hombre.

—Es un placer conocer por fin...

—Al hombre que no existe –dijo Van der Velde.

Chalopin nos dejó solos y acordamos vernos al día siguiente. A diferencia de la mayoría de los otros ejecutivos de grandes empresas cripto, quienes eran tratados casi como celebridades, nadie se acercó a Van der Velde mientras se alejaba.

Volvimos a encontrarnos en un bar de Baha Mar donde éramos los únicos clientes. Él iba vestido con un polo blanco con tres X en el lado izquierdo, unos vaqueros azules y unas zapatillas del mismo color. Tenía un rostro bien delineado y una nariz bulbosa con una pequeña hendidura cerca de la punta. Tenía el aspecto del quisquilloso capitán de un bruñido yate de alquiler.

«Odio los casinos», me dijo nada más entrar. Plegó las gafas, las guardó en un estuche del tamaño de mi pulgar, se sentó en un pequeño sofá y pidió un refresco.

Van der Velde me dijo que había evitado hablar con la prensa y dar conferencias porque estaba preocupado por la seguridad de su familia, no porque tuviera algo que ocultar. Según él, aunque sus intenciones eran buenas, era víctima de un complot. Me aseguró que unas fuerzas poderosas estaban colaborando para perjudicarle, tanto a él como a Tether. Unos carteles anónimos en Twitter estaban publicando mentiras, y los medios de comunicación las estaban difundiendo. Sugirió que mi artículo en *Businessweek* sobre Tether, publicado seis meses antes, formaba parte de aquella gran conspiración.

«Te han manipulado para que hoy estés aquí conmigo», dijo lentamente.

Durante las tres horas siguientes, Van der Velde habló en círculos, insinuando que me estaba contando algo sobre Tether pero sin decirlo abiertamente. En su opinión, sin Tether, el sector de las criptomonedas tal y como la conocemos no existiría. Tether había proporcionado el acceso al dinero en efectivo en un momento en el que los bancos no querían gestionar dinero procedente de plataformas cripto. Pero la empresa había tenido que pagar un precio por ello.

Si las mentiras eran tan dañinas, le pregunté, ¿por qué no me enseñaba cómo funcionaba el negocio de Tether y dónde estaba todo el dinero? Así se acabarían las dudas. Le dije que Bankman-Fried me había permitido estar con él mientras trabajaba y que se había mostrado muy abierto acerca de sus negocios. Van der Velde pareció molestarse. Insinuó que había algo en el pasado de Tether que no podía revelar.

«Es muy fácil invitar a un periodista a tu oficina cuando no tienes cicatrices de batalla –dijo él–. Tether salvó a todo el sector. Tuvimos que soportar una pesada carga. Sam pudo empezar de cero. Sam nunca tuvo que lidiar con todo eso».

Van der Velde me dijo que, el mero hecho de hablar conmigo, era un acto de fe. Estaba molesto porque el *Financial Times* había escrito un artículo donde se criticaba su currículum.[9] Entre otras cosas, había dirigido una empresa china de exportación de productos electrónicos que había confeccionado una lista para el gobierno de empresas «poco dignas de confianza y que transgredían la ley», y había trabajado como vendedor para una empresa de Hong Kong que vendía un produc-

9.   Kadhim Shubber, Ryan McMorrow y Siddharth Venkataramakrishnan: «Tether's CEO: From IT Sales to Calling the Shots in Crypto Land», *Financial Times*, 17 de diciembre (2021).

to que, según afirmaba, hacía que fumar cigarrillos fuera bueno para la salud. «Si sumerge la colilla en VitaCool mientras fuma un cigarrillo, sorprendentemente el 80 % de la nicotina se transformará en vitaminas», aseguraba la publicidad de la empresa.[10]

Sin embargo, Van der Velde aseguraba que era un empresario honesto. Me contó que, en una ocasión, cuando trabajaba para otra empresa de electrónica, unos inversores de capital riesgo le pidieron que modificara sus proyecciones financieras para que parecieran mejores y les ayudara a recaudar más dinero. Cuando se negó a hacerlo, le despidieron.

«Cuando propagas una mentira, tarde o temprano se vuelve en tu contra», dijo.

Van der Velde me dijo tres veces que no estaba interesado en el dinero. Incluso llegó a asegurarme que no le gustaba nada pensar en él, un comentario que me pareció extraño viniendo de alguien que dirigía una empresa que había creado un nuevo tipo de dinero.

«La cadena de bloques no tiene nada que ver con el dinero —repuso—. No soporto que la gente joven sólo piense en ganar el primer millón y comprarse un Ferrari».

Los críticos de Tether, insistió, no eran más que teóricos de la conspiración, gente que llegaba a conclusiones basadas en conexiones poco sólidas. No obstante, él mismo había elaborado una compleja teoría de la conspiración acerca de esos críticos. Insistía en que no debía creer lo que publicaban los periódicos, pero quería que aceptara sus garantías de que Tether era una empresa segura sin darme ninguna prueba que lo demostrara.

«La confianza. Ése es el mayor problema actual entre las personas», dijo, balanceándose sobre los dedos de los pies.

Llevábamos horas eludiendo la verdadera pregunta. Cada vez que le pedía más detalles sobre Tether y su respaldo, él se mostraba reticente. Desde el casino llegó el tintineo de la campana del premio gordo y el estruendo producido por una cascada de monedas en una de las má-

---

10. Nury Vittachi: «Doonesbury's Mr Butts Just Needs a Bath», *South China Morning Post*, 27 de marzo (1996). Tether declaró al *Financial Times* que Van der Velde había vendido otros productos de la empresa.

quinas tragaperras. Cuando le dije que tenía que hablar con Devasini, me dijo que no creía que el cirujano plástico estuviera dispuesto a reunirse conmigo.

«Algunas pasiones son más fuertes», dijo.

No sabía qué conclusión sacar de mi primer encuentro cara a cara con un ejecutivo de Tether. Van der Velde parecía fuera de lugar, como si nunca hubiera imaginado que acabaría siendo el director general de una empresa que, en aquel momento, supuestamente controlaba más de 80 000 millones de dólares. Era ridículo culpar a los teóricos de la conspiración del escepticismo que rodeaba a Tether, sobre todo cuando la empresa les había dado razones más que suficientes para sospechar de ella. Aun así, Van der Velde tampoco me parecía un gran cerebro criminal.

Cuando regresé a Brooklyn, no podía dejar de darle vueltas a otra conversación que había mantenido durante la conferencia. Al enterarme de que se iba a celebrar una fiesta privada en la piscina de un chalet situado dentro de un recinto cerrado relacionada con un proyecto llamado Solana Monkey Business,[11] llamé para preguntar si podía asistir. El anfitrión de la fiesta me dijo que en realidad yo no entendía cómo funcionaba el mundo de las criptomonedas. Me pregunté si tendría razón.

Solana Monkey Business era una colección de cinco mil imágenes pixeladas de monos con sombreros que parecían los personajes de un juego imaginario de Nintendo de los años ochenta. Era lo que los aficionados a las criptomonedas llamaban NFT, o vales no fungibles, y su mercado había despegado junto con el resto de la burbuja cripto. En 2021, decenas de miles de millones de dólares de estos NFT habían cambiado de manos.[12] Su vinculación con el mundo de las criptomonedas era que la propiedad de cada imagen de un mono quedaba registrada en la cadena de bloques. Lo que significaba que, por primera vez, era posible identificar al propietario de una imagen digital.

---

11. El nombre juega con un doble sentido. En inglés, «Monkey Business» significa tanto «negocio de monos» como «trapicheo». *(N. del T.).*

12. Pedro Herrera: «Dapp Industry Report—January 2022», *Dapp Radar*, 3 de febrero (2022).

Los adeptos cripto lo llamaron «arte digital» y aseguraban que los NFT pronto serían tan apreciados como las mejores pinturas del Renacimiento. Hasta el momento, la mayoría de los NFT eran colecciones de copias de caricaturas poco imaginativas que el comprador podía utilizar como foto de perfil en las redes sociales. Sin embargo, eso no impedía que se vendieran a precios desorbitantes. Incluso algunos famosos las compraban para usarlas como avatares en Twitter.

La fiesta en las Bahamas a la que deseaba asistir era sólo para propietarios de NFT de Solana Monkey Business. Las entradas más baratas costaban 25 000 dólares, lo que me pareció un poco excesivo para darse un baño en la piscina, incluso tratándose de un recinto exclusivo. De modo que me puse en contacto con el anfitrión de la fiesta, Patrick Loney, un exabogado corporativo de cuarenta años. Le dije que sólo tenía 600 dólares en criptomonedas –había comprado algunos vales de Solana en un intento fallido de asistir a otra fiesta– y le pregunté si podía darme un pase de prensa. Se negó y me acusó de no estar suficientemente comprometido con mi proyecto.

—¿Cómo esperas escribir un libro sobre criptomonedas si sólo has invertido 600 dólares en ellas? –me acusó Loney.

Le respondí que era bastante habitual que los escritores escribieran, por ejemplo, de política presidencial sin haber sido presidentes, o sobre béisbol pese a no ser capaces de batear una bola rápida. Mi respuesta no le convenció.

—La gente gasta enormes cantidades de dinero para comprar *monkes*[13] porque cree en ellos –me contestó Loney en un mensaje de texto, utilizando un error ortográfico que se había convertido en una broma privada en Internet–. Invierte mucho dinero en criptos, piérdelo todo, vuelve a comprar más, gana una locura de dinero, aprende de política monetaria y tecnología en el proceso y haz amigos increíbles que comparten tus mismas experiencias.

Al principio pensé que Loney se había dejado llevar por la actitud guay pero maleducada de su *alter ego* simiesco. Pero entonces empecé a pensar que tal vez tuviera razón. Al ser un mero observador y no un participante, puede que me estuviera perdiendo algo importante de la

---

13. *Monke*, en español «mono», en realidad se escribe *monkey*. (*N. del T.*).

experiencia cripto. La investigación que estaba llevando a cabo sobre Tether estaba empezando a convertirme en un gruñón. Tal vez fuera más divertido no preocuparse por si Tether mentía o decía la verdad, ni por si la infraestructura subyacente de todo el sector era fraudulenta. Tenía que experimentarlo en carne propia. Pero si tenía que gastarme miles de dólares en un JPEG, no quería un mono del que nunca hubiera oído hablar, y mucho menos un «monke». Quería un mono de primera categoría, el NFT que compraban los raperos, los actores y las estrellas del deporte. Tenía que visitar el Bored Ape Yacht Club.[14]

---

14. Club náutico del mono aburrido. *(N. del T.)*.

CAPÍTULO QUINCE

Me he quedado sin monos

En enero de 2022, tres meses antes de «Crypto Bahamas», la famosa heredera Paris Hilton estaba sentada en un sillón del estudio 6B del Rockefeller Center, con una fotografía de la silueta de Manhattan a sus espaldas, a punto de aparecer en el programa de Jimmy Fallon, *The Tonight Show*.[1] Hilton llevaba un deslumbrante vestido color verde lima y el pelo, rubio y ondulado, recogido en dos largas coletas que le nacían en la coronilla, le caían sobre el pecho y le llegaban hasta el vientre. Después de enseñar algunas fotos de su reciente boda, ella y Fallon empezaron a hablar de los NFT que habían comprado recientemente en el Bored Ape Yacht Club.

—Me lancé –dijo Fallon–. Me enseñaste lo que había y después me compré un mono.

—Yo también me compré uno –dijo Hilton–. Porque te vi en el programa con Beeple y dijiste que lo habías comprado en MoonPay y fui y te copié e hice lo mismo.

—¿En serio? –dijo Fallon, fingiendo sorpresa–. Éste es tu mono –añadió, sacando una foto enmarcada de un simio con gafas de sol y sombrero con visera. Paris Hilton pagó unos 300 000 dólares por él.

—Sí, es genial –dijo Hilton.

---

1. Paris Hilton. Entrevista. Jimmy Fallon, presentador. *The Tonight Show Starring Jimmy Fallon*, 24 de enero (2022).

—Formamos parte de la misma comunidad –dijo Fallon–. Los dos somos monos.

—Me encanta –dijo Hilton en tono aburrido.

—Éste es mi mono –dijo Fallon, y con expresión seria, casi lúgubre, mostró a la cámara una copia en papel de la caricatura de un mono con gafas de sol en forma de corazón rojo, gorra de capitán de barco y camisa marinera de rayas. Le había costado 220 000 dólares.

El segmento tenía el tono sombrío y mal disimulado de un publirreportaje para una empresa de *marketing* multinivel. Costaba creer que Fallon o Hilton se hubieran gastado cientos de miles de dólares en unos monos de dibujos animados, o que la promoción que estaban realizando pudiera animar a alguien a comprar uno. Sin embargo, tres meses después, el precio del mono aburrido más barato subió a 410 000 dólares. Muchos famosos más los estaban comprando: deportistas profesionales como Steph Curry, la estrella de los Warriors, Shaq, Dez Bryant, Neymar o Von Miller; raperos como Snoop Dogg, Eminem o Post Malone; los DJ Steve Aoki y Diplo, y músicos como The Chainsmokers. Justin Bieber pagó 1,3 millones de dólares por el suyo. Gwyneth Paltrow también se compró uno. Muchos de ellos utilizaron los monos en su foto de perfil de Twitter.

Para las estrellas, era una forma de demostrar que estaban al tanto de la última tendencia inversora, aunque fuera una distinción cuestionable. Para los aficionados a las criptomonedas, era una forma de formar parte del mismo club que los famosos; aunque algunos de ellos no fueran precisamente los más molones, evidentemente tenían más caché social que ellos. Y para la gente de Wall Street, pese a la sensación de presuntuosidad que transmitía, era una forma de conseguir ambas cosas. «Es una forma de indicar que eres un nativo de la Web3. Que eres uno de los chicos guays», le comentó un exbanquero de Goldman Sachs a un periodista en un tono que indicaba todo lo contrario.[2]

Uno de los errores más comunes acerca de los NFT es creer que el comprador posee una imagen digital única y verificable. Esto no es así.

---

2. Yueqi Yang: «Wall Street Firms Make Crypto Push to Catch Up with 'Cool Kids'», Bloomberg, 25 de abril (2022).

No hay nada que nos impida clicar con el botón derecho sobre el mono de Justin Bieber y descargar el archivo de imagen a nuestro ordenador. La réplica es indistinguible del original de 1,3 millones de dólares, y perfectamente válida para utilizarse en una foto de perfil. De modo que los compradores de *Bored Ape* no pagan cientos de miles de dólares por la caricatura digital de un mono, sino por la capacidad de demostrar que ellos son los que han pagado cientos de miles de dólares por la caricatura digital de un mono.

Volvamos a la cadena de bloques, esa gigantesca hoja de Excel colgada en la nube. ¿Y si, además de llevar la cuenta de los bitcoines o los vales de Ethereum que posee cada persona, también pudiéramos saber de quién es cada imagen del mono? Los NFT lo hicieron posible añadiendo una columna adicional a la hoja de Excel:

	Monedas ethereum	**Mono aburrido**
ZEKE	103	n.º 2735

La cadena de bloques ni siquiera contiene el archivo original de la imagen, sino únicamente un enlace a la imagen, la cual está almacenada en otro lugar de Internet.

En este caso, mi línea en la hoja de cálculo tendría un enlace a *Bored Ape* n.º 2735, el cual lleva un casco militar y gafas con forma de corazón. Todo el mundo podría ver ese simio aburrido, o incluso descargarse la imagen, pero sólo yo podría utilizar la cadena de bloques para demostrar que soy su propietario.

Puede que no parezca gran cosa. Pero, durante el auge de las criptomonedas, cuando la gente juzgaba a los demás por el tamaño de sus carteras y uno de los términos que provocaban mayor respeto era «degen», la abreviatura de jugador degenerado, poseer un NFT otorgaba el derecho a fanfarronear. En el momento de la aparición televisiva de Paris Hilton, los precios de los NFT habían subido tanto que los criptoinversores, famosos, agencias de talentos de Hollywood y casas de subastas de arte consideraron a los NFT el futuro del arte, la cultura y los videojuegos.

La mayoría de los NFT formaban parte de colecciones con miles de avatares que podían utilizarse como fotos de perfil. Esto facilitaba su exhibición, y el hecho de que fueran objetos prácticamente idénticos facilitaba que los operadores apostaran por su precio. En 2020, CryptoPunks, una de las primeras colecciones de este tipo, vendía sus NFT por menos de 1000 dólares; a principios de 2021 la cotización ya había alcanzado los 40 000.

La NBA había empezado a vender vídeos de momentos destacados de la jornada en formato NFT, los cuales funcionaban como cromos deportivos digitales. En marzo de 2021, el *Wall Street Journal* publicó la foto de un joven de veintisiete años que había ganado 15 millones de dólares vendiéndolos. Ese mismo mes, Christie's, la casa de subastas, ofreció un *collage* de dibujos de Beeple, el artista de NFT más popular. Pese a que los dibujos eran infantiles y muchos de ellos misóginos (Hillary Clinton con pene o Donald Trump con tetas y ropa *bondage)*, las críticas en el mundo NFT fueron extáticas. «Beeple representa un antes y un después en mi vida –aseguró Noah Davis, director de arte digital de Christie's–. De la misma manera que el mundo piensa en un antes y un después de Jesucristo». El collage se vendió por 69 millones de dólares.

Al ver el precio de otros NFT, mucha gente empezó a crear sus propias colecciones. El esfuerzo era mínimo. A los compradores no les importaba demasiado el aspecto de las imágenes, sólo querían subirse cuanto antes al próximo CryptoPunks. Una de estas colecciones, Pixelmon, recaudó 70 millones de dólares antes incluso de revelar las imágenes, las cuales parecían animales de Lego derretidos. Otra, llamada Loot, pasó completamente del arte; vendió ocho mil imágenes de cuadrados negros en cuyo interior se enumeraban con texto blanco objetos que suelen utilizarse en aventuras del estilo Dragones y Mazmorras: «varita/cota de malla/corona de demonio». Aunque ni siquiera existía el juego, ni Loot prometió nunca que lo habría, los coleccionistas de NFT se volvieron locos, alabando el diseño abierto que permitiría a la comunidad decidir qué quería construir con los objetos mencionados. El precio de cada cuadrado superó rápidamente los 80 000 dólares.

Durante unos meses, parecía que cualquiera mínimamente famoso o con conocimientos de criptografía podía ganar mucho dinero vendiendo NFT. Era aún más fácil de lo que había sido crear una ICO en el año 2017. Jack Dorsey, cofundador de Twitter, vendió una imagen de su primer tuit por 2,9 millones de dólares. Una mujer conocida en

Internet por vender pedos en conserva empezó a vender NFT de sus flatulencias. Su eslogan era «Imagina el olor».

Los Bored Apes llegaron en abril de 2021. Era una colección de diez mil caricaturas de monos que todas se parecían bastante a las de Fallon o Hilton. Algunos fumaban en pipa y otros llevaban camisas hawaianas. «Hacer el mono» se convirtió en una expresión de la jerga cripto para referirse a la acción de apostar a lo grande sin una investigación de mercado previa, pues la idea era que los miembros del Bored Ape Yacht Club eran los criptomillonarios del futuro, demasiado ricos para preocuparse de otra cosa que no fuera pasárselo en grande.

Al principio, Bored Apes no tuvo una gran campaña de *marketing*, y sus cuatro creadores no eran muy conocidos. De hecho, usaban seudónimos y mantenían en secreto sus nombres reales. Uno se hacía llamar «Gordon Goner» y otro «Gargamel». Encargaron los dibujos a varios artistas hasta entonces desconocidos. «Ven a hacer el mono con nosotros», escribieron sus creadores en Twitter para anunciar el lanzamiento, y añadieron el emoji de un par de tibias y una calavera, de un mono y de un velero.

Sin embargo, comparado con el bajo nivel de las colecciones de los NFT de la época, Bored Apes estaba bien diseñado. Los diez mil monos se agotaron a un precio de 220 dólares cada uno. Al cabo de un mes, el más barato costaba 1000 dólares. A partir de ahí, los precios se dispararon. Su éxito espoleó a una serie de imitadores simiescos. Solana Monkey Business, la colección que se negó a invitarme a su fiesta en la piscina de las Bahamas, fue uno de ellos. Los creadores de Bored Apes también empezaron a producir otras colecciones de NFT. Estaba el Bored Ape Kennel Club, donde se vendían perros para hacerles compañía a los monos, y posteriormente el Mutant Ape Yacht Club, monos de aspecto asqueroso que parecían haber estado expuestos a una lluvia radiactiva.

En septiembre, cinco meses después de su lanzamiento, se vendían monos aburridos en Sotheby's. La casa de subastas vendió un lote de 101 monos por 24,4 millones de dólares a un comprador anónimo, aunque se sospecha que fue Sam Bankman-Fried. Al mes siguiente, Sotheby's subastó un mono aburrido de color dorado. «Menos del 1 % de todos los monos aburridos tienen el pelaje dorado, lo que lo convierte en un NFT de importancia histórica», escribió la casa de subastas. Se vendió por 3,4 millones de dólares.

Era muy fácil reírse de todo aquello. Sin embargo, la gente que se dedicaba a comprar los NFT se lo tomaba muy en serio, además de ensalzar los beneficios de la comunidad NFT. Publicaban fotografías de fiestas salvajes en las que personas que lo único que tenían en común era poseer JPEG similares bailaban y se abrazaban unos a otros. Según ellos, era como poseer un trozo de la próxima *Guerra de las galaxias* o Mickey Mouse, y participar en la creación de un relato épico. Parecía divertido.

Un día, mientras iba en bici a Manhattan, vi un grafiti gigantesco de la calavera naranja de un mono pintado en el lateral de un edificio de Williamsburg. No SLEEP TIL APEFEST, rezaba el anuncio. Al parecer, la empresa responsable de la colección de los NFT Bored Ape Yacht Club organizaba un festival en un embarcadero del East River. Su página web prometía «cuatro noches salvajes de música, artículos publicitarios y arte, además de todo tipo de sorpresas de vuestros amigos los monos». El evento parecía dirigido a mileniales entrados en años: entre los artistas que habían actuado el año anterior figuraban The Strokes y Beck. Al igual que la fiesta en la piscina de Solana Monkey Business, sólo podían asistir aquellos que tuvieran un NFT de Bored Ape. Decidí comprarme uno.

Los amigos a los que se lo conté me dijeron que era muy mala idea.

«Tío, no te lo compres —me dijo mi amigo Sam—. No te lo vas a comprar, ¿verdad? El precio podría desplomarse de un día para otro. ¿No te darían un pase de prensa?».

Otro amigo me sugirió que me limitara a enseñar una captura de pantalla de un mono y que me colara. Pero no quería entrar gratis. Para mí, la insensatez de la idea era lo más importante. Quería saber qué se sentía al ser un degen.

Así que, una noche del mes de junio, esperé a que mis hijos se fueran a dormir para decirle a mi mujer, Nikki, que tenía algo que contarle. Al no ser un degen nato, quería tener su aprobación antes de apostar con nuestro dinero. Por entonces, ya estaba acostumbrada a hablar conmigo sobre mis extrañas investigaciones del mundo de la criptografía. Siempre me había animado a seguir la historia dondequiera que ésta me llevara, aunque eso significara dejarla sola en Brooklyn con nuestra hija de un año y nuestros gemelos de cuatro mientras yo viajaba a Miami o las Bahamas, o volvía a Miami o a las Bahamas. (Al final tuve que visitar cuatro veces las hermosas playas de arena blanca de las Bahamas).

Le conté que iba a celebrarse una gran fiesta cripto y que, para asistir, tenía que comprarme un NFT de Bored Ape. Me preguntó cuánto costaba y, cuando le dije que lo adivinara, ella me dijo que, dado que le había pedido que lo adivinara, debía de costar al menos un par de miles de dólares. Le expliqué que los monos aburridos costaban cientos de miles de dólares, pero que podía asistir a la fiesta comprando un mono mutante. Esos costaban unos 40 000 dólares.

«Zeke, eso es un año de universidad», me dijo horrorizada.

Le expliqué que pensaba venderlo después de la fiesta y que, si todo iba bien, no perderíamos mucho. Supuse que había pocas probabilidades de que el precio de los monos aburridos se desplomara la semana en que yo me compraba uno. En el sector de las inversiones en criptomonedas, le dije, podría decirse que es un valor estrella.

«¿Te estás burlando de mí?», me dijo.

A medida que hablábamos, Nikki se fue haciendo a la idea. Incluso especulamos un poco con la posibilidad de tener suerte y ganar algo de dinero, como nuestros vecinos que habían invertido en criptos. Podríamos cambiar nuestro monovolumen por un Tesla con puertas de alas de gaviota, o incluso comprarnos una casa en un lago y un barco para navegar en él. Nikki reconoció que merecía la pena correr el riesgo para poder ir a la fiesta.

«Estoy nerviosa –dijo–. Gracias por contármelo, pero ojalá no lo hubieras hecho».

Aunque hice todo lo posible por que no se notara, yo también estaba nervioso. Había visto a muchas personas convertirse en el blanco de las bromas de Internet tras perder a sus monos aburridos. Un propietario cometió un error tipográfico al poner a la venta un mono y perdió 391 000 dólares. «Era el dinero para la universidad de mis hijos. Para la hipoteca. Es una mierda que algunos de vosotros creáis que está bien que me hayan estafado», tuiteó la víctima del robo de un mono. Al actor Seth Green, que estaba trabajando en una serie de televisión en torno a su mono aburrido, al que le puso el nombre de Fred Simian, se lo robaron unos piratas informáticos y tuvo que gastarse 297 000 dólares para recuperarlo. (En la serie, una mezcla de acción real y animación al estilo de *¿Quién engañó a Roger Rabbit?* llamada *White Horse Tavern*, Simian iba a protagonizar el papel de un simpático camarero del barrio). En diciembre, un galerista de arte de Chelsea llamado Todd Kramer perdió 2,2 millones de dólares en monos. «Me han jaqueado –tuiteó lastimosamente–, me he quedado sin monos».

Todos estos casos eran muy divertidos siempre y cuando le ocurrieran a los demás. Pero entonces me imaginé a mí mismo, al cabo de veinte años, diciéndole a mi hijo que habríamos tenido el dinero para enviarle a Wesleyan si no me hubiera gastado 40 000 dólares en la foto de un simio.

Cuando me decidí a comprar un mono mutante, el precio había bajado a unos 20 000 dólares. Aunque me alegré de que el precio hubiera pasado del de un flamante Honda Odyssey al de un Dodge Caravan usado, no resultaba muy tranquilizador que hubieran perdido la mitad de su valor en dos semanas.

El proceso de compra del mono no me ayudó a sentirme mejor. Sólo se podía comprar en un mercado de NFT utilizando la criptomoneda Ether. (Así es como se llaman las monedas de la cadena de bloques Ethereum). En primer lugar, tuve que adquirir 20 000 dólares en étheres. Decidí utilizar Coinbase, la plataforma más popular del país. Para ingresar mi dinero en Coinbase, tuve que enviar una transferencia bancaria desde mi cuenta del Banco de América. Pagué 40 dólares en gastos bancarios; 30 para el Banco de América y 10 para Coinbase. Pero, como era la primera vez que enviaba tanto dinero por vía electrónica, estaba muy nervioso. Envié dos pequeñas transferencias a modo de prueba. Cuando se completaron, hice clic para enviar 20 000 dólares.

Diez minutos después, un representante del Banco de América me llamó. Al parecer, enviar esa cantidad a una plataforma de criptomonedas había hecho saltar las alarmas. El amable empleado, Oyet, me advirtió de que podía estar siendo víctima de una estafa.

«Queríamos asegurarnos de que ésta es su cuenta y de que no es víctima de un fraude –me dijo Oyet–. Dado que ha sido usted quien ha hecho la transacción, podría ser difícil recuperar el dinero. Si ocurre algo con la inversión, no podremos ayudarle a recuperar los fondos. ¿Quiere continuar con la transacción de todos modos?».

Tuve la sensación de que Oyet era más sensato que yo. A pesar de eso, le dije que siguiera adelante.

Una vez que mi dinero llegó a Coinbase, tuve que cambiarlo por étheres, lo que me resultó muy fácil. Coinbase funciona como E-Trade, con la única salvedad que, en lugar de acciones de Apple, estás comprando y vendiendo criptodivisas. No es exactamente lo que Satoshi Nakamoto tenía en mente cuando creó el primer sistema de dinero electrónico entre pares; Coinbase simplemente desempeña el mismo papel que un sitio web bursátil. Sin embargo, casi todo el mundo compra bitcoines, étheres o cualquier otra criptomoneda a través de plataformas como Coinbase.

Comprar étheres en Coinbase sólo era el primer paso. Descubrí que para conseguir mi mono mutante, primero tendría que transferir mis criptomonedas a uno de los servicios descentralizados que permiten tener las criptomonedas en tu propio ordenador, sin necesidad de intermediarios. El mejor lugar para comprar un NFT es una plataforma llamada OpenSea, pero, al tratarse de una plataforma descentralizada, no gestiona los pagos. En su lugar, mis étheres y mi mono tendrían que vivir en una aplicación de monedero digital llamada MetaMask.

MetaMask me hizo ver un vídeo de dos minutos antes de registrarme. En la pantalla aparecía una animación en tonos pastel de una persona sin rostro, un candado y una llave. «En los sitios web tradicionales, una base de datos central o un banco se encarga de controlar y recuperar tus cuentas. Pero en MetaMask, todo el poder está en manos del poseedor de una llave maestra –me explicó el narrador del vídeo–. Aquel que tiene la llave, controla las cuentas».

La voz siguió explicándome que la llave maestra era una serie de doce palabras que debía mantener a buen recaudo. Me advirtió que si alguien obtenía mi llave podría quedarse fácilmente con todos mis fondos. «Si alguien se la pide alguna vez, es que está intentando estafarle», dijo. Me mostró los ejemplos de un hombre echando tierra en un agujero y de otro usuario grabando sus palabras en una placa metálica, y me dijo que no le parecían ideas descabelladas.

A pesar de la relajante música electrónica que sonaba de fondo, toda aquella perorata sobre perder contraseñas, estafas y robos no me sentó nada bien. Me imaginé diciéndole a Nikki que había perdido mi mono, o descubriendo que había desaparecido misteriosamente al mirar el móvil.

Me sentí aún peor al darme cuenta de que MetaMask era una extensión del navegador, uno de esos programitas que habitan en el interior de Google Chrome y que hacen cosas como bloquear anuncios o recordar las contraseñas. En lugar de estar a salvo dentro del Banco de América, el cual estaba vigilado por un colosal departamento antifraude pertrechado de superordenadores y miles de amables representantes como Oyet, mis 20 000 dólares estarían contenidos dentro del diminuto icono de la caricatura de un zorro junto a la casilla donde se escriben las URL.

Para enviar mi dinero desde Coinbase, tenía que enviar una transferencia a la dirección de mi cartera MetaMask, una serie de 42 caracteres compuesta por letras y números aleatorios. (La mía era 0xfDE68e4A-BbE0A25a7a57626956E9A9B844CF4Cd3). Si la tecleaba mal, el dinero desaparecería para siempre. Esperé unos minutos después de introducir la dirección, con el corazón latiéndome aceleradamente. Entonces ocurrió: los étheres aparecieron en la lista de mis activos en la ventana emergente.

Finalmente, armado con un botón con la forma de la cabeza de un zorro lleno de étheres, me dirigí al sitio web de OpenSea y abrí la colección de Mutant Ape Yacht Club. Había monos con caras derretidas, camisas que ardían, dientes en las orejas, monos con globos oculares en el cuello y el cerebro al descubierto. Todos tenían un aspecto repugnante. Incluso si hubieran sido gratis, nunca los habría escogido para crear mi avatar en línea.

Cuando hice clic para hacer una oferta por un simio con un bombín ensangrentado, una ventana emergente me informó de que tenía que convertir mis étheres en étheres «envueltos». No tenía ni idea de lo que significaba eso. Parecía una de las estafas sobre las que me habían advertido. No quería que mi dinero desapareciera en la extensión de mi navegador antes incluso de adquirir un JPEG por 20 000 dólares. Pero estaba harto de buscar en la red términos criptográficos y había llegado demasiado lejos como para echarme atrás en aquel momento. De modo que hice clic en Aceptar.

Cada oferta me cobraba una «tarifa de gas» de unos tres dólares, una cantidad un tanto molesta cuando la tecnología se presenta al mundo como una sensible mejora respecto a las tarjetas de crédito. Estas comisiones se pagan a los operadores de la red Ethereum –muy parecidas a las recompensas que se pagan a los mineros de Bitcoin– y varían en función de la demanda, por lo que a veces pueden llegar a superar los cien dólares por transacción. Cuando vi que mi oferta por el simio con el sombrero ensangrentado no era aceptada de inmediato, pasé a otra. Acabé con el mono mutante n.º 8272. Era un mono naranja con pelaje también naranja. Su cara, cubierta por una barba de varios días, parecía estar derritiéndose, y llevaba un jersey de cuello alto hecho de gusanos. Fumaba en pipa y tenía los ojos inyectados en sangre, como si estuviera drogado. El precio, al cambio vigente, era de 20 680,27 dólares. Tuve que comprar más étheres para poder comprarlo.

En cuanto lo hice, un único pensamiento acudió a mi cabeza: *«¿Quién podía ser tan idiota como para comprar algo así? ¿Y si soy el último imbécil de esta industria?»*. Entonces comprobé la extensión del navegador con la cabeza de zorro para ver qué había comprado. Mi mono no estaba allí. Después de buscar frenéticamente en Internet, me enteré de que MetaMask, a pesar de ser la cartera estándar del sector, no mostraba automáticamente los NFT. Para comprobar que el mono era realmente mío, tuve que entrar en OpenSea, el mercado de NFT, y clicar en la cabeza del zorro.

Aquello se suponía que tenía que ser el futuro de Internet, del arte y del comercio. Pero, en lugar de eso, había convertido las compras en línea –un procedimiento tan fluido y divertido que algunas personas recurren a él para relajarse– en un calvario aterrador. Ahora entendía que todo aquello podía tener sentido si mi intención era hacerme rico y después ocultarle a Hacienda mis beneficios. El icono del zorro no me había pedido el nombre ni el número de la Seguridad Social. Pero no podía imaginar cómo alguien podía estar dispuesto a pasar por un proceso tan arriesgado y ridículamente complicado sin la esperanza de obtener a cambio el dinero suficiente para garantizar el futuro de sus hijos. Y, evidentemente, no creía que Jimmy Fallon o Steph Curry lo hubieran hecho ellos mismos.

Quería presumir de mi nuevo mono mutante, así que envié una foto a varios amigos. Algunos, al recibir el mensaje, me preguntaron, preocupados, si me habían jaqueado las cuentas. Otros sólo respondieron con un educado «jaja». Mi madre me devolvió la foto del mono y me preguntó si realmente era mío. Quería demostrárselo, pero no sabía lo suficiente sobre la cadena de bloques para entenderlo.

«Da igual», pensé. Seguro que en el ApeFest haría nuevos amigos que no se burlarían de mi mono mutante. Para prepararme, lo llamé Dr. Roña. Sabía de otros monos mutantes que habían ganado seguidores en Twitter inventándose historias muy elaboradas. Decidí que el Dr. Roña sería un detective privado que adquiere superinteligencia fumando hierba.

Al final, resultó que ser el propietario de un mono mutante no era suficiente para entrar en el ApeFest. Aunque los NFT a menudo se los promocionaba como una potencial mejora a los sistemas de venta de entradas por Internet, al parecer no funcionaban tan bien para el Bored Ape Yacht Club. En su lugar, los asistentes tenían que inscribirse previamente en un proceso complementario de verificación mediante el cual se autentificaba la propiedad de los monos, proceso que yo no había cumplimentado.

Por suerte, Jason Stone, el antiguo operador de Celsius, era un famoso coleccionista de monos y me invitó a acompañarle a la fiesta.

CAPÍTULO DIECISÉIS

Es la comunidad, hermano

El estruendo de la música se oía a una manzana de distancia del embarcadero del East River, en el centro de Manhattan, donde se celebraba el ApeFest. En el exterior, un mono hinchable del tamaño de un yate estaba tumbado sobre la acera. En lo alto de un velero amarrado al embarcadero ondeaba una bandera negra con la calavera de un mono. Un camión restaurante vendía «Tacos aburridos», mientras que otro, llamado «Bored & Hungry», ofrecía hamburguesas con queso.

Me encontré con Jason Stone en un bar al final de la calle, en una especie de reunión del Cártel Mutante, un grupo de coleccionistas de monos mutantes. Llevaba puesta una gorra del Bored Ape Yacht Club y parecía desanimado. Cuando esnifó una raya de ketamina, hizo un gesto desganado de agachar la cabeza para ocultarse debajo de la mesa. Me dijo que un multimillonario australiano al final había decidido no comprar uno de sus monos más raros, un «mega mutante».

«Si tienes diez millones, es tuyo. La oferta se acaba hoy», me dijo Stone.

Lior Messika, el presidente del Cártel Mutante, estaba más animado. El joven de veintiséis años estaba muy bronceado y llevaba el pelo engominado, un polo negro y una fina cadena de oro alrededor del cuello.

«Bienvenido a la familia, hermano —me dijo, estrechándome la mano y dándome un abrazo—. Has comprado en un buen momento».

Messika, cuya familia era propietaria de la empresa de joyería que llevaba su nombre, me contó que había comprado su primer mono al principio y que ahora tenía una colección valorada en unos 25 millones de dólares. Habíamos hablado por Zoom unas semanas antes, mientras navegaba cerca de la costa griega en su yate de 50 metros de eslora.

«Llevo aproximadamente un año coleccionando "griales". Así es como llamamos a las Mona Lisas de la colección del Bored Ape Yacht Club. Tengo algunos de los monos más bonitos del mundo».

Messika y el resto de los miembros del grupo cotilleaban entusiasmados acerca de los futuros lanzamientos de Yuga Labs, los creadores de Bored Apes.

«Monos *mecha*, tío —dijo Messika—. Monos completamente mecanizados».

Otro hombre, un tímido ingeniero cuarentón que llevaba una camiseta negra con el lema MORTALMENTE ABURRIDO y el pelo recogido en un moño, me dijo que tenía un megarrobot mutante valorado en millones de dólares. Me explicó que lo había ganado en una especie de lotería tras comprar un Mono Aburrido por unos 45 000 dólares.

«No hago ostentación —me aseguró—. Nadie de mi entorno real lo sabe».

Otro miembro del cártel, que se hacía llamar PTM, me dijo que esa misma noche su mono «sorbería» un «suero megamutante» y que generaría un nuevo mono megamutante. Tres meses antes, uno de esos sueros se había vendido por 5,8 millones de dólares, lo que lo convertía en una auténtica jugada degen. Sólo lo amortizaría si el nuevo mutante era aún más valioso.

Se habló de las «IP», de «cultura» y, por supuesto, de «comunidad». Messika dijo que cualquiera podía usar sus monos para crear nuevos juegos o productos publicitarios. El Cártel Mutante era su granito de arena en la construcción de una comunidad en torno a los Monos Mutantes, los cuales, en su opinión, habían sido un poco ignorados por sus propios creadores.

«Tiene todo lo bueno de pertenecer a una secta sin ninguno de los aspectos negativos —dijo Messika—. Es muy bonito experimentar esta gran camaradería».

Pese a no entender muy bien a qué se refería, debía admitir que me sentía bien formando parte de su grupo.

Fuimos juntos hasta el muelle y subimos hasta la azotea, donde tenían lugar los conciertos. Dos calaveras gigantes de neón iluminaban el escenario, y en las paredes habían pintado monos naranjas, imitando a los grafitis.

«Bienvenidos al ApeFest –gritó el DJ–. ¡Vamos!».

Había oído que en el ApeFest del año anterior los asistentes llevaban plátanos y farfullaban como simios, pero parecía que el público de aquel año se lo tomaba con calma, o todo lo calmado que se puede estar cuando llevas la ropa llena de caricaturas de monos. La mayoría eran hombres. Había hombres con camisetas de Bored Ape y hombres con gorras de Bored Ape caladas del revés. Hombres cargados con bolsas llenas de Bored Ape llenas de camisetas y gorras de Bored Ape. Hombres con tatuajes de sus monos. Muchos se dedicaban a repartir parches, pins o pegatinas de monos con la esperanza de aumentar la valoración de sus monos.

Parecía como si todo el mundo estuviera borracho o colocado. Algunos me dijeron que habían tomado setas. Un hombre de Florida con rastas de colores y una camiseta con el lema CRIPTO Y COCAÍNA me dijo que había traído dos dosis de LSD, un gramo de ketamina, dos Valiums y un poco de hierba. Un tipo bajito y corpulento de Miami vestido con un mono fluorescente y un gorro de pescador a juego repetía una y otra vez la misma frase cada vez que alguien intentaba hablar con él:

«Todo es un cuento de hadas».

Aunque nadie sabía quién iba a actuar, se rumoreaba que podía ser Bieber o Eminem. La actuación de la cómica Amy Schumer de primera hora de la tarde no tuvo demasiado éxito. Parecía avergonzada de estar allí y llamó nerdos a los asistentes.

«No sé qué significa NFT –dijo–. Por lo que veo desde aquí, supongo que significa "esta noche no follo", ¿no? ¿Me equivoco?».

Me habían advertido de que casi todo el mundo que conociera podría intentar robarme el mono. Los coleccionistas de NFT me recomendaron que no descargara ninguna aplicación ni escaneara ningún código QR. Me había llegado un rumor acerca de un código QR que servía para robar monos en una valla publicitaria de Times Square. Según me dijeron, la mejor forma de guardar mi mono era transferirlo a una memoria USB encriptada. Parecía complicado. No quería meter la pata y perder accidentalmente al Dr. Roña para siempre. Decidí dejarlo en la cabeza de zorro de mi ordenador y lo apagué, aunque no estaba muy seguro de que eso sirviera de algo. Lo que significaba que sólo tenía una captura de pantalla del Dr. Roña en mi teléfono para demostrar que era mío.

Aunque antes de venir a la fiesta había pensado que eso podía ser un problema, nadie me pidió que se lo enseñara ni que le contara la historia que había inventado para él. La gente a la que se lo enseñé me dijo que era una lástima que no tuviera un mono más caro.

«Intento no acercarme a los que tienen cara de mocos», me dijo un hombre en pantalones cortos de camuflaje, el pelo rubio peinado en punta y perilla.

Un joven de diecinueve años me avergonzó enseñándome un simio dorado que, según él, costaba un millón de dólares. Otro adolescente me dijo que sus padres le habían comprado un mutante mejor por 50 000 dólares.

«No me lo tomo muy en serio», me aseguró.

A Stone, mi anfitrión, tampoco parecía gustarle demasiado el ambiente. Se marchó a primera hora de la noche. El resto de los miembros del Cártel Mutante se reunió cerca del escenario para ver cómo el mono de PTM sorbía el suero. Habían encargado una caricatura especial para la ocasión, al estilo He-Man. PTM estaba embelesado. Llamó a su mujer por Facetime. Cuando le comunicaron que su mono se había transformado en un mutante dorado, soltó un largo gemido orgásmico.

«Me cago en la puta», exclamó mientras se enjugaba una lágrima.

Al otro lado del escenario, en las cabinas VIP, reconocí a los fundadores del Bored Ape Yacht Club. BuzzFeed los había sacado del anonimato dos meses antes.

Wylie Aronow, de treinta y cinco años, metro ochenta, musculoso, con una camiseta raída y un retrato realista de Charles Bukowski tatuado en el brazo derecho, le sacaba dos cabezas a Greg Solano, un joven de treinta y tres años con aspecto de bibliotecario y que en el pasado había sido crítico de poesía para una pequeña revista literaria. Aproximadamente un año antes, cuando los dos amigos habían empezado a enviarse mensajes de texto sobre la creación de un NFT, Solano trabajaba en una editorial y Aronow estaba en paro. Un año después, teniendo en cuenta la valoración de su empresa y su patrimonio en criptomonedas, supuse que ambos eran multimillonarios.

Su empresa, Yuga Labs, ganó 2 millones de dólares con la primera venta de Bored Apes en abril de 2021. Personalmente, me habría fugado a Dubái con las ganancias antes de que alguien destapara la estafa. Pero Solano y Aronow no lo hicieron. En lugar de eso, actuaron rápidamente para sacarle el máximo provecho.

Beeple, el famoso artista de los NFT, presentó a Aronow y Solano a Guy Oseary, mánager de Madonna, quien los aceptó como clientes. Oseary puso en contacto a muchos famosos con el Bored Ape Yacht Club.

La mayoría de ellos no tuvo que pasar por el ridículo proceso de Coinbase-Ethereum-icono de un zorro. Una empresa llamada MoonPay, que Paris Hilton había mencionado en el programa de Jimmy Fallon, era la encargada de proporcionar lo que definía como un «servicio de guante blanco para personas con un gran patrimonio que desean adquirir un NFT de la forma más sencilla y ahorrarse todas las complicaciones». (MoonPay aprovechó sus vínculos con diversos famosos para alcanzar una valoración de mercado de 3400 millones de dólares).

Aronow, Solano y sus colegas empezaron a producir más NFT de monos. Ganaron 300 millones de dólares vendiendo terrenos para los monos aburridos en un juego en línea –lo llamaron metaverso– que aún no existía. A continuación, crearon ApeCoins, una moneda para ese mundo imaginario, regalaron una parte a los propietarios de monos y se quedaron con unos 1000 millones de dólares para su empresa y ellos mismos. (Yuga Labs afirmó que ApeCoin fue creada de forma independiente por algo llamado DAO). Y nadie se quejó de haber sido engañado. Por alguna razón, la gente parecía encantada con la idea de pagar dinero real a cambio de unas feas caricaturas de monos. Esencialmente, tenían una licencia para imprimir dinero.

Una presentación para posibles inversores de capital riesgo preveía que Yuga Labs ingresara 455 millones de dólares netos en 2022, con un inaudito margen de beneficios del 84 %. Por supuesto, los inversores de capital riesgo se lo creyeron, liderados por los promotores de *Axie Infinity*, Andreessen Horowitz y la FTX de Sam Bankman-Fried, quien parecía tener tanto dinero que respaldaba prácticamente todas las empresas emergentes de criptomonedas.

La ronda de inversión, anunciada en marzo de 2022, valoró Yuga Labs en 4000 millones de dólares, la misma cantidad que Disney pagó para adquirir Lucasfilm y las franquicias de *La guerra de las galaxias* e *Indiana Jones*. Los Monos Aburridos, por supuesto, no eran las estrellas de una película popular, de hecho, no eran las estrellas de nada en absoluto. Sin embargo, en un asombroso acto de osadía, los promotores de los NFT aseguraron que eso era bueno.

Yuga Labs dijo que todo aquel que comprara un mono aburrido poseería los derechos sobre ellos en tanto «propiedad intelectual», lo que significaba que podían conceder licencias para que aparecieran en productos o películas. Aunque a los propietarios de monos les gustaba mencionar esto para justificar los precios, una película de monos aburridos me parecía una idea descabellada. Incluso suponiendo que llegara a hacerse, los derechos de la licencia apenas alcanzarían para pagar el coste de un mono aburrido. Para que todas las inversiones fueran rentables, 10 000 estudios cinematográficos tendrían que cerrar 10 000 acuerdos para hacer 10 000 películas de dibujos animados sobre 10 000 animales de aspecto similar.

La mayoría de los compradores de monos aburridos no ganaron ni un dólar con las licencias. Uno de los pocos que sí lo ganó con ellas fue Stone. Consiguió que Creative Artists Agency, la gigantesca agencia de talentos de Hollywood, le representara, tanto a él como a su colección de NFT. El acuerdo se anunció en *The Hollywood Reporter* en octubre de 2021, aunque no se reveló su verdadero nombre, sino sólo su seudónimo de Twitter: «0xb1». En la noticia aparecía una gran foto de su mono mutante demoníaco, el NFT que había adquirido por 1,1 millones de dólares y que usaba como su avatar.

A pesar del interés inicial —sus agentes se reunieron con el equipo de Seth MacFarlane, creador de *Padre de familia*, y con el director M.

Night Shyamalan–, no llegó a concretarse nada. Los planes de contratar a Rihanna para quemar una obra de Beeple ante las cámaras con un lanzallamas no llegaron a buen puerto, del mismo modo que la fiesta de Bored Ape que debía celebrarse en casa de Snoop Dogg.

«¿Qué le pasa a la gente? –me dijo Stone–. Creen que el mundo gira a su alrededor». El único acuerdo negociado por CAA fue un pago único de 33 000 dólares por los derechos para producir figuras de acción que se venderían en Target.

Otros intentos de obtener un rendimiento económico de los simios fueron aún más tristes. Además de los camiones restaurante, había un dúo de DJ Bored Ape, Salsa Bored (picante) y *Ape Shit,* un vídeo musical lanzado por Ape-In Productions («el sello discográfico de NFT»). Alguien trató de vender «Agua Ape» (una lata de agua normal con una pegatina de un mono aburrido), a la que definió como «la primera bebida de agua fresca y sostenible creada para la comunidad Web3».

Neil Strauss, el autor superventas, escribió un inescrutable libro de temática simiesca que salió a la venta como un NFT de edición limitada. Se vendieron al menos 2000 ejemplares por unos 250 dólares cada uno. «El Capitán Flipante estaba tumbado en su hamaca, al fondo de una habitación, mientras sostenía con desgana un cigarrillo Shaving Ape con su pie derecho –escribió–. Algunos dicen que ése es el motivo por el que su piel psicodélica y su gorra de capitán son tan coloridos, para que se le vea bien a través del humo». No estoy seguro de que alguien lo haya leído entero, pero yo obtuve un beneficio de 300 dólares cuando vendí mi ejemplar.

Pese a enseñar a todo el mundo mi Dr. Roña en el ApeFest para demostrar que era miembro del club, además de las horas que había dedicado previamente a hablar con sus agentes de relaciones públicas, Aronow y Solano se negaron a concederme una entrevista. Parecían estar muy nerviosos. Los precios de los monos aburridos estaban bajando. Algunos achacaban el descenso del precio a una teoría de la conspiración que aseguraba que los dibujos contenían imágenes nazis ocultas.

La teoría fue creada por Ryder Ripps, un artista conceptual y bromista de treinta y seis años que había colaborado con Kanye West y expuesto su obra en galerías de Nueva York. Estaba claro que se trataba de un trol experimentado. (En una ocasión se atribuyó el rediseño del sitio web de la CIA, ya que nadie se creería los desmentidos de la agencia de inteligencia). En enero registró una nueva página web, la bautizó con el seudónimo de Aronow, «Gordon Goner», e hizo pública su teoría.

En el sitio web puso un emblema nazi junto al logotipo de la calavera del Bored Ape Yacht Club. La verdad es que se parecían bastante. Sin embargo, el resto de las conexiones resultaban demasiado tenues, por no llamarlas improbables. Yuga Labs, argumentaba, era una referencia a Kali Yuga, un término del misticismo hindú popular entre la extrema derecha. «Gordon Goner» era, según él, un anagrama de *Drongo Negro*, y *drongo,* en el argot australiano, significaba «estúpido».

«Para cualquiera que conozca nuestra historia, es evidente lo absurdo que es todo esto –le dijo Solano posteriormente a otro periodista–. Dicho esto, la persistencia, la malicia del trol, lo jodidamente malvado que es todo el asunto, hacen que sea muy duro».

La parte más sólida de la teoría de Ripps era que las caricaturas de los monos jugaban con estereotipos raciales. Según Ripps, el uso de imágenes simiescas para insultar a las minorías raciales, lo que llamó «simianización», venía de lejos. Y la imagen de la caricatura de un mono de labios gruesos con una cadena de oro al estilo hip-hop alrededor del cuello resultaba repugnante.

«¿No te parece un poco condescendiente con nuestra cultura? –dijo Damon Dash, cofundador de Roc-A-Fella Records junto a Jay-Z–. ¿Es así como los friquis van de simpáticos y se ríen de nosotros? ¿Por qué sólo hay simios, gorilas o monos, cosas que se han utilizado durante años para faltarnos al respeto?».

Un mes antes del ApeFest, Ripps había empezado a vender sus propios NFT. Los llamó RR/BAYC. Eran réplicas exactas de monos aburridos; de hecho, dado que los NFT no contienen ninguna imagen, sino simplemente enlaces a ellas, los NFT de Ripps contenían enlaces a exactamente las mismas imágenes. Ofrecía los suyos mucho más baratos, a unos 200 dólares cada NFT. Ripps me dijo que no había estafado a Bored Apes, sino que había creado una nueva obra de arte situándola en un nuevo contexto.

«El NFT no es la imagen –dijo Ripps–. El NFT es una celda en la hoja de cálculo que está en la cadena de bloques que enlaza con una imagen. Nadie confunde sus monos con los míos».

Ripps encontró un público receptivo, ya fuera porque había algo de verdad en su teoría sobre las connotaciones nazis de los dibujos o porque cualquiera capaz de pagar cientos de miles de dólares por unas caricaturas de monos porque se lo había dicho Paris Hilton era intrínsecamente crédulo. Varios propietarios de monos aburridos me dijeron que habían comprado NFT de RR/BAYC como una forma de cubrir sus apuestas. Y después de la primera noche del ApeFest, encontré a más de mil personas en un chat de audio de Twitter discutiendo las teorías de Ripps. En los avatares de muchos de ellos aparecían monos. Los RR/BAYC acabarían agotándose. Ripps me confesó que el proyecto había recaudado 1,1 millones de dólares. (Más tarde, Yuga Labs le demandaría por plagiar su marca, algo que sus abogados denominaron, citando mal a alguien, «el epítome de lo guay». En abril de 2023, un juez falló a favor de la empresa).

¿He mencionado que el ApeFest era un festival que duraba cuatro noches? En una de ellas, Snoop Dogg actuó como DJ. A él no parecía preocuparle mucho la simianización. Llevaba una sudadera blanca con su mono, el Dr. Bombay, y actuó con un bailarín que llevaba puesta una gran cabeza del Dr. Bombay. Cuando Eminem apareció en el escenario como invitado sorpresa, el escenario estaba envuelto en humo de marihuana.

—¡Ése es el puto Eminem, hermano! –gritó alguien.

—Hace un minuto yo y Snoop hemos vuelto a hacer una canción juntos. Así que hemos venido esta noche a tocarla para vosotros y presentarla aquí –dijo Eminem.

Hizo un gesto al público con ambas manos y bajó del escenario con la mirada baja. En el vídeo que se emitió después aparecían monos aburridos rapeando y fumando porros.

En otro momento del espectáculo, se colocaron dos postes en el escenario y mujeres en bikini empezaron a hacer acrobacias en ellos. Una de las bailarinas se puso a perrear con el Dr. Bombay mientras Snoop cantaba un tema sobre ApeCoin.

«Si tienes ApeCoins, haz un poco de ruido, joder –gritó Snoop–. ApeCo-oi-oin –decía el estribillo–. No voy a caer en la trampa de esa mierda de Dogecoin».

Con posterioridad, leí en un documento legal que Snoop, supuestamente, tenía acciones de Yuga Labs. Casi me sentí aliviado al descubrir que seguramente había estado promocionando su propia inversión. La alternativa, que uno de mis raperos favoritos pensara que el Bored Ape Yacht Club molaba, habría sido peor.

A última hora de la primera noche del ApeFest, vi a Jimmy Fallon en la parte de atrás de la zona VIP. Tenía un aspecto bronceado y brillante, como si estuviera hecho de cera. Llevaba un cárdigan azul celeste sobre un polo de aspecto *vintage*. Questlove, componente de The Roots, la banda residente del programa de Fallon, actuaba como DJ. Fallon movía la cabeza al ritmo del hip-hop de los noventa.

La reciente caída de los precios de Bored Ape significaba que casi todo el mundo con el que había hablado en el ApeFest acababa de perder unos cuantos miles de dólares. Sin embargo, nadie parecía quejarse; quien hubiera perdido la fe en los monos aburridos, habría vendido el suyo y se habría quedado en casa. Yo, en cambio, estaba enfadado por ellos. Me pregunté si Fallon sentiría alguna responsabilidad por el hecho de haberlos promocionado en su programa junto a Paris Hilton. Puede que para ellos dos sólo fuera calderilla, pero algunas personas habían invertido los ahorros de toda una vida en aquellas caricaturas.

Me acerqué a Fallon y le dije que estaba trabajando en un libro sobre el mundo de las criptomonedas y que me había comprado un mono mutante. Cuando le enseñé al Dr. Roña, Fallon fingió mostrar interés. Yo fingí interés cuando él me dijo que creía que los monos aburridos eran un «experimento artístico genial».

—Quería venir a ver a la comunidad, ver qué pasa –me dijo.

—Tengo la sensación de que ayudaste mucho a que los NFT se hicieran populares –le dije, recordándole lo influyente que había sido su entrevista con Paris Hilton.

—¿En serio? –dijo Fallon.

—Sabes que la gente ha perdido dinero de verdad, ¿no? –dije.

—No tengo ni idea de inversiones –reconoció él–. Lo compré por la comunidad.

La mañana del último día del ApeFest, les conté a mis gemelos de cuatro años en qué estaba trabajando y les enseñé mi mono. Incluso ellos, que consideraban *Mi pequeño poni* algo fascinante, se quedaron decepcionados.

«¿Por qué no escribes sobre personas que construyen máquinas para ir al espacio?», me preguntó mi hija Margot.

Había llegado el momento de vender al Dr. Roña. La gente que no pertenecía al club no sabía que debía mostrarse impresionada, y la gente que pertenecía al club sabía que no era un caballo ganador. Cuando fui a hacer clic en vender, el diminuto zorro de mi navegador saltó para decirme algo un tanto misterioso: «Nice function here», y luego me pidió que clicara en FIRMAR tras un largo galimatías. ¿Me estaban jaqueando? Me daba igual. Lo único que quería era librarme del JPEG simiesco. Mi única preocupación era no encontrar a nadie lo suficientemente estúpido como para comprarlo.

Me pasé casi todo el día encendiendo el ordenador cada pocas horas para comprobar si ya lo había vendido. La ansiedad que sentía se debía tanto a las ganas que tenía de deshacerme del Dr. Roña como al miedo de ser jaqueado. Fueron algunas de las peores horas de mi vida. Por la tarde, me di cuenta de que el sitio web no funcionaba bien y alguien ya me había pagado 19 896,20 dólares en Ethereum. Entonces tuve que repetir el insoportable proceso de enviar esas monedas a Coinbase y convertirlas de nuevo a dólares sin perder mi dinero por el camino por culpa de algún error tipográfico o un jaqueo. En un momento dado, se cayó el acceso de Coinbase a la red Ethereum. Mi dinero estuvo en el limbo durante varias horas.

Si hubiera operado con monos en dólares estadounidenses, habría perdido unos 800 dólares. Pero en criptomonedas, hay una comisión asociada a cada transacción. Acabé gastando al menos otros 1160 dólares: 36 para Coinbase, 497 dólares para Yuga Labs por su porcentaje del 2,5 % en todas las ventas de monos, otros 497 dólares para el mercado de los NFT, 90 dólares para el Banco de América y unos 40 dólares en comisiones de Ethereum.

Dado que algunas personas etiquetan su dirección en la cadena de bloques con su nombre real, vi que el nuevo propietario del Dr. Roña era un hombre armenio que se llamaba David Movsisyan. En Twitter, dijo que había pensado que el Dr. Roña le permitiría entrar en el Ape-Fest. Había intentado entrar la última noche del festival, pocas horas después de comprar el mono mutante, pero no lo había conseguido. Me sentí culpable. Pese a perder dinero, había aprovechado la moda de Bored Ape para venderle por 20 000 dólares a un pobre tipo una fea caricatura que sabía que no le gustaba a nadie.

Me puse en contacto con Movsisyan y, cuando hablé con él tres semanas después, el armenio no estaba enfadado. Me dijo que era autónomo y que se dedicaba a generar caricaturas para gente que quería vender colecciones de NFT. Su primer proyecto se llamaba Gambling Apes, un plagio evidente de Bored Ape, y los creadores los habían vendido todos por una cifra próxima a los 2 millones de dólares. Tener un mono de verdad le ayudaría a generar más negocio. Me dijo que podía hacerme una colección de 10 000 caricaturas por tan sólo 15 000 dólares. Cuando me disculpé, me dijo que, en realidad, el Dr. Roña había aumentado su valor en 5000 dólares desde que se lo había vendido.

«Usted no me estafó —me dijo Movsisyan—. Fui yo quien le estafó a usted».

Una de las noches del festival, volví a encontrarme con Stone en el exterior. Después de sentarnos en un banco del parque, me confesó el motivo por el que había estado tan deprimido. Entre inhalaciones de ketamina, me explicó que los precios de las criptomonedas habían bajado y que Celsius se negaba a pagarle la indemnización que creía que le debían. También había depositado un montón de criptomonedas en una plataforma dirigida por adolescentes en California y se las habían robado. Su patrimonio, que en su día rondaba los 100 millones de dólares, había menguado considerablemente. Me dijo que se había escabullido de la fiesta de la noche inaugural del ApeFest porque le parecía que las personas que asistían eran unos farsantes.

«No son auténticos cripto. Los auténticos cripto tenían 90 millones de dólares y ahora sólo tienen 3 y quieren suicidarse», me dijo.

Fuimos a una fiesta en otra azotea, organizada por el Cártel Mutante. En un momento dado, se excusó para atender una llamada telefónica y, cuando volvió, estaba más pálido de lo que jamás he visto a nadie.

—Todo se está yendo a la mierda –dijo Stone–. Estoy hecho polvo. Necesito drogarme más.

Nos dijo, a mí y a uno de sus amigos, que la llamada había sido de su abogado. El Gobierno estaba investigando a Celsius.

—¿El federal? –preguntó el amigo.

—El FBI –respondió Stone.

CAPÍTULO DIECISIETE

Coles y nabos

La semana anterior al ApeFest, Celsius anunció que sus clientes ya no podrían retirar fondos. Aunque el criptobanco lo denominó eufemísticamente «pausar todas las retiradas», era el equivalente digital de una sucursal bancaria que cierra sus puertas para evitar que la gente retire su dinero en efectivo, la primitiva técnica que algunos utilizaron durante las quiebras bancarias de los años veinte. El fundador de Celsius, Alex Mashinsky, me había asegurado que su empresa era más segura que cualquier banco. Cuando le pregunté por qué sus tipos de interés eran mucho más altos que los de los bancos, me dijo que los banqueros eran deshonestos y avariciosos.

«Alguien miente –me había dicho Mashinsky–. O miente el banco o miente Celsius».

Ahora quedaba claro que el mentiroso era Mashinsky. Por eso los agentes federales habían llamado a Jason Stone, el antiguo operador de Celsius que me había invitado al ApeFest. Tras reunirse con las autoridades, Stone me informó que no iban tras él. Querían saber si Mashinsky y otros ejecutivos de Celsius habían robado dinero o mentido sobre las finanzas de la empresa. Les contó entusiasmado a los agentes federales lo que me había estado contando a mí: que Celsius había perdido el rastro de enormes cantidades de dinero de sus clientes y que se lo jugaba en todo tipo de apuestas inapropiadas.

«La verdadera razón por la que la gente le da dinero a Celsius es porque esperan que esté seguro –dijo Stone–. Se supone que son una organización profesional estructurada. Pero, en realidad, no son más que charlatanes que venden aceite de serpiente».

La estampida bancaria en Celsius fue parte de una crisis general que afectó a casi todo el sector de las criptomonedas en el verano de 2022, y que se prolongó durante varios meses. Fue como asistir a la caída de un castillo de naipes a cámara lenta. Durante todo aquel tiempo estuve comprobando los precios de Tether para ver si se iniciaba una estampida de la moneda estable.

La crisis empezó en mayo. El precio de los vales llevaba unos días cayendo, junto con las acciones tecnológicas y otros favoritos de los operadores intradiarios. Entonces, una empresa de criptomonedas dirigida por un desagradable surcoreano de treinta años llamado Do Kwon se desmoronó.

En aquel momento no lo parecía, pero esto provocaría la caída de una gran parte de la economía cripto.

La moneda principal de Kwon se llamaba TerraUSD, una moneda estable como Tether, pensada para que siempre cotizara a un dólar. Sin embargo, Kwon no prometía respaldar sus monedas con dólares en una cuenta bancaria. En lugar de eso, TerraUSD estaba respaldada por una segunda moneda inventada por Kwon que se llamaba Luna. Como Kwon controlaba el suministro de Luna, podía crear de la nada tantas monedas como necesitara.

Si tienes dificultades para entender la lógica de todo esto, en realidad es una buena noticia, porque indica que tu instinto inversor es bueno. El cómico John Oliver más tarde resumiría el disparatado plan de negocio de Do Kwon de la siguiente manera: «Un nabo siempre vale un dólar. Y la razón por la que puedo garantizarlo es que venderé tantas coles como haga falta para que sea así. Por cierto, las coles también las hago yo».

La razón por la que la gente se tragó el plan Terra-Luna de Kwon es que las monedas TerraUSD podían depositarse en un criptobanco especial llamado Anchor, también controlado por Kwon, que pagaba una tasa de interés anual del 20 %. Esto planteó algunas preguntas obvias, como, por ejemplo: «¿De dónde sale el dinero para pagar esas tasas de interés?» o «Esto es un esquema Ponzi, ¿verdad?».

Como Kwon no tenía respuesta a estas preguntas, se dedicaba a insultar a cualquiera que le cuestionara. «No debato sobre los pobres en Twitter», contestó a uno de sus críticos. Su plan, si se le puede llamar así, era ganar tanto dinero que, con el tiempo, pudiera tener suficientes activos como para respaldar él mismo a TerraUSD.

Kwon no estaba chiflado. Su empresa estaba respaldada por algunos de los principales inversores de capital riesgo en criptomonedas. Uno de ellos era Mike Novogratz, exoperador de Wall Streeter, quien llegó a tatuarse en el hombro izquierdo la palabra LUNA, al lado de un lobo aullando bajo la Luna.

El esquema de Kwon hizo rica a mucha gente. Antes de la quiebra, el valor combinado de Terra-Luna superaba los 60 000 millones de dólares. Pero, a partir del 7 de mayo, después de que los operadores se asustaran por una gran venta de TerraUSD, muchos empezaron a canjear sus criptomonedas estables por vales Luna y a venderlos, provocando la caída del precio. Cuanto más bajaba el precio de Luna, más vales Luna tenía que emitir Kwon.

El 9 de mayo, Luna perdió más de la mitad de su valor (menos de 30 dólares) y al día siguiente perdió otros dos tercios. Kwon exhortó a sus seguidores a resistir. «Cada vez queda menos…, manteneos fuertes, lunáticos», tuiteó.

No obstante, la trágica espiral no se detuvo. La mañana del 13 de mayo había 6,5 billones de Lunas en circulación, y su precio había caído hasta 0,00001834 dólares. El precio de TerraUSD cayó por debajo de los 20 céntimos, ya que, pese a que aún podía canjearse una moneda TerraUSD por un enorme montón de vales Luna, no había nadie interesado en comprarlos. Nadie quería coles ni nabos. Los 60 000 millones de dólares se habían esfumado.

Durante un corto período de tiempo, dio la impresión de que Tether iba a ser la siguiente ficha de dominó en caer. Las monedas casi siempre cotizaban a casi un dólar porque la empresa siempre había prometido canjearlas a ese precio. Cualquier descenso por debajo de ese nivel indicaría una pérdida de confianza. El 12 de mayo, cuando el esquema de Kwon se vino abajo, tanta gente se apresuró a deshacerse de sus téthe-res que en algunas plataformas el precio de un vale cayó por debajo de los noventa y cinco céntimos. Parecía que la estampida había comenzado.

Los críticos de Tether estaban entusiasmados. Bitfinex'ed, el crítico anónimo que me había pedido que lo llamara Andrew cuando nos conocimos en la piscina de la bahía, ese día publicó más de sesenta mensajes en Twitter. Nate Anderson, de Hindenburg, me dijo que tenía la sensación de que su escepticismo no tardaría en verse reivindicado.

«Los dos últimos años han sido como una luz de gas perpetua con-tra cualquiera que osara expresar algo de cautela –dijo–. Ahora todo se está desencadenando muy deprisa».

El director tecnológico de Tether, Paolo Ardoino, se comprometió en las entrevistas que concedió por entonces a defender la base de un dólar y les aseguró a los inversores que la compañía tenía disponible dinero más que suficiente en efectivo así como acceso a inversiones fáciles de vender. Prometió que cualquiera que quisiera recuperar su dinero podría hacerlo.

«En el peor de los casos, Tether simplemente se hará más pequeña», dijo.

Dado que las transacciones en la cadena de bloques son públicas, pude asistir al espectáculo de los inversores enviando cada vez más té-theres para que se los canjearan; en un solo día, llegaron a canjearse vales por valor de 3000 millones de dólares. Aparentemente, Tether fue capaz de reunir el dinero necesario para pagarles, de modo que el precio del vale volvió a subir hasta el dólar. Sin embargo, los reembol-sos no parecían ralentizarse. «¿Es éste el comienzo de una estampida bancaria a cámara lenta –escribí en una nota para mí mismo–, o la evidencia de que todo va según lo planeado?».

· · ·

Por entonces, Celsius también tenía problemas. Corrían rumores de que la empresa realmente no tenía el dinero que aseguraba tener. El 13 de mayo, el día después de que Tether cayera por debajo del dólar, Mashinsky trató de tranquilizar a sus clientes asegurándoles que sus fondos estaban a salvo. «Celsius está más fuerte que nunca –dijo en un vídeo en directo–. Seguimos operando y haciendo lo que Celsius hace mejor: servir a la comunidad, proteger a la comunidad, asegurarnos de que sus activos están ahí para cuando los necesiten».

Pero, entre bastidores, la situación era calamitosa. Celsius había perdido gran parte del dinero que sus clientes habían depositado, y aún no se lo había dicho. Darle dinero a Stone para que lo apostara en DeFi al final demostró ser una de sus actividades de inversión más seguras. De hecho, la empresa no tenía ninguna forma fiable de generar dinero para pagar los tipos de interés que prometía. En secreto, había estado comprando grandes cantidades de su propia criptomoneda, el vale CEL, en un intento por mantener alto su precio, incluso mientras Mashinsky se deshacía de sus propias participaciones. Además, había concedido préstamos sin garantía a grandes operadores que querían apostar por el negocio de las criptomonedas. En un canal corporativo de Slack, un ejecutivo de Celsius había bromeado diciendo que su puesto de trabajo debería haber sido «Consultor Ponzi». Otro ejecutivo explicó el problemático modelo de negocio de la empresa: «Pagar rendimientos insostenibles para poder obtener [activos bajo gestión], lo que te obliga a asumir más riesgos, sufrir pérdidas debido a esos riesgos + control/juicio deficientes y estás donde estás», escribió el 9 de junio. (Mashinsky y sus abogados han calificado de «infundadas» las acusaciones de fraude. Según ellos, Celsius se vino abajo por «una serie de calamitosos acontecimientos externos»).

Mientras Mashinsky aseguraba públicamente que todo iba bien, Celsius intentó conseguir un rescate financiero. Entre las empresas a las que pidió ayuda estaba Tether. Ambas empresas tenían lazos profundos. Estaba el préstamo de vales Tether por valor de 1000 millones de dólares del que Mashinsky me había hablado. Además, Tether era uno de los mayores inversores de Celsius. A pesar de todo, Tether rechazó la petición de rescate de Celsius. De hecho, en lugar de rescatarla, Tether liquidó el préstamo de Celsius, lo que agotó aún más las reservas de Mashinsky.

Entonces, Celsius hizo un último intento desesperado. Recurrió a Sam Bankman-Fried. Desde su conferencia de las Bahamas, se había convertido en el hombre más famoso del sector. Su capacidad de acumular dinero parecía no conocer límite. Los ejecutivos de Celsius exploraron la posibilidad de que les comprara la empresa. Bankman-Fried se reunió con ellos el 12 de junio. Caroline Ellison, la directora de Alameda, su fondo de cobertura, también participó en la reunión telefónicamente. El balance anual de Celsius les despertó muchas dudas, así que finalmente decidieron rechazar la operación.

«Hay empresas cuya situación es demasiado precaria para que resulte práctico respaldarlas», le dijo Bankman-Fried más tarde a un periodista.

La decisión de impedir la retirada de capital se produjo pocas horas después de que Bankman-Fried rechazara el rescate de Celsius. La situación se convertiría en permanente, y Celsius terminaría declarándose en quiebra.

La siguiente empresa en caer fue un fondo de cobertura llamado Three Arrows Capital que durante mucho tiempo fue considerado uno de los mejores inversores en criptomonedas. Su Zhu, uno de sus fundadores, era el promotor de una teoría influyente a la que bautizó con el nombre de «superciclo», la cual se basaba en la creencia de que los precios de las criptomonedas alcanzarían cotas inimaginables porque éstas iban a conquistar el mundo.

Zhu predijo que el precio de un solo bitcoin alcanzaría los 2,5 millones de dólares. En Twitter, donde tenía más de 500 000 seguidores, en una ocasión comparó la invención de las criptomonedas con la creación de la poesía folclórica, el libro o la fotografía. «La mayoría es consciente de que la criptografía es el 4.º paradigma informático, pero también es la 4.ª Época de la Memoria Aumentada», escribió. Comentarios como el anterior le convirtieron, para los estándares cripto, en un intelectual de referencia.

Puede que las teorías de Zhu fueran estúpidas, pero costaba poner en duda los resultados. El año 2012, cuando fundó Three Arrows con un amigo de primaria de la Academia Phillips, en Massachusetts, el fondo tenía un millón de dólares, parte de los cuales procedían de sus padres. En aquel momento se rumoreaba que los dos hombres de treinta y cinco años controlaban unos 10 000 millones de dólares. El fondo fue uno de los primeros en respaldar el esquema Terra-Luna de Do Kwon y *Axie Infinity*.

Zhu había ganado lo suficiente para comprarse dos casas en Singapur por unos 57 millones de dólares. Y le encantaba enseñarles a sus amigos fotos del superyate de 52 metros de eslora que había encargado. Iba a ponerle *Much Wow,* una broma privada sobre Dogecoin.

Había visto a Zhu en la conferencia «Crypto Bahamas» de Bankman-Fried el pasado abril. Nuestras experiencias en la conferencia habían sido un poco distintas. Yo había volado en un avión comercial y un hombre con un NFT de un mono falsificado se había burlado de mí por pedirle si podía asistir a su fiesta. Él había llegado en un *jet* privado y publicó una foto en Instagram donde se le veía al lado de Katy Perry.

Aunque no lo sabía mucha gente, gran parte del dinero que Three Arrows utilizaba para sus apuestas de superciclo se lo pedía prestado a Celsius y a otras empresas de criptomonedas que también ofrecían cuentas con un alto rendimiento. El fondo de cobertura estaba dispuesto a pagar un alto tipo de interés, lo cual era conveniente, porque los prestamistas necesitaban encontrar alguna forma de ganar dinero para cumplir las promesas que ya habían hecho a los depositantes. Kyle Davies, el amigo de infancia de Zhu y cofundador del fondo, más tarde dijo que los prestamistas estaban tan desesperados por prestar dinero que no pedían casi ninguna prueba de que Three Arrows iba a devolver el préstamo. «En una de las últimas llamadas que hicimos alguien me prestó casi 1000 millones de dólares, por teléfono –aseguró–. Sin ningún tipo de aval. Así es cómo estaba el sistema. La gente necesitaba sacarse los dólares de encima».

Y Three Arrows había canalizado gran parte de ese dinero hacia Terra-Luna. Cuando ésta se derrumbó, el fondo de cobertura perdió 600 millones de dólares. (Los fundadores aseguraron más tarde que se dejaron influir por su amistad con Kwon, que vivía cerca de ellos en Singapur). El 11 de mayo, uno de los prestamistas de Three Arrows envió un mensaje a un ejecutivo del fondo de cobertura pidiendo el reembolso; estaba dispuesto a aceptar el pago en tétheres o cualquier otra criptomoneda estable. «¿Eh? –respondió el ejecutivo de Three Arrows–. Ehh, mmm». El fondo no devolvió el préstamo.

El 14 de junio, dos días después de la «pausa» de Celsius, Zhu recurrió a Twitter para desmentir los rumores de que su fondo estaba pasando ciertas dificultades. «Estamos en un proceso de comunicación con las partes pertinentes y plenamente comprometidos a resolver la situación», escribió, lo que no sonaba demasiado tranquilizador. Dos semanas después, Three Arrows se declaró en quiebra. Los documentos judiciales mostraron que el fondo poseía una cartera de NFT. Entre ellos había un simio aburrido con una «cinta de chef de sushi» vagamente racista y una imagen pixelada de la caricatura de un pene llamada CryptoDickButt, la cual en aquel momento costaba la increíble cifra de 1000 dólares. (Davies me dijo que le enviaron uno sin solicitarlo, al parecer por algún tipo de exhibicionista cripto).

La caída de Three Arrows provocó grandes pérdidas a todos sus prestamistas. Celsius les había adelantado 40 millones de dólares. Los competidores de Celsius, BlockFi y Voyager Digital, revelaron que habían hecho préstamos aún mayores al fondo de cobertura. Incluso las empresas que no habían prestado dinero a Three Arrows se vieron afectadas. Se descubrió que Gemini, una plataforma de prestigio, había prestado el dinero de sus usuarios a una empresa llamada Genesis Global, que a su vez se lo había prestado a Three Arrows.

Esto no era para nada lo que esperaban los usuarios de Celsius y las demás empresas. Ellos creían que sus cuentas eran de bajo riesgo, cuando en realidad le estaban prestando su dinero a Three Arrows, el jugador más borracho del criptocasino, quien lo intercambiaba por las coles y los nabos de Do Kwon.

Algunos compararon la crisis crediticia de las criptomonedas con la crisis financiera de 2008, cuando muchos bancos estadounidenses apostaron fuerte por títulos hipotecarios de riesgo. Aquella comparación, sin embargo, me parecía que era darle demasiados méritos al sector de las criptomonedas. A mí me recordaba más a la red de «fondos subordinados» que reunían dinero de inversores y lo inyectaban en el esquema Ponzi de Bernie Madoff, quedándose para ellos una comisión. Como escribieron los criptoescépticos David Gerard y Amy Castor, el sector era como una pirámide invertida cuya punta descansaba sobre un castillo en el aire: el esquema Ponzi de Kwon. Cuando la caja cedió, la pirámide se vino abajo.

Las pérdidas afectaron a todo el sector. Michael Saylor, el profeta de las criptomonedas con ojos láser que se convirtió en la estrella de la conferencia sobre Bitcoin en Miami, dimitió como director ejecutivo de su empresa, MicroStrategy, después de que ésta perdiera casi 1000 millones de dólares en sus apuestas con Bitcoin. Los hoteleros y promotores de clubes nocturnos de Miami se quejaron de la desaparición de los adeptos cripto que se gastaban miles de dólares en champán, le entregaban fajos de billetes a 50 Cent para que los lanzara al público y mostraban los saldos de sus cuentas en sus pequeñas carteras con el icono del zorro de sus móviles.

«Aunque nadie enseñaría nunca su cuenta bancaria, la gente no tiene reparos en enseñar su criptocartera –le dijo un socio de la discoteca E11EVEN a un periodista–. He visto más criptocarteras en un año que cuentas bancarias en toda mi vida».

Tras el fracaso de Three Arrows, Davies se mudó a Bali, donde se dedicó a pintar, probar los hongos alucinógenos y leer a Hemingway.

«Comes platos grasientos con mucho cerdo, bebes un montón de alcohol, vas a la playa y te dedicas a meditar», le dijo a un periodista.

Tanto él como su amigo habían ahorrado el dinero suficiente para no tener que volver a trabajar en toda su vida. Los auténticos perdedores fueron los ciudadanos de a pie que confiaron sus ahorros a empresas como Celsius, de Mashinsky, o Terra-Luna, de Kwon. Se reunieron para compadecerse en Twitter o Reddit, donde algunos administradores de foros publicaron enlaces a líneas de atención al suicidio.

«Me sentí como si estuviera viendo arder mi propia casa o algo así», dijo un inversor en un audio chat de Twitter. «No sois idiotas, no sois despreciables –intervino el moderador–. Por favor, gente, no toméis ninguna decisión precipitada».

Los periódicos se llenaron de historias de gente que había perdido los ahorros de toda una vida. Hablé con Odosa Iyamuosa, un joven de veintiocho años que vivía en Abuja, Nigeria. Me contó que había pensado que Terra-Luna era una buena oportunidad para salir de una ciudad donde, según él, muchos trabajos sólo pagaban dos dólares al día, o menos. Había ahorrado un poco de dinero vendiendo zapatillas de imitación Nike y Adidas a compradores locales que encontraba en Instagram. Necesitaba 16000 dólares para poder matricularse en un programa de análisis de datos de la universidad de Toronto, ya que su objetivo era trabajar en una gran empresa estadounidense, como Netflix o Google. Durante unos meses, pareció que su plan funcionaba. Pero, después de la crisis, sólo le quedaron veinte dólares. Me contó que seguía al acecho en Twitter y Discord, la aplicación de chat, para encontrar un proyecto criptográfico que le permitiera recuperar su dinero.

«No hay absolutamente nada más para mí —me dijo—. No lo sé, tío. En serio, no hay trabajo. No hay nada».

Muchos inversores escribieron al juez que supervisaba el caso de bancarrota de Celsius para suplicar que les permitiera acceder a sus fondos. No podían entender que el dinero se hubiera esfumado por culpa de las descabelladas apuestas de Mashinsky. El director de un banco regional de Lancaster, Pensilvania, un padre de treinta y seis años con dos hijos pequeños, dijo que había perdido 205 000 dólares, todos sus ahorros para la jubilación; un pastor irlandés aseguró que había perdido su granja, y un especialista de cine de Los Ángeles dijo que lo habían desahuciado.

«Nadie debería permitir jamás que una empresa financiera retuviera su dinero con el pretexto de que podría quedárselo de forma permanente», escribió.

Llamé a otro de los furiosos clientes de Celsius: Chapman «Chappy» Shallcross, un capitán de bomberos jubilado de cincuenta y siete años vecino de Orange, California. Chappy empezó a interesarse por las criptomonedas durante la pandemia, cuando tenía mucho tiempo libre. A su hijo Zach (que resultó ser la estrella de la edición 2023 del programa televisivo *The Bachelor)* también le gustaba hacer pequeñas apuestas con Bitcoin, Ether y Dogecoin, y disfrutaban hablando de las nuevas monedas que iban apareciendo en el mercado.

«Estrechamos los lazos que nos unen tratando de entender qué son las criptomonedas y cómo funciona la cadena de bloques —me dijo Zach—. Aún sigo sin entenderlo».

Chappy no le dijo a su hijo que había utilizado unos 200 000 dólares de sus ahorros de jubilación para comprar criptodivisas de Ether y Cardano, monedas que depositó en Celsius en diciembre de 2021.

«Creo que la descentralización es buena, y creo que la tecnología detrás de la cadena de bloques y las criptodivisas pueden ser geniales

—le comentó Chappy a otro periodista—. Sin embargo, cuando recibes el bofetón que significa perder todos tus ahorros para la jubilación, no puedes evitar pensar: "Ojalá existiera algún tipo de regulación que hubiera evitado esto"».

Al igual que Chappy, muchos de los inversores con los que hablé dijeron seguir comprometidos con las criptomonedas. Aunque tuve la sensación de que en realidad lo que les pasaba era que no querían admitir que se habían equivocado.

«Para mí el dinero no es lo más importante; lo más importante es el futuro», me dijo un médico de urgencias de Lafayette, Luisiana, después de perder 800 000 dólares. Me aseguró que aún creía que Bitcoin subiría, y lo llamó «el activo digital más puro que se puede comprar y que inevitablemente aumentará su valor».

Por su parte, Sam Bankman-Fried salió del verano de la crisis de las criptos como un héroe. En junio de 2022, rescató a BlockFi y Voyager con préstamos de emergencia tras las pérdidas que habían sufrido con la caída de Three Arrows, aunque al final Voyager también se iría a la bancarrota. Los rescates le sentaron estupendamente a su imagen pública. Si hasta entonces había sido el chico de oro de las criptomonedas, a partir de aquel momento se convirtió en el salvador del sector.

Fortune lo sacó en portada, con el titular: «¿El próximo Warren Buffett?». En el artículo que lo acompañaba, le llamaban «el caballero de la brillante armadura de las criptomonedas» y «un niño prodigio de las operaciones bursátiles cuya ambición no conoce límites». *The Economist* y Jim Cramer, presentador de la cadena televisiva CNBC, compararon a Bankman-Fried con el financiero John Pierpont Morgan sénior, a quien se atribuye el uso de sus propios fondos para evitar el pánico bursátil de 1907. Bankman-Fried hizo otra ronda de entrevistas y apariciones televisivas donde explicó cómo había salvado las criptomonedas.

«Creo que tenemos la responsabilidad de considerar seriamente la posibilidad de intervenir, aunque sea a costa de perder algo, para detener el contagio —dijo Bankman-Fried a NPR—. Aunque no hayamos sido los causantes ni hayamos estado implicados en ello. Creo que es lo más saludable para el ecosistema».

Bankman-Fried dijo algo inquietante en una entrevista para *Forbes* de aquel mismo mes de junio. Aunque aseguró a la revista que a FTX le estaba yendo muy bien, dijo que otras plataformas de criptomonedas ya habían perdido el dinero de sus clientes y aún no se lo habían dicho a nadie.

«Algunas plataformas a terceros en estos momentos ya son insolventes y nadie lo sabe», dijo.

No podía creer cómo era posible que Tether sobreviviera cuando una empresa cripto tras otra bajaba la persiana. Era más que frustrante. En 2021, podría haber elegido una empresa que investigar lanzando un dardo a una pared llena de logotipos de criptoempresas y, muy probablemente, la que hubiera acertado ya no existiría. En cambio, me había pasado más de un año investigando una de las pocas empresas que todavía seguían en pie.

Seguía pensando que Tether era cuestionable. De hecho, cuanto más investigaba, menos confiaba en la empresa y sus directivos. Sin embargo, en julio, Tether había canjeado 16 000 millones de dólares en vales y evitado una estampida bancaria.

Algunos escépticos como Anderson me aseguraron que eso no era ninguna prueba de que la empresa tuviera todo el dinero que aseguraba. Canjear 16 000 millones de monedas sólo demostraba que Tether tenía 16 000 millones de dólares. Puede que hubiera perdido 5000 o 10 000 millones, pero a menos que se canjearan todos los vales, no había forma de saberlo.

Por supuesto, siguiendo esa lógica, también era muy difícil para Tether demostrar que su dinero estaba respaldado. Cuando empecé a investigarla, estaba convencido de que era el tipo de misterio que podía resolver. Ahora empezaba a pensar que se trataba de un pozo insondable.

Me pregunté por qué la gente no estaba vendiendo sus téesheres. Era evidente que existía al menos una pequeña posibilidad de que Tether cerrase. Incluso alguien que confiara plenamente en la empresa, a pesar de todas las razones en contra, tendría motivos para retirar sus fondos. Los inversores ni siquiera tendrían que salir del mundo de las criptomonedas. Los téesheres podían cambiarse fácilmente por otra moneda estable de la competencia, USDC, cuya sede estaba en EE. UU. y que no tenía un turbio pasado.

Leí que en algunos países con una alta inflación, como Turquía o el Líbano, algunas personas estaban comprando tétheres como una forma de acceder al dólar estadounidense, estable en comparación con otras monedas. Aunque la propia Tether fomentaba esta explicación, no había visto demasiadas pruebas de que estos usos estuvieran lo suficientemente extendidos como para representar una parte significativa del gigantesco volumen de negocio que tenía Tether.

Otra teoría que había oído era que los mayores clientes de Tether podían ser personajes turbios que preferían trabajar con una entidad en el extranjero menos dispuesta a compartir información con las autoridades estadounidenses. A los blanqueadores de capital les importaría poco si Tether estaba respaldada o no, lo único que querrían era mover su dinero sucio rápidamente.

Algunas personas sí estaban utilizando Tether para blanquear dinero. Uno de sus primeros promotores más destacados, un operador de divisas chino llamado Zhao Dong, se declaró culpable en 2021 de cargos penales en China por utilizar Tether en el blanqueo de 480 millones de dólares para casinos ilegales. Vi la criptomoneda mencionada de vez en cuando en otros casos. Cuando Corea del Norte enviaba trabajadores al extranjero para ganar dinero en efectivo, les hacía pagar con tétheres u otras criptomonedas estables. La ONG Transparencia Internacional Rusia descubrió que muchas plataformas de criptomonedas en Moscú aceptaban, con controles de identidad poco fiables, tétheres de usuarios y, a cambio, hacían que un mensajero en Londres repartiera fajos de billetes.

Encontré otra enigmática mención a Tether en un caso penal contra un blanqueador de capital ruso. La fiscalía estadounidense le acusaba de orquestar un vasto plan que incluía, entre otras cosas, el robo de tecnología militar estadounidense. Entre los documentos judiciales, había mensajes interceptados por las autoridades en los que el blanqueador meditaba sobre la mejor forma de pagar el petróleo venezolano en el mercado negro. Recomendaba Tether porque «funciona rápido», como los mensajes de texto. «Por eso es lo que todo el mundo está usando ahora —escribió el blanqueador—. Es cómodo y rápido».

Sin embargo, no estaba seguro de que el uso de Tether estuviera muy extendido entre los delincuentes, como aseguraba el blanqueador de dinero ruso. Haría falta una ciudad llena de criminales moviendo enormes sumas de dinero para justificar una pequeña fracción del tamaño de Tether. No estaba muy seguro de cómo podía investigar eso. Entonces, una noche del mes de agosto de 2022, recibí un mensaje de un número desconocido con prefijo del sur de California. Me lo envió una hermosa mujer que no conocía, la misma persona que acabaría dándome la pista que no sabía que necesitaba.

CAPÍTULO DIECIOCHO

Estafa de la «matanza del cerdo»

El misterioso mensaje de texto me llegó una noche del mes de agosto de 2022, mientras estaba en un bar con un amigo. Decía lo siguiente: «Hola David, soy Vicky Ho, ¿no te acuerdas de mí?».

Era un poco extraño, ya que yo no me llamo David ni recordaba a nadie que se llamara Vicky. Sin embargo, en los últimos meses había estado recibiendo muchos mensajes aparentemente erróneos. Normalmente los ignoraba, pero esta vez, quizá porque me había tomado un cóctel margarita de sandía picante, decidí responder.

Cuando informé a Vicky que se había equivocado de número, ella se disculpó. Después, intentó continuar torpemente la conversación.

«En lugar de disculparme por el error, ¿podríamos ser amigos? ja, ja», escribió.

Cuando le pregunté desde dónde me escribía, ella me contestó con un selfi. La foto estaba tan retocada que parecía un personaje de anime: una hermosa joven asiática de piel tersa como la porcelana, barbilla estrecha, grandes ojos redondos y largas pestañas.

«Encantado de conocerte —escribí—. Me llamo Zeke Faux. Vivo en Brooklyn».

«Tienes un nombre muy chulo —me dijo—. Tengo treinta y dos años y estoy divorciada».

Le enseñé el móvil a mi amigo y le expliqué que le estaba dando falsas esperanzas a Vicky porque había oído hablar de un nuevo tipo de estafa que solía empezar con un mensaje de texto enviado al azar. Tuve la corazonada de que ésa era la razón por la que «Vicky» me había enviado el mensaje. La estafa se llamaba «matanza del cerdo» porque a los estafadores les gustaba ganarse la confianza de la víctima con una falsa relación romántica y unos beneficios ficticios antes de robarle todo el dinero de golpe. El nombre alude a la práctica de engordar a los cerdos antes de sacrificarlos. Mi amigo reconoció que él también había recibido, e ignorado, mensajes con similares insinuaciones absurdas.

Cuando le envié a Vicky un selfi mío, ella me dijo que estaba muy bien y me preguntó cuántos años tenía. No obstante, dejé de hablar con ella cuando salimos del bar y nos fuimos a comer unas empanadillas chinas. Cuando desperté a la mañana siguiente, tenía una retahíla de mensajes de Vicky:

«¿Qué haces?».

«Buenas noches».

«¿Has dormido?».

«¿A qué te dedicas?».

«¿Dónde está mi querido amigo?».

«Parece que estás muy ocupado».

Vicky se mostró encantada cuando finalmente le contesté. Pese a saber que me veía como un objetivo potencial y que no era quien decía ser, era divertido tener una atractiva nueva amiga por correspondencia, aunque fuera una farsa. Me dijo que también vivía en Nueva York, donde dirigía una cadena de salones de manicura, y que se había mudado de Taiwán hacía cinco años por consejo de su tío, un hombre rico que, según ella, era «muy bueno en temas financieros».

Me dijo que tenía mucho tiempo libre y enumeró una larga lista de aficiones exclusivas: viajar, hacer yoga, el submarinismo y el golf. En mitad de la charla sobre temas intrascendentes, dejó caer una indirecta sobre la dirección hacia la que le gustaría dirigir la conversación: dijo que a ella también le gustaba «analizar las tendencias del mercado de criptodivisas».

Sabía que Vicky se dedicaba a utilizar la ingeniería social para tratar de estafarme. Pero no se le daba demasiado bien. Para empezar, dijo que estaba lloviendo en Nueva York cuando era evidente que hacía sol.

También me dijo que iba a asistir a la Met Gala cuando ésta había tenido lugar tres meses antes. Cuando me envió una sugerente foto de sus piernas mientras estaba tumbada en la cama, la vista desde su ventana no se parecía en nada a Nueva York. Sus tentativas de flirteo sonaban demasiado artificiales: «Me gusta perseguir cosas románticas, como un cuerpo sano y la sorpresa y la perfección del amor».

Al cabo de un día, Vicky reveló su verdadero lenguaje amoroso: los gráficos de precios de Bitcoin. Empezó a enviarme gráficos de precios al alza. Me dijo que había descubierto cómo predecir las fluctuaciones del mercado y obtener rápidas ganancias del 20 % o más. Las capturas de pantalla que compartió conmigo mostraban que sólo en aquella semana había ganado 18 600 dólares en una operación, 4320 dólares en otra y 3600 dólares en una tercera. Las operaciones, me explicó, giraban en torno a una criptomoneda llamada Tether. Me dijo que era seguro porque Tether es una «criptomoneda 1:1 con el dólar estadounidense, también conocida como moneda estable».

Sin embargo, Vicky me advirtió de que no estaba preparado para operar como ella lo hacía, y me recomendó que primero leyera algunos libros sobre Bitcoin. Durante unos cuantos días se limitó a chatear conmigo, sin pedirme que enviara dinero. Aunque se suponía que yo era el blanco de la estafa, tenía la sensación de que tenía que trabajármela para que me estafara.

Intenté flirtear. «Muy mona», le escribí después de que me enviara unas fotos desde un campo de golf. Intenté pedírselo directamente: «Tengo curiosidad por probar la técnica que me explicaste», le dije. Para demostrarle que ya estaba preparado para comerciar con criptomonedas, incluso le hablé de mi amigo Jay.

«Algunos de mis amigos ganaron mucho dinero con las criptomonedas —le escribí—. Uno compró criptos Dogecoin y ganó lo suficiente para llevar a toda su familia a Disneyworld».

No obstante, durante toda la semana, ella se limitó a charlar, evitando en todo momento mis tentativas de redirigir la conversación hacia la estafa. Demostró una notable contención. Estaba empezando a impacientarme: ¿por qué no me estafaba de una vez?

Cuando me desperté con otro mensaje de texto que decía: «Amor, ¿has dormido bien esta noche?», probé otra forma de demostrarle que era un buen candidato. Le dije que quería comprar un coche nuevo y le envié una fotografía del Tesla con las puertas de ala de gaviota que codiciaba; el coche costaba 142 000 dólares y era el mismo con el que había fantaseado de haberme hecho rico con los monos aburridos.

«Veo que el precio es de 142 200», escribió Vicky.

«Sí, son caros», contesté.

«Lo importante es que te guste, el dinero es lo de menos», dijo ella.

Entonces me envió un gráfico con el precio del Bitcoin y me dijo que al día siguiente iba a realizar una nueva operación basada en su análisis de datos. Aunque en la explicación que me dio sobre el funcionamiento de la operación recurrió a mucha jerga inventada, sonaba tan plausible como el resto de la jerga criptográfica que llevaba escuchando desde hacía meses. «Invierto en transacciones de nodos de contratos a corto plazo —me dijo—. Mañana te paso la info».

Por fin estaba dentro. Al día siguiente, me envió un enlace para descargar una aplicación llamada ZBXS. Se parecía mucho a las otras aplicaciones de plataformas de criptomonedas que había probado antes, aunque ésta no procedía de la tienda oficial de Apple. «Nuevo mercado de intercambio seguro y estable», aseguraba un báner en la parte superior de la pantalla. La aplicación mostraba los precios de diferentes criptomonedas, todas en tétheres.

Entonces Vicky me dio unas cuantas instrucciones. Me explicó que debía utilizar una plataforma estadounidense para comprar los tétheres y luego enviarlos a la dirección de depósito de ZBXS, una serie de 42 caracteres compuesta de letras y números. Decidí empezar con 100 dólares y, después de pagar diversas tasas, acabé con ochenta y un tétheres. En efecto, después de transferirlos a la dirección, aparecieron en mi cuenta de la aplicación ZBXS.

Sin embargo, Vicky me dijo que no era suficiente, que también tendría que depositar 500 dólares en tétheres para que funcionara el «nodo a corto plazo». Cuando no le envié el dinero inmediatamente, ella me envió un mensaje de voz: «Zeke, ¿qué estás haciendo? —dijo con una voz suave y melosamente aguda en un acento que no supe ubicar—. Veo que has recibido mi mensaje. ¿Por qué no me contestas?».

Entonces decidí que ya había jugado bastante. «Tengo que decirte algo —le escribí—. Soy periodista de investigación. He estado hablando contigo porque quería aprender más cosas sobre cómo funciona todo esto».

«Oh, oh, no es lo que piensas», escribió Vicky.

Entonces, la foto de su perfil de WhatsApp pasó de la de una mujer de dulces y grandes ojos oscuros a un punto blanco. No volví a saber nada más de ella.

Aunque la tentativa de Vicky de entablar una falsa amistad al final fue bastante inofensiva, estaban timando a mucha gente con aquel tipo de estafas. Era como si los estafadores supieran que, si enviaban los suficientes mensajes de texto, tarde o temprano acabarían encontrando a alguien lo suficientemente solitario como para caer en la trampa.

Cada vez salían más noticias de gente que perdía grandes sumas de dinero. Un abogado de Boston con cáncer terminal especializado en financiación de proyectos perdió 2,5 millones de dólares. En San Luis, a una madre divorciada con tres hijos le estafaron 5 millones. Una productora de redes sociales de veinticinco años residente en Tennessee perdió los 300 000 dólares que había heredado de la venta de la casa familiar. «Oyes muchas historias de gente que se hace millonaria –le dijo a un periodista–. Te hacían sentir como si las criptomonedas fueran el último grito y necesitaras participar».

Mi breve flirteo a distancia con Vicky confirmó algo que hacía tiempo que sospechaba: los estafadores usaban Tether para mover el dinero. Hablé con otras víctimas de estafas similares y me dijeron que también les habían pedido que enviaran tétheres.

Mientras buscaba a personas que hubieran perdido dinero mediante esta estafa, me topé con un grupo que aseguraba recaudar dinero para ayudar a las víctimas. La organización se llamaba Global Anti-Scam. Según ellos mismos, el grupo había ayudado a un gran número de víctimas de la conocida como estafa de la «matanza del cerdo»; concretamente, había ayudado a 1483 personas en todo el mundo, las cuales habían perdido en total más de 250 millones de dólares. Si esa cifra era exacta, probablemente sólo representaba una pequeña fracción de las pérdidas provocadas por la estafa en cuestión. Comprendí que la cantidad total de tétheres empleados en este engaño podía ser enorme.

El sitio web de Global Anti-Scam decía que era una organización sin ánimo de lucro dirigida por víctimas de la estaba «matanza del cerdo» que se ofrecían voluntarias para ayudar a los demás. Sin embargo, el nombre genérico del grupo y su página web, llena de imágenes de *clip art*, me hicieron sospechar que también se trataba de una estafa. Otro detalle que leí en su sitio web hizo que aún me pusiera más alerta: el grupo afirmaba combatir el «tráfico humano», un fenómeno aparentemente inconexo y un concepto de moda entre los teóricos de la conspiración al estilo del Pizzagate.

«En todo el mundo, miles de hombres y mujeres en la flor de la vida son víctimas de estafas en línea por culpa de las cuales lo pierden todo, incluso la salud –podía leerse en su página web–. Ayúdanos a acabar con esta crisis mundial echándoles una mano a las víctimas, concienciando acerca de la ciberdelincuencia y luchando contra la trata de personas».

Cuando me puse en contacto con el grupo y me dijeron que todos sus miembros tenían nombres en clave, mis recelos no hicieron más que aumentar. Cuando les dije que estaba investigando el papel de Tether en este tipo de estafas, me dijeron que hablara con el experto en criptomonedas del grupo, alguien que se hacía llamar «Icetoad». Quedamos en vernos por Zoom.

Icetoad resultó ser un hombre de treinta y ocho años con el pelo castaño y alborotado. Se llamaba Jason Back y me llamaba desde el sótano de su casa de Ontario, Canadá. Llevaba puesta una camiseta azul del grupo Phish. En su perfil de LinkedIn decía que recientemente había trabajado como «asesor de cannabis». Y Icetoad no era un alias de la web oscura, sino el nombre de usuario que llevaba utilizando desde los nueve años.

Me dijo que se había unido a Global Anti-Scam después de que le estafaran a él. Su especialidad era rastrear el dinero. Me dijo que, mediante herramientas para el análisis de la cadena de bloques que estaban a disposición de todo el mundo, podía rastrear las criptomonedas que había enviado la víctima. Y me confirmó que, efectivamente, la mayoría de los delincuentes usaban Tether. Él mismo había sido capaz de rastrear varios cientos de millones de dólares en tétheres procedentes de estafas de la «matanza del cerdo».

«Siempre empieza con Tether –dijo–. Básicamente están facilitando el blanqueo de dinero».

• • •

Icetoad no estaba seguro de por qué los estafadores siempre usaban Tether. Al principio, yo tampoco lo estaba. Al fin y al cabo, las aplicaciones para operar con criptomonedas que les hacían descargar a sus víctimas eran completamente falsas, como la plataforma de criptomonedas ZBXS que Vicky se había sacado de la manga. En teoría, podría haber enviado mi depósito mediante tarjeta de crédito, PayPal o transferencia bancaria antes de realizar mis operaciones con criptomonedas falsas.

El estafador se habría ahorrado tener que enseñarle a la víctima a adquirir y enviar tétheres.

Pero entonces me acordé de cómo movían el dinero los estafadores antes de que existiera Tether. Algo que había aprendido gracias a mis años informando sobre fraudes financieros es que las transferencias de dinero, no la persuasión, eran a menudo la parte más difícil de una estafa. Tras analizar detenidamente la mecánica utilizada por Vicky en su estafa, me di cuenta de que se parecía mucho a una táctica que los estafadores habían popularizado a principios del siglo XX y que recibía el nombre de «Gran Almacén». Incluso en aquel entonces, los estafadores tenían que esforzarse mucho para lograr que el dinero pasara de la cuenta bancaria de sus víctimas a la suya.

Hace un siglo, las estaciones de ferrocarril, los transatlánticos y los salones de EE. UU. estaban llenos de estafadores. Los timadores menores se dedicaban a amañar partidas de dados o jugaban al trile. Sin embargo, los más hábiles se especializaban en las estafas a largo plazo, dedicando días o incluso semanas a ganarse la confianza de la víctima, o «blanco», antes de desaparecer con su dinero.

El Gran Almacén era uno de estos timos a largo plazo. El estafador ambulante, que recibía el nombre de «cebo», entablaba amistad con un blanco y le decía que tenía un pariente con un truco infalible para ganar dinero, como Vicky Ho había hecho conmigo. Por aquel entonces, solía ser una forma de elegir el caballo o las acciones ganadores. A continuación, llevaban al blanco al Gran Almacén, un local alquilado que se decoraba para que pareciera una sala de apuestas o una correduría, con teletipos falsos, actores haciendo de clientes y un montón de fajos de billetes.

Después de permitirles hacer unas cuantas apuestas u operaciones ganadoras, la víctima, sintiéndose envalentonada y por tanto vulnerable, era convencida para hacer una apuesta realmente grande. Una apuesta que, por supuesto, perdía. En cuanto el blanco se marchaba, los estafadores desmantelaban el falso local. Si aparecía la policía, sólo encontraban una habitación vacía. Era, como describió el lingüista David Maurer en su clásico de 1940 *The Big Con*, «una obra de teatro cuidadosamente montada y hábilmente dirigida en la que la víctima interpreta un papel involuntario en el más emocionante de los dramas del mundo del hampa».

Este tipo de timos podían llegar a estafar hasta 100 000 dólares, una suma considerable en aquel tiempo. Los mejores profesionales se hicieron famosos, como Joseph «Yellow Kid» Weil. «Nunca he timado a ningún hombre honrado, sólo a granujas —dijo Weil una vez al escritor Saul Bellow—. Querían algo a cambio de nada. Yo les daba nada a cambio de algo».

Por aquel entonces, una de las partes más difíciles del timo del Gran Almacén era transferir sumas tan grandes de dinero sin levantar sospechas. Normalmente se requería la cooperación de un banquero local. Los estafadores tenían que encontrar uno dispuesto a aceptar sobornos a cambio de cobrar grandes cheques a forasteros y mantener la boca cerrada.

La forma en que Vicky se ganaba la confianza de personas desconocidas también me recordaba a una estafa más reciente: el timo nigeriano de los años noventa. Durante los primeros años del correo electrónico, personas que se hacían pasar por miembros de la realeza nigeriana enviaban correo basura con «solicitudes urgentes» en busca de «socios honestos y fiables» que les ayudaran a recuperar fortunas familiares. A los destinatarios siempre se les decía que primero tendrían que enviar dinero para cubrir determinados gastos. Sin embargo, por mucho que pagaran, siempre existía un nuevo obstáculo que se interponía en su camino.

Estos estafadores pedían a las víctimas que enviaran una transferencia bancaria a un conspirador que tenía una cuenta en un banco estadounidense. Dado que estas «mulas de dinero» tenían que dar a los bancos su nombre real, a menudo acababan siendo detenidas.

Desde el punto de vista del estafador, Tether suponía una clara mejora respecto al soborno de banqueros o el uso de mulas de dinero. Era instantáneo, no se podía devolver y no se pedía ni el nombre ni la dirección de nadie. Y, a diferencia de otras criptomonedas, su valor no fluctuaba continuamente, lo que la hacía más atractiva para las víctimas potenciales y más fácil de gestionar para los delincuentes.

El de las estafas era el único sector donde la cadena de bloques estaba a la altura del potencial ilimitado que solían pregonar los fanáticos de las criptomonedas.

Icetoad y otros voluntarios del grupo Global Anti-Scam me dijeron que Tether se negaba a ayudarles congelando las cuentas bancarias o confiscando el dinero robado, incluso cuando existían pruebas de que los frutos del fraude estaban en una cuenta bancaria en concreto. De haber querido, Tether tenía la capacidad de ayudarles. En algunos casos, como jaqueos, Tether había congelado cuentas y confiscado dinero. Sin embargo, cuando se trataba de la «matanza del cerdo», Tether recurría a la excusa de que no controlaba la cadena de bloques. Otro voluntario de Global Anti-Scam me proporcionó las copias de los correos electrónicos entre varias de las víctimas y Tether.

«No expedimos todas las direcciones que se usan y no tenemos control sobre ellas ni sobre todas las transacciones realizadas en la cadena —escribió un agente del servicio de atención al cliente de Tether a una víctima de Singapur—. Tampoco disponemos de información que identifique a las personas que utilizan direcciones que no controlamos».

«Como estoy seguro de que comprenderá, no deseamos vernos envueltos en una posible disputa entre ambas partes», añadió la empresa.

Aquello sonaba a evasiva. Cuando envié mis ochenta y un tétheres a la plataforma de Vicky Ho, había una entrada en la base de datos de Tether que representaba cuánto dinero tenía yo y otra entrada que representaba cuánto dinero tenía Vicky Ho. Dicho de otro modo, Vicky Ho tenía una cuenta anónima y numerada en el Banco de Tether.

En otro correo electrónico que me facilitó Global Anti-Scam, Tether le dijo a un oficial de la policía de Hong Kong que *sí* tenía capacidad para intervenir. Aun así, la empresa se negó, alegando que el caso era demasiado pequeño.

«A veces tenemos que rechazar casos de fraude porque la cantidad de USDT robados es relativamente pequeñas», escribió el representante de Tether, utilizando la etiqueta de cotización de la criptomoneda. Aseguró que sólo intervendrían si el caso estaba «directamente relacionado con actos violentos».

No podía creer que a Tether se le permitiera establecer sus propias normas sobre cuándo podían cooperar o no con la policía. Imagina que la policía le dijera a un banco que tenía dinero robado y el banco se negara a devolverlo porque el ladrón no había disparado a nadie.

Y, a juzgar por lo que me contaban Icetoad y otros miembros del grupo, las mafias que se dedicaban a las estafas del tipo «matanza del cerdo» en realidad eran extremadamente violentas. Me aseguraron que muchas de las personas que se dedicaban a enviar mensajes de correo basura a víctimas potenciales como yo eran a su vez víctimas de la trata de personas.

Según Global Anti-Scam, la mayoría de las estafas de la «matanza del cerdo» estaban orquestadas por mafiosos camboyanos o birmanos. Estos capos convencían a hombres y mujeres jóvenes de todo el Sudeste Asiático para que se mudaran al extranjero con la promesa de trabajos bien remunerados en el sector de la atención al cliente o juegos de azar en línea. No obstante, cuando los trabajadores llegaban a su destino, los mantenían cautivos y los obligaban a trabajar en estafas en línea.

Icetoad y sus colegas me dijeron que habían engañado de esta forma a miles de personas. Había edificios enteros de oficinas llenos de personas obligadas a enviar correo basura las veinticuatro horas del día bajo amenazas de tortura o incluso de muerte. Éstas eran las personas que utilizaba Tether para mover su dinero.

Al principio no estaba seguro de creer a Icetoad y sus amigos. Pero cuando indagué un poco más en el asunto, empezaron a aparecer detalles que parecían corroborar su inverosímil historia en otros medios de comunicación: periódicos canadienses, *Al Jazeera*, *Nikkei* y

Vice. Me pregunté si la persona que se hacía llamar Vicky Ho era una esclava. Quizá seguían atrapados. Pero habían dejado de responder a mis mensajes. La mejor pista que tenía era su dirección de depósito en Tether, una cadena de 42 letras y números aparentemente aleatorios.

Por supuesto, a veces esas direcciones de 42 caracteres conducían a alguna parte, como descubrió la rapera Razzlekhan cuando el IRS logró rastrear los fondos del colosal jaqueo de Bitfinex hasta su apartamento de Wall Street. Necesitaba mi propio detective de la cadena de bloques.

Después de investigar varias empresas de seguridad criptográfica, me puse en contacto con el investigador jefe de una llamada CipherBlade. El hombre se llamaba Rich Sanders y el sitio web de su empresa anunciaba que era experto en la recuperación de dinero de criptoestafas. Lo que me convenció fue que había llegado al extremo de hacerse pasar por una adolescente, utilizando un distorsionador de la voz y una serie de fotos sugerentes, para engañar a un ladrón de criptomonedas y conseguir que revelara su identidad. Sin duda, un hombre con semejante nivel de dedicación podría ayudarme a rastrear mis ochenta y un tétheres.

Tras enviarle un correo electrónico, Sanders aceptó ayudarme. Quedamos en su casa de West Mifflin, una antigua ciudad siderúrgica cerca de Pittsburgh. Me recibió fuera de la casa, junto a Havoc, su perro, un cruce entre husky y retriever. Sanders, de treinta y dos años, llevaba unos vaqueros llenos de pelo de perro y una camiseta gris en la que podía leerse T-SWIFT'S NEXT ALBUM. En el brazo izquierdo tenía tatuada la letra de una canción de la Legión Extranjera Francesa, y en el derecho una espada con alas, en homenaje a un soldado con el que había servido en Afganistán.

Sanders me invitó a su despacho y, mientras Havoc me llenaba de babas, me dijo que había conseguido rastrear 500 millones de dólares perdidos en estafas de la «matanza del cerdo» y que, según sus cálculos, se habían perdido en estafas similares unos 10 000 millones de dólares.

«Aunque llevamos recibiendo denuncias de este tipo prácticamente desde el principio, especialmente durante el coronavirus se produjo un repunte masivo», me dijo.

Antes de la reunión, le pasé a Sanders la dirección de Vicky Ho. Sanders abrió un diagrama de flujo que había hecho para rastrear las transferencias desde y hacia la cuenta numerada.

Más o menos en el centro, un pequeño círculo oscuro representaba la cartera de Vicky Ho.

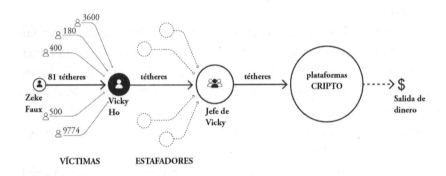

Ahí era donde había enviado los ochenta y un tétheres. Sanders me explicó que la cartera había estado activa durante unos dos meses y, durante ese tiempo, había recibido muchos depósitos desde direcciones que se sabía que estaban asociadas a plataformas de criptomonedas estadounidenses y canadienses. Hubo transferencias de 3600, 180, 400, 500 y 9774 dólares, siempre en tétheres. Según Sanders, aquellas cantidades representaban otras personas que habían sido estafadas en la misma operación. Dicho de otro modo, yo no había sido el único amante de Vicky.

En cuanto Vicky Ho cobraba el dinero, éste era enviado a otra dirección numerada, representada en la pantalla por un círculo blanco algo más grande. Según Sanders, los estafadores también controlaban esta dirección, la cual contenía 9,4 millones de dólares en tétheres.

Desde ahí, la mayor parte de los tétheres se enviaban a direcciones asociadas con la plataforma de criptomonedas Binance y a otras que pertenecían a FTX, la empresa de Sam Bankman-Fried. Según Sanders, era un procedimiento típico. Los estafadores enviaban sus tétheres a las plataformas, cambiaban la criptomoneda por moneda local y enviaban el efectivo a una cuenta bancaria.

Sanders me dijo que después de la transferencia a Binance no podía seguir rastreando el dinero de Vicky. Aunque la plataforma debía de tener un archivo identificativo de la persona que había recibido la transferencia, se negaría a revelarlo a no ser que se presentara una orden judicial. (Sanders tenía razón; cuando se lo pedí a Binance, un representante de la empresa me dijo que la plataforma no podía ayudarme).

Y aunque Binance me diera el nombre, probablemente sería falso. Sanders me dijo que era muy fácil abrir cuentas en plataformas de intercambio con una identificación falsa. Él mismo había abierto cuentas usando el nombre «Taylor Swift». Como verificación, había enviado una foto suya travestido, con peluca rubia, sombra de ojos de color azul y un deslumbrante vestido plateado que dejaba al descubierto su abundante vello pectoral.

Según él, los delincuentes que prefieren no vestirse de mujer pueden comprar cuentas registradas a nombre de otras personas por tan sólo 20 dólares.

«¿Que por qué la gente no confía en las criptomonedas? Por mierdas como ésta», dijo Sanders.

Sobre una mesa detrás de su escritorio me pareció ver una metralleta de juguete, pero Saunders me dijo que en realidad se trataba de una pistola semiautomática Scorpion con punto de mira láser. Siempre la tenía a mano porque había recibido amenazas plausibles por parte de algunas de las personas a las que había investigado. Le dije que iba a seguir intentando rastrear el origen de mi pago a Vicky Ho.

«Yo que tú iría con cuidado —me advirtió—. El dinero hace que la gente pierda su humanidad».

Icetoad me pasó otro contacto que creía que podría ayudarme: un jáquer vietnamita llamado Ngô Minh Hiêu. Hiêu había sido uno de los primeros en reunir información sobre las estafas «matanza del cerdo», y lo había hecho tanto entrevistando a víctimas de tráfico de personas como accediendo a los ordenadores de algunos estafadores.

Hiêu tenía un interesante currículum. Cuando tenía poco más de veinte años, había robado la identidad de tantas personas que un agente del Servicio Secreto de EE. UU. dijo que era el jáquer que había causado el mayor perjuicio económico de todos los tiempos.[1] Atraído a Guam en una operación encubierta, fue detenido y condenado a quince años en una prisión estadounidense. Tras ser puesto en libertad en 2020 y deportado a Vietnam, dejó el mundo de la delincuencia para pasar a trabajar para el Gobierno. En aquel momento era un «cazador de amenazas», un jáquer ético que trabajaba para el Centro Nacional de Ciberseguridad de Vietnam, país donde se había convertido en una pequeña celebridad.

Hablamos por Zoom. Hiêu me contó que, al ser muy popular por denunciar fraudes, una víctima vietnamita de la trata de personas se puso en contacto con él. Ese hombre le presentó a otras víctimas. Habían respondido a anuncios que ofrecían un buen sueldo en trabajos de atención al cliente en casinos camboyanos, pero al llegar allí, descubrieron que no podían irse. Y, en lugar de empleos de atención al cliente, les obligaron a trabajar como estafadores.

Hiêu me enseñó fotografías y vídeos que había obtenido del interior de uno de los complejos donde se llevaban a cabo las estafas. Un trabajador con un corte profundo en la frente. Altos bloques de apartamentos rodeados de concertinas y barrotes de acero en las ventanas. En un vídeo, un hombre saltaba desde el tercer piso de un edificio para intentar escapar y se quedaba completamente inmóvil al chocar con la acera.

«Son zonas muy peligrosas, controladas por la mafia china —me dijo—. Entras, pero no sales. Es como una cárcel».

Le pregunté si podía obtener algún tipo de información sobre ZBXS, la falsa aplicación de transacciones cripto que Vicky me había hecho descargar. Hiêu estudió el código fuente y me dijo que se parecía mucho a otras aplicaciones que había visto y rastreado hasta Camboya. Según él, era probable que quien fuera que se hiciera pasar por Vicky Ho había enviado los mensajes desde Camboya. Sin embargo, cuando intentó entrar en el sitio web, sus propietarios parecieron darse cuenta. Pocas horas después lo habían borrado de Internet. Era muy fácil crear uno nuevo, me dijo. Era un problema insidioso.

---

1. Brian Krebs: «Confessions of an ID Theft Kingpin, Part I», *Krebs on Security* (blog), 26 de agosto (2020).

«Todos los días se eliminan un montón de sitios web fraudulentos, pero siguen apareciendo otros nuevos», me aseguró.

Al tratar de encontrar a Vicky Ho, tenía la sensación de que había llegado a un callejón sin salida. Pero, de un modo extraño, su mensaje me había conducido hasta uno de los mayores y más ilícitos usos de Tether. Pese a intentar centrarme en otras cosas, no podía quitarme de la cabeza a las personas atrapadas en Camboya, obligadas a hacerse pasar por Vicky y que se pasaban el día enviando mensajes de texto basura con la esperanza de ganar unos cuantos tétheres que acabarían en manos de sus jefes.

El jáquer vietnamita me dio una lista de personas que habían escapado de los complejos de Camboya y, con la ayuda de un traductor, empecé a entrevistar a algunas de ellas por videoconferencia. La mayoría habían respondido a anuncios de trabajo aparentemente legítimos o habían sido contactados por reclutadores. Estos solicitantes de empleo estaban convencidos de que en Camboya les esperaban empleos muy bien remunerados de atención al cliente o comerciales. Pero, al llegar, les dijeron que en realidad iban a trabajar como estafadores. Los recintos donde trabajaban y vivían estaban vigilados por guardias armados.

Las personas con las que hablé me describieron abusos peores de lo que había imaginado. Los trabajadores que no llegaban a los objetivos recibían palizas, no les daban de comer, los obligaban a pegarse entre ellos o los vendían a otro recinto de estafadores. Uno de ellos me dijo que había visto cómo a algunos les inyectaban a la fuerza metanfetamina para aumentar su productividad. Y varios confesaron haber visto cómo asesinaban a trabajadores haciéndolos pasar por un suicidio.

«Tenía mucho miedo todos los días», me dijo una joven de diecinueve años de la región vietnamita del delta del Mekong que había sido esclavizada en Camboya. Para liberarla, su familia tuvo que pagar un rescate de unos 3400 dólares.

Bilce Tan, un extrovertido malayo de cuarenta y un años de rostro anguloso, me contó que había respondido a un anuncio en un sitio web llamado JobStreet que buscaba personal para trabajar en «televenta». El anuncio prometía billetes de ida y vuelta gratis a Camboya, entre 1000 y 2000 dólares al mes más bonificaciones, una «oficina acogedora con compañeros amables» e «incentivos por asistencia». En una entrevista por videochat, el reclutador le dijo que la empresa se dedicaba a las telecomunicaciones, y le ofrecieron un puesto mejor, en el departamento de desarrollo de negocio. Le dijeron que el puesto estaba en Sihanoukville, en la costa occidental de Camboya, y que le proporcionarían alojamiento cerca de las oficinas de la empresa. En mayo de 2022 viajó a Phnom Penh.

Un hombre de mediana edad le recogió en el aeropuerto en una furgoneta negra y, en una gasolinera, subieron tres hombres más. Cuando Tan intentó hablar con ellos, enseguida se dio cuenta de que algo no iba bien.

«Guardaban silencio y me dijeron que me callara –me explicó–. Me sentí como si fuera un delincuente y ellos la policía».

Cuando llegó a su nuevo trabajo ya era de noche. La oficina resultó ser un recinto de edificios situados en lo alto de una colina. Aunque estaba muy oscuro, por lo poco que pudo ver supo que no se trataba de una empresa normal. La calle estaba iluminada con focos. Había guardias que patrullaban con porras y fusiles largos. Los edificios estaban rodeados de alambradas de espino. Había cámaras de vigilancia por todas partes.

«Era mi primera vez en Camboya –dijo Tan–. Me dije: ¿qué demonios es este lugar?».

Un encargado le recibió en la puerta y le acompañó a un dormitorio, donde pasó la noche muy inquieto. No era el tipo de alojamiento que había imaginado. Al día siguiente, otro encargado le llevó a la oficina donde debía trabajar. En la sala había diez trabajadores más. Cada uno tenía dos monitores de ordenador y diez teléfonos con cuentas falsas y fotografías de un hombre o una mujer, dependiendo del sexo del blanco. Dos de sus identidades falsas eran mujeres, y se llamaban Lily y Angelina. Le daban guiones, listas de posibles objetivos y le enseñaban a ganarse la confianza de distintos tipos de personas. Le dijeron que los mejores objetivos eran los padres solteros.

«Empezamos presentándonos y explicando por lo que hemos pasado –me dijo Tan–. Entonces ellos se abren y nos cuentan sus historias».

En lugar de presionar a la gente para que se descargara una aplicación, le indicaron que debía soltar indirectas sobre la cantidad de dinero que estaba ganando y esperar a que el blanco mencionara el tema, como hizo Vicky conmigo.

«Si él nos hace la pregunta, es el momento de atacar –añadió–. Le enseñamos la página web de la criptodivisa y cómo registrarse».

Tan me dijo que, al igual que Vicky, siempre había pedido a las víctimas que enviaran tétheres. Sus jefes lo utilizaban para evitar ser detectados. «Es más seguro –me dijo Tan–. Tenemos miedo de que la gente nos rastree, para blanquear dinero. Es imposible de rastrear».

Tan no quería estafar a nadie. Pero los trabajadores que no alcanzaban sus cuotas, recibían descargas con una porra eléctrica o los encerraban en una habitación para castigarlos, o incluso los vendían a otro recinto.

Una noche Tan llamó a su familia con uno de los tres móviles con los que había viajado a Camboya y que había escondido en su dormitorio al llegar. Pero, de algún modo, su jefe se enteró. Lo sentaron en una silla, le apuntaron a la cabeza con una pistola y lo abofetearon, y después lo encerraron en un armario. Estuvo a oscuras durante lo que le parecieron varios días. Le sangraba la pierna y tenía que dormir en el suelo. No le dejaban salir para ir al baño y sólo le daban arroz blanco para comer, que no podía digerir. «Es muy difícil respirar –me dijo–. Te sientes muy mareado y débil».

Cuando finalmente lo sacaron de la habitación, le dieron una última oportunidad para que se reformara. Entonces, con la ayuda de alguien cuya identidad prefería no revelar, fue capaz de escapar. Me pidió que no revelara los detalles para proteger la identidad de su salvador. Pero me dijo que se escondió debajo de un montón de cajas de cartón. «Fue como el secuestro de una película de Hollywood». En cuanto pudo, regresó en avión a Malasia. Sólo estuvo tres semanas en Camboya; se sentía afortunado por haber salido con vida.

«Es necesario que todo el mundo sepa lo que está pasando –me dijo–. Es necesario que más gente sea consciente de esto y salve a la gente que todavía está allí».

La dimensión del problema era colosal. La mayor parte de las víctimas estaban recluidas en un recinto gigantesco llamado «Chinatown», también situado en la ciudad de Sihanoukville, a pocos kilómetros de donde escapó Tan. Gracias a noticias, entrevistas con las víctimas y publicaciones en redes sociales, descubrí que en Chinatown había recluidas unas seis mil personas.

Empecé a investigar Chinatown lo mejor que pude desde nueve mil kilómetros de distancia. Por las fotos, parecía tan grande como el centro de una ciudad. Tenía decenas de torres de oficinas altas y uniformes, dispuestas en torno a varios patios y rodeadas de altas verjas, cámaras de seguridad, alambradas y guardias armados vestidos de negro. «Es uno de los lugares más aterradores del mundo», me dijo Hiêu, el jáquer.

En la calle había tiendas de fideos, supermercados y peluquerías, muchas de ellas con letreros en chino en lugar de en jemer, la lengua local. Las fotos publicadas por un turista despistado mostraban que las tiendas estaban divididas por una verja metálica para impedir que alguien entrara por la puerta trasera y escapara por la delantera.

Una de las mejores fuentes de información que encontré fue una revista camboyana llamada *Voice of Democracy*. En ella pude leer varios relatos de trabajadores que habían sufrido abusos en el recinto de Chinatown. A algunos los habían golpeado, electrocutado o torturado, y a otros los habían dejado esposados en espacios reducidos sin comida. Según las propias víctimas, los jefes de las mafias de estafadores los compraban y vendían como animales. En las redes sociales, encontré vídeos donde trabajadores esposados eran torturados con porras eléctricas y recibían terribles palizas con bates de béisbol o simples patadas.

Voice of Democracy también denunciaba una serie de muertes sospechosas que se habían producido cerca de Chinatown: un cadáver había aparecido colgado de una obra en construcción y, en un solar próximo, otro cuerpo esposado había sido desenterrado de una tumba poco profunda.[2] Un vendedor local declaró a otro medio camboyano que se habían producido muchos suicidios en el recinto. «Lo normal es que venga una ambulancia al menos dos veces por semana», aseguró el hombre.[3]

---

2. Mech Dara: «Spate of Violent Crimes Against Foreigners Nabs More than 20 Suspects», *Voice of Democracy*, 2 de febrero (2022).
3. Husain Hader: «Sihanoukville's Dirty Secret: Dark Rumours and Inside Information Raise Questions about the China Project», *Khmer Times*, 6 de septiembre (2021).

Y el problema era lo suficientemente grande como para generar una cantidad importante de transacciones en tétheres. Si en Chinatown había 6000 personas como Vicky Ho dedicadas a las estafas, y cada una tenía que alcanzar una cuota de 300 dólares diarios (la cifra que habían mencionado algunas de las víctimas), sólo ese recinto generaría más de 600 millones de dólares anuales en ganancias ilícitas.

Por lo que había descubierto, el recinto de esclavos dedicados a la estafa conocida como la «matanza del cerdo» no podría haber funcionado sin las criptomonedas. Y los beneficios de las criptomonedas para el resto del mundo parecían limitarse a permitir una fiebre del juego de suma cero.

Los fanáticos de las criptomonedas no se cansaban de repetir que los pagos anónimos e indetectables de la cadena de bloques de algún modo ayudarían a los pobres del mundo. Ahora bien, parecía que ninguno de estos fanáticos se había molestado en investigar para qué se utilizaba realmente su tecnología. Embaucar a los filipinos para que se endeudaran por una quimera basada en pociones suaves de amor ya era suficientemente malo, pero ¿instigar y promover la esclavitud?

No podía descubrir muchas cosas más sobre Chinatown por videochat. Tenía que verlo con mis propios ojos.

CAPÍTULO DIECINUEVE

«Somos libres»

El vídeo comienza con un hombre conduciendo por una autopista. Lleva un polo y una chapa con su apodo, Phong Bui; sostiene el teléfono móvil con una mano mientras habla por el altavoz. Al otro lado de la línea hay un hombre que habla en vietnamita y que parece aterrorizado. Se llama Thuy y está llamando desde las afueras del recinto de Chinatown controlado por la mafia de las estafas, en la ciudad de Sihanoukville. Al hombre lo habían engañado para que viajara a Camboya, como a muchas personas a las que había entrevistado y sobre las que había leído, había sido obligado a estafar a otras personas y lo habían maltratado durante meses.

El hombre que conduce por la autopista es un famoso youtubero vietnamita que acaba de pagar un rescate de 5000 dólares para liberar a Thuy.

—Me electrocutaron unas cuantas veces más antes de salir de allí –dice Thuy.

—Pero si les di el rescate –dice Phong Bui–. ¿Por qué te electrocutaron?

—Yo tampoco lo sé –responde Thuy–. Me quitaron el teléfono y lo destrozaron. Me pegaron y me preguntaron quién había pagado el rescate.

—Qué brutalidad –dice el youtubero.

259

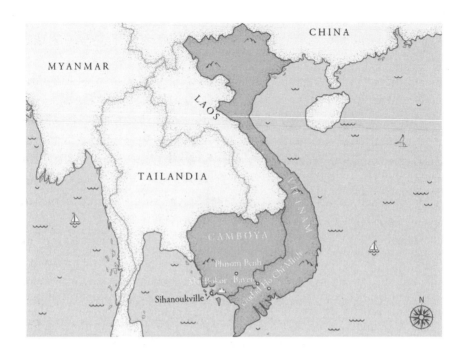

Vídeos como éste consiguieron millones de visitas en Vietnam y convirtieron a Phong Bui en una estrella local. Los vídeos contenían horripilantes imágenes de las heridas de las víctimas y títulos escabrosos como, por ejemplo, «La historia de Thuy escapando del infierno en la Tierra y los gritos de medianoche». Encargué que me los transcribieran y tradujeran. Pese a que me parecía de mal gusto convertir el sufrimiento humano en contenido de YouTube, era una de las mejores fuentes de información que había encontrado sobre el tráfico de personas alimentado por las criptomonedas. Así fue como localicé a varias de las víctimas que había estado entrevistando.

Antes de ir a Camboya, pasé por Vietnam para conocer a Phong Bui y al hombre que había rescatado. Había contactado con Thuy por SMS y, en los últimos meses, había hablado con él casi una docena de veces por videochat. Me dijo que vivía en una ciudad industrial con sus tíos, a una hora en coche de Ciudad Ho Chi Minh. Mi intérprete y yo fuimos hasta su casa en un taxi. Thuy nos esperaba en el arcén de una polvorienta carretera llena de talleres de coches. Era un joven de veintinueve años, con un flequillo ondulado que le cubría la frente y un fino bigote. Cuando abrió la boca para encender un cigarrillo, vi que le faltaban al menos cuatro dientes delanteros; me dijo que se los habían arrancado sus captores en Camboya.

Thuy nos condujo por un callejón protegido del Sol por lonas azules hasta la puerta del apartamento de su tía, donde vivía. En la puerta no había ningún nombre. El interior no debía de medir más de tres metros cuadrados, incluida la cocina y una cama elevada. Nos sentamos con las piernas cruzadas en el suelo de baldosas verdes. El día era lánguido. Sobre nuestras cabezas, un ventilador oscilante montado en la parte inferior de la plataforma para la cama chirriaba continuamente sin conseguir enfriar la habitación.

Thuy estaba ansioso por contarme más cosas sobre su calvario en Chinatown, donde estuvo retenido durante meses y sufrió brutales abusos. Me enseñó una cicatriz detrás de la oreja y otra en el brazo. Y se apartó el flequillo para señalar un gran bulto en la frente, una fractura que aún estaba cicatrizando. Dijo que había visto cómo algunos trabajadores habían muerto por culpa de las palizas y que otros se habían suicidado.

Después de entrevistar a tantos personajes absurdos y frívolos del sector de las criptomonedas, la historia de Thuy me hizo regresar a la realidad. Sin embargo, aunque sus relatos coincidían con las noticias que habían aparecido, seguía sin estar seguro de si podía fiarme de él. Me dijo que había pasado dos temporadas en la cárcel, por agresión y tráfico de drogas, y algunas de las cosas que me contó sobre su vida personal no terminaban de encajar. Aun así, seguía siendo una valiosa fuente de información. Me dio las fotos que había tomado en Chinatown y la descripción más detallada del recinto de todos los fugados que había entrevistado hasta la fecha.

El calvario de Thuy parecía una secuela de *Venganza*, la película de acción de Liam Neeson. Lo más increíble es cómo había podido encontrar los vídeos de YouTube de Phong Bui y ponerse en contacto con él para organizar su rescate. Thuy me contó que le había robado el iPhone a un guardia y se lo había metido en el recto, un truco que había aprendido en la cárcel. Cuando el teléfono se quedó sin batería, lo desmontó sin utilizar ninguna herramienta, extrajo la batería descargada y la volvió a cargar conectándola a un fluorescente.

«Estaba muy tranquilo, no tenía miedo, porque pensaba que de todos modos iba a morir —me dijo Thuy en vietnamita—. Si descubrían que había sido yo el que había robado el teléfono, me darían una paliza o me matarían. Pero si conseguía esconderlo, tendría una oportunidad de vivir».

Aún era escéptico. Al día siguiente, cuando volvimos a vernos en Ciudad Ho Chi Minh, donde me alojaba, le dije a Thuy que albergaba algunas dudas sobre su capacidad para cargar un iPhone con un fluorescente. Thuy me dijo que podía demostrármelo. Encontramos una tienda, donde compré un teléfono usado por cincuenta dólares. Fuimos a mi hotel, donde, sin perder un segundo, Thuy desmontó una bombilla LED de la lámpara de mi habitación y, con un cable USB que peló con los dientes, conectó la bombilla a la batería del iPhone. Cuando volvió a instalarla, el teléfono se encendió. Me quedé con la boca abierta.

Repasamos varias fotos por satélite de Chinatown para preparar mi viaje. Thuy me enseñó dónde estaban las puertas vigiladas por guardias y las zonas que los trabajadores cautivos no podían abandonar. Me señaló un hotel con una fachada dorada dentro del recinto donde, según me dijo, los jefes mafiosos eran atendidos por prostitutas.

En Ciudad Ho Chi Minh, quedé con Phong Bui en un restaurante cercano a mi hotel. Un camarero le reconoció enseguida. Phong Bui me contó que había empezado haciendo vídeos más alegres sobre sus viajes por el Sudeste Asiático. Pero en Camboya se enteró de las penurias de los trabajadores emigrantes vietnamitas, y los vídeos que empezó a publicar sobre su calvario generaron muchas visitas y donaciones. Víctimas como Thuy empezaron a ponerse en contacto con él desde el interior de los complejos donde estaban recluidos. Phong Bui me dijo que ya había pagado el rescate de más de cincuenta personas retenidas contra su voluntad. El youtubero dijo que el trabajo era peligroso. Tras recibir amenazas de mafiosos, había empezado a utilizar intermediarios para organizar los rescates.

Mientras repasábamos juntos mapas de Chinatown, me enseñó el edificio a donde había enviado a un conductor para entregar el rescate y recoger a Thuy. Me dijo que, aunque las historias eran extremas, él se las creía. Otra joven retenida en Chinatown le contó que había visto cómo mataban a dos personas delante de ella. Me advirtió que no fuera a husmear.

«Coge un taxi y siéntate dentro para hacer fotos –me dijo–. No salgas del vehículo».

En Camboya tenía que reunirme con dos periodistas de *Voice of Democracy* que habían ayudado a sacar a la luz el problema de las estafas cometidas por esclavos. Si hubieran vivido en EE. UU., habrían ganado premios de periodismo. En Camboya, sin embargo, las cosas eran muy distintas.

En vísperas de las elecciones nacionales, el primer ministro Hun Sen, gobernante autoritario del país desde hacía décadas, encarcelaba a los líderes de la oposición con acusaciones falsas[1] y acosaba a los dirigentes sindicales.[2] El descontrolado tráfico de personas en el país se había convertido en un problema político internacional. En febrero de 2023, ordenó el cierre de la revista *Voice of Democracy* bajo el pretexto de estar molesto por una referencia a su hijo hecha en un artículo, aunque eran muchos los que sospechaban que, en realidad, se debía al hecho de que las historias publicadas sobre los complejos donde se llevaban a cabo las estafas globales se habían convertido en una vergüenza nacional.

«Siempre decís que uso mi poder, así que lo usaré para que todo el mundo lo vea –dijo Hun Sen en una airada intervención del 20 de febrero para referirse al cierre de la publicación–. Extranjeros, os recuerdo que no os metáis. Esto es Camboya», añadió.

Tres días después, cogí un autobús para ir de Ciudad Ho Chi Minh a la capital de Camboya, Phnom Penh. Durante el ajetreado trayecto, pasé junto a praderas llenas de vacas, chabolas con tejados de hojalata oxidada y mansiones de estuco de colores chillones.

Hice una parada en Bavet, una polvorienta ciudad casino situada al sureste de Camboya, justo al otro lado de la frontera con Vietnam. Según algunos artículos vietnamitas que había podido leer, varios de

---

1. «Cambodia: 51 Opposition Politicians Convicted in Mass Trial», *Human Rights Watch*, 14 de junio (2022).
2. «Cambodia: Rights Crackdown Intensifies», *Human Rights Watch*, 12 de enero (2023).

aquellos casinos eran tapaderas que usaba la mafia para sus negocios de estafas y trabajos forzados. Había visto un vídeo en el que los trabajadores huían de uno de ellos bajo la lluvia, perseguidos por guardias que golpeaban a los que resbalaban y caían al suelo.

Una vez allí, me di cuenta de que no podría descubrir nada por mi cuenta. No obstante, en el aparcamiento me llamó la atención un cartel colgado en una caseta que anunciaba servicios de transferencia de dinero en vietnamita y chino. En el anuncia había una «T» blanca bordeada en verde: el logotipo de Tether. Aunque aquello no demostraba nada, me resultó extraño ver por primera vez, más allá de las conferencias sobre criptomonedas, aquel logo en un supuesto centro de tráfico de personas.

En Phnom Penh, me reuní con los antiguos reporteros de *Voice of Democracy*: Danielle Keeton-Olsen, una joven de veintiocho años que se había criado en los suburbios de Chicago y que llevaba trabajando en Camboya desde que terminara la universidad, y Mech Dara, un treintañero conocido por sus intrépidos reportajes y por saltarse el código de vestimenta no oficial llevando chanclas y vaqueros a las ruedas de prensa del Gobierno.

Dara llegó a mi hotel en un destartalado ciclomotor más viejo que él. La carrocería morada de la moto estaba rajada y los retrovisores hacía tiempo que se habían perdido en varios accidentes. Cuando les pregunté si estaban nerviosos por seguir informando tras el edicto del primer ministro, me dijeron que no. «Si quieren cogerte, te cogerán. Da igual lo que hagas», me dijo Dara.

Danielle me contó que en el barrio chino de Phnom Penh había muchas tiendas de cambio con anuncios de Tether en las fachadas de los edificios, muy parecidos al que había visto cerca de la frontera, en Bavet. Ella sentía tanta curiosidad como yo por descubrir qué significaba aquello. Me llevó a uno de esos negocios, situado delante de una reluciente torre de apartamentos con anuncios en chino de lujosos pisos.

Aparcados fuera, vi dos pulcros todoterrenos negros con los cristales tintados: un Range Rover y un Zotye chino. Sobre unas puertas de latón de tres metros de altura, una pequeña pantalla LED vomitaba una continua letanía de caracteres chinos. Entre ellos volvimos a ver la etiqueta de cotización de Tether: USDT.

Cuando entramos, un empleado nos invitó a sentarnos frente a un gran escritorio de mármol y en unas sillas de cuero blanco con el logotipo bordado de Bentley. Era el único cliente en la oficina, que tenía los suelos de mármol pulido. En la pared había varios nichos, donde vi una estatua de un ciervo y varios jarrones de porcelana azul y blanca.

Le dije al empleado, un amable joven camboyano que llevaba puesta una camiseta de fútbol, que deseaba cambiar tétheres por dólares estadounidenses. Me dijo que podía darme dinero en efectivo o hacer un depósito en un banco chino, pero que tendría que esperar a que su jefe volviera de comer. Me dijo que Tether era muy popular entre los empresarios chinos. «Cuando quieren enviar dinero al extranjero, lo mejor es usar USDT –dijo–. Es anónimo y bastante seguro».

Mientras esperábamos, un chino resacoso, en chanclas y pijama, entró en la tienda, se acercó al mostrador y abrió un pequeño paquete envuelto en plástico negro que resultó ser un fajo del tamaño de una fiambrera con billetes de 100 dólares envueltos en gomas elásticas (según me dijo después el empleado, 50 000 dólares en total) y volvió a salir con el fajo debajo del brazo. «A este tipo no le importa si Tether está respaldado por papel comercial chino o por nada en absoluto –pensé–. Sólo quiere cambiar criptomonedas por fajos de billetes y no dar explicaciones a nadie».

El jefe resultó ser otro chino hosco que llegó poco después, enfundado en una camiseta blanca que hacía destacar aún más su prodigiosa barriga. «ERC-20 o TRC-20», me preguntó con un gruñido. Gracias a mi calvario con el mono aburrido, ahora sabía a qué se refería: me estaba preguntando qué cadena de bloques quería utilizar para la transacción.

Había venido preparado; previamente había cargado unos cuantos tétheres en la aplicación de la cabeza del zorro, la cual tenía instalada en mi iPhone. El jefe me envió la dirección de su cartera, una serie de números y letras aleatorios. La pegué en la cabeza del zorro y le envié 105 tétheres, cinco de ellos para cubrir su tarifa. A continuación, sin pedirme identificación alguna ni un nombre siquiera, me entregó un billete de 100 dólares. Acababa de convertir mis criptomonedas en dinero en efectivo sin dejar rastro.

Con un programa para el análisis de las cadenas de bloques, vi que en los días subsiguientes, otros clientes le enviaron 2990, 5000 y 20 000 dólares. Y ésta era sólo una de las cuatro casas de cambio del vecindario que operaban con Tether.

Las noticias habían relacionado el recinto de estafas de Chinatown con Xu Aimin, el magnate chino que había urbanizado la zona. Aimin era, al menos técnicamente, un fugitivo internacional, puesto que la «notificación roja» de la Interpol que recaía sobre él debía alertar a la policía de todo el mundo para que lo detuvieran. En 2013 fue condenado, en ausencia, en China a diez años de prisión por dirigir una operación de juego ilegal con unos beneficios de más de 1000 millones de dólares.

Sin embargo, cuando les pregunté a Danielle y Dara si había huido, ellos se echaron a reír. La avenida que atraviesa Chinatown lleva su nombre. Y en Phnom Penh, a pocos metros de la oficina clausurada de *Voice of Democracy*, unas grúas construían el nuevo edificio para la empresa de Aimin. Se trataba de una torre de cincuenta y tres plantas que, si se terminaba de construir, sería uno de los edificios más altos de la capital. La empresa de Aimin se negó a contestar ninguna pregunta.

Antes de ir a Chinatown, decidí visitar con Danielle y Dara otro recinto dedicado a las estafas más cerca de Phnom Penh. El recinto en cuestión estaba adosado a un complejo de casinos en el sur de Camboya, a unos cien kilómetros al suroeste de la capital, en el golfo de Tailandia. Estaba situado en la cima de una montaña llamada Bokor, en mitad de un parque nacional.

Según algunos informes, había decenas de personas retenidas allí, obligadas a trabajar en estafas en línea, recibiendo palizas y amenazas de muerte si trataban de ponerse en contacto con el mundo exterior. En 2022, un gánster taiwanés apodado «Big Fatty» había sido detenido en su país natal[3] por traficar con cientos de trabajadores que termi-

---

3. Jack Brook: «Scams, Human Trafficking Thrived at Bokor Mountain Behind Tycoon's Luxury Hotel», *CamboJA*, 9 de febrero (2023).

naron trabajando en estafas en línea. Pero, al parecer, el recinto de la cima de la montaña seguía abierto. Era un lugar ideal para los traficantes. Al estar completamente rodeado por la selva, nadie podía escapar.

Antes de irnos, hablé con Richard Jan, un veterano policía taiwanés que trabajó en el caso de Big Fatty. Me contó que el Gobierno taiwanés había rescatado a más de cuatrocientas víctimas del tráfico de personas en Camboya en 2022. Él mismo había viajado a Bokor para sacar de allí a algunas víctimas. Una de las jóvenes que su agencia había rescatado de la montaña había recibido tal paliza que se había quedado casi ciega. Jan me dijo que otros trabajadores habían sido asesinados. «He oído decir a personas que regresaron con vida que algunas víctimas fueron arrojadas desde la azotea, pero el agresor lo hizo pasar por un suicidio», aseguró Jan.

Jan me contó que, además de utilizar criptomonedas para estafar, la banda de Big Fatty exigía el pago en téthers cuando vendía a sus víctimas como esclavas. Jan llevaba mucho tiempo investigando la trata de seres humanos. Me dijo que las criptomonedas estaban dificultando su trabajo. Antes, los mafiosos utilizaban cuentas bancarias para mover el dinero, y los bancos facilitaban información sobre sus clientes, lo que a menudo le proporcionaba pistas. Sin embargo, Tether ni siquiera les pedía los datos a los titulares de sus monedas. «Es extremadamente difícil de investigar –dijo en chino–. No requiere ningún tipo de identificación ni documentos».

Estaba un poco nervioso. No todos los días se visita el escondite en la montaña de una banda que se dedica al tráfico humano. Pero Danielle me explicó que no era tan peligroso como parecía. Bokor era una atracción turística. Numerosos visitantes acudían allí para admirar las ruinas de mansiones coloniales francesas y las vistas desde la cima de la montaña. La gente se hacía selfis a menos de cien metros del recinto donde se llevaban a cabo miles de estafas sin sospechar que había cientos de personas atrapadas dentro.

Mientras nos acercábamos, vi que la montaña Bokor estaba cubierta de nubes. Nos detuvimos frente a una puerta custodiada por guardias, los cuales nos preguntaron cuál era nuestro destino. Tras cruzar la barrera, durante media hora subimos por una carretera sinuosa y pedregosa que se abría paso entre palmeras y monos de rostro blanco.

Cerca de la cima había un hotel gigantesco, con una fachada amarilla tan desgastada y sucia que parecía haber sobrevivido a un apocalipsis zombi. Detrás del hotel, una hilera de unas cincuenta casas adosadas vacías y con vallas cromadas serpenteaba hasta la cima. Los matorrales crecían entre los adoquines de las aceras en desuso.

Un antiguo monasterio budista se alzaba en los más alto de la montaña. Tres monjes con túnicas naranjas estaban barriendo el suelo alrededor de budas dorados mientras escuchaban una grabación de cánticos. Fuera, un perro revolvía la basura en busca de algo que comer.

El hotel tenía 500 habitaciones, se llamaba Thansur Sokha y, aparte de una desconcertada pareja francesa que no debía de haber leído las críticas en Internet y de decenas de empleados cuyas cabezas giraban para seguirme como una familia de búhos, estaba espeluznantemente silencioso y vacío. No había nadie ni en el casino, ni en el *spa,* ni en la vinoteca, ni en los restaurantes ni en la sala de juegos infantiles. En un aparcamiento para cientos de coches sólo había seis. Me sentí como si estuviera visitando el parque de atracciones para fantasmas de *El viaje de Chihiro,* la película de Hayao Miyazaki.

Un complejo de nueve edificios de oficinas destartalados se alzaba tras una verja a unos cien metros detrás del hotel. Se trataba del supuesto recinto donde se llevaban a cabo las estafas. Decidí echar un vistazo más de cerca. Para acentuar el típico atuendo de turista, me puse la riñonera y compré una bola de helado de fresa. El helado estaba tan lleno de hielo y duro que supuse que llevaba meses en el congelador. Una verja separaba el recinto de las zonas públicas del hotel y el casino. Mientras me acercaba, procuré lamer exageradamente el helado de fresa de la cucharilla. Un pastor alemán, que tiraba con fuerza de la pesada cadena con la que estaba atado, empezó a ladrar enérgicamente. Un guardia me indicó que no podía pasar. A través de las ventanas de los edificios, vi varias filas de literas.

Mientras el perro seguía ladrándome, Dara se puso a hablar con otro guardia. El hombre le dijo que los edificios estaban alquilados a empresas chinas y que los trabajadores que había dentro no podían salir. Yo quería hacer algo, pero Danielle y Dara me habían advertido que era inútil denunciar los trabajos forzados a las autoridades del país. Por lo general, los traficantes pagaban sobornos a los potentados locales. En lugar de ayudar a los fugitivos, los funcionarios camboyanos los detenían por infracciones contra la ley de inmigración.

El policía taiwanés me dijo que le parecía que la policía local estaba aliada con los mafiosos. Aunque le habían ayudado a conseguir la liberación de algunas víctimas taiwanesas, no habían hecho ninguna detención ni obligado a cerrar el recinto. Él había ido de incógnito, haciéndose pasar por un empresario de poca monta, y se había reunido con un grupo de capos dedicados a las estafas en línea. Mientras cenaban, uno de ellos recibió un chivatazo sobre una inminente redada. «La policía encubre a propósito estos recintos», me dijo.

Tras las espeluznantes pero poco concluyentes visitas a Bavet y Bokor, llegó el momento de dirigirme al lugar más famoso de todos por sus presuntas estafas: Chinatown. El trayecto por carreteras polvorientas que iba de Bokor a Sihanoukville, de sólo setenta y cinco millas, duró varias horas, lo que me permitió hablar largo y tendido con Danielle y Dara acerca de sus investigaciones.

Sihanoukville debe su nombre al rey camboyano derrocado en un golpe de Estado en 1970, cinco años antes de que los genocidas Jemeres Rojos se hicieran con el poder. Sus playas de arena blanca la habían convertido durante mucho tiempo en un destino atractivo, aunque también algo sórdido, para mochileros europeos, los cuales se alojaban en cabañas de bambú y se dedicaban a fumar marihuana barata.

Entonces, a partir del año 2017, la ciudad se transformó gracias al auge de la construcción de casinos impulsado por inversores chinos. Al margen de las loterías estatales, el juego es ilegal en China, pero Sihanoukville estaba a una distancia relativamente corta en avión. Una dudosa laguna legal permitía apostar a través de un vídeo retransmitido en directo.[4]

Rascacielos y nuevos bloques de apartamentos se alzaban a ambos lados de las polvorientas carreteras. El centro de la ciudad se había llenado de estructuras abovedadas con llamativas luces de neón. Decenas

---

4. Sangeetha Amarthalingam: «Sleepless in Sin City—Will Half-Sized, Outlawed Online Gambling Sector Persist Below the Surface in Cambodia?», *Phnom Penh Post*, 2 de septiembre (2021).

de miles de trabajadores chinos inundaron Sihanoukville para trabajar en los casinos y apostar en ellos. En 2019, los inmigrantes chinos superaban en número a la población camboyana. Había noventa y tres casinos autorizados y muchos más ilegales, los cuales generaban unos 5000 millones de dólares al año.[5] En las salas de juego y desde oficinas ocultas en los pisos superiores, mujeres vestidas con trajes de gala y tiaras retransmitían en directo partidas de, por ejemplo, bacará a jugadores que vivían en China. Rolls-Royce y limusinas Hongqi aparcaban frente a los casinos más lujosos.

«El cliente prototípico de la mesa de bacará del Golden Sand era un joven chino vestido con camiseta y pantalones cortos, de aspecto rudo, fumador, con fajos de billetes de 100 dólares en la palma de la mano y que hacía apuestas a partir de los 1500 dólares por mano», escribió un visitante en *The New York Review of Books* en 2019.

Con el juego llegó la delincuencia. Sihanoukville se hizo tristemente célebre por la prostitución, los tiroteos, los secuestros y el blanqueo de dinero. Las autoridades locales culparon a los gánsteres chinos. En un vídeo que se hizo viral, un hombre con una camiseta blanca ensangrentada corre por la calle, perseguido por dos guardias que blanden sendas porras eléctricas; el hombre termina cayendo al suelo de rodillas y se lleva unas tijeras al cuello mientras empieza a pedir ayuda a gritos. En otro vídeo, el cuerpo sin vida de un usurero[6] es empujado desde el asiento trasero de un todoterreno a plena luz del día.

Pero, a finales de 2019, el primer ministro camboyano ilegalizó el juego en línea de forma efectiva al anunciar que no pensaba renovar las licencias de los casinos en línea. La prohibición, combinada con las restricciones al movimiento de personas como consecuencia de la crisis del Covid-19, hundió la economía de Sihanoukville. Aproximadamente la mitad de los casinos cerraron y la construcción se pa-

---

5. Según Ben Lee, fundador de IGamiX, una consultora con sede en Macao [citado por el semanario japonés *Nikkei Asia*, 10 de enero de 2020], los ingresos relacionados con el juego en Sihanoukville alcanzaron entre 3500 y 5000 millones de dólares al año, el 90 % de los cuales fueron generados por unos 400 casinos virtuales, que las autoridades camboyanas son incapaces de controlar.
6. David Boyle: «Cambodia's Casino Gamble», *Al Jazeera* (2019).

ralizó, dejando más de 1100 edificios inacabados.[7] La mayoría de los trabajadores chinos se marcharon. La quiebra de los casinos empujó a las bandas criminales a evolucionar, convirtiendo los casinos en bases de operaciones para las estafas en línea.

Cuando llegamos a Sihanoukville, la ciudad estaba plagada de los esqueletos de hormigón de cientos de proyectos de rascacielos abandonados. A través de los huecos entre las plantas de los edificios, unas escaleras a ninguna parte atravesaban el cielo. El horizonte tenía un aspecto espeluznante, como una escultura del tamaño de una ciudad destinada a ilustrar los excesos de la especulación.

Mientras recorríamos Sihanoukville, Dara y Danielle señalaban recintos dedicados a realizar estafas por todas partes y me contaban historias sobre los abusos que se cometían en cada uno de ellos. De no ser por mis acompañantes, no habría reconocido muchos de los locales: una torre de oficinas de aspecto normal detrás de un casino, pero con barrotes en las ventanas y guardias de seguridad en la parte exterior, o una puerta en un callejón que anunciaba un casino, pero que no permitía la entrada a nadie. Otros eran más llamativos. Dara señaló una torre muy alta pintada de negro y con rejas en las ventanas, una valla alta con cristales rotos y alambre de espino en la parte superior y cámaras de seguridad orientadas hacia el interior.

• • •

Chinatown no estaba en el centro de la ciudad, sino cerca de una de las playas de Sihanoukville. Cuando sus torres grises aparecieron en el horizonte, casi no podía creer que fueran reales. Habían pasado casi dos años desde que el editor de *Businessweek* me pidió que investigara Tether, y me había pasado la mayor parte de ese tiempo investigando a sus extraños y ridículos fundadores e intentando, sin demasiado éxito, encontrar los miles de millones de dólares en reservas que la empresa aseguraba tener. Pensaba que Tether podía ser una monumental estafa;

---

7. Shaun Turton y Huang Yang: «Stuck in Sihanoukville: Projects Grind to Halt in Cambodia Resort Town», *Nikkei*, 5 de agosto (2022).

lo que nunca habría imaginado era que el rastro del dinero me llevaría a un lugar como aquél.

Chinatown era tal y como lo describían las víctimas de la trata de personas, con la salvedad de que muchas de las torres parecían vacías. Cinco meses antes, las autoridades habían anunciado el cierre de una de las mayores operaciones de la zona, después de que los reportajes de Danielle y Dara, y de otros medios, la convirtieran en el símbolo más famoso de la aparente tolerancia del Gobierno hacia el tráfico de seres humanos.

El primer grupo de edificios de Chinatown estaba vacío. Sin embargo, cuando llegamos al segundo, vimos más actividad. Se trataba de un enorme complejo compuesto por, como mínimo, veinte edificios grises de dos plantas construidos alrededor de un hotel de fachada dorada en una amplia avenida flanqueada por farolas con la forma de un ramo de doce flores. Guardias de negro estaban apostados ante unas grandes puertas negras y doradas rematadas con púas doradas. Cada unidad del edificio se había construido con una amplia cubierta, pero se habían soldado barrotes para convertir los balcones en jaulas.

El flujo de vehículos –furgonetas Toyota Alphard cromadas y Range Rovers con cristales tintados– que pasaban frente a los guardias era constante, y éstos comprobaban que llevaran los letreros adecuados. Varias jóvenes con vestidos de fiesta ajustados llegaron montadas en escúteres y también les hicieron señas para que pasaran. ¿Se había reanudado la actividad en el recinto tras volver a relajarse la atención no deseada?

Al otro lado de la verja distinguí lo que parecía un barrio normal: una barbería, restaurantes y una tienda con peluches en el escaparate. No obstante, cuando pregunté si podía entrar, me dijeron que no. Uno de los guardias le dijo algo a los otros cinco y todos se partieron de risa.

Al lado del recinto estaba el hotel con la fachada dorada; se llamaba Hotel KB. Aunque me habían dicho que solía albergar a trabajadoras sexuales, ahora parecía estar abierto al público. Sus puertas estaban flanqueadas por cocoteros y atendidas por botones vestidos con pantalones negros y dorados, chaleco y mocasines. Lo busqué en Booking.com y me llevé una sorpresa al comprobar que figuraba entre la oferta de la famosa web hotelera. Una habitación doble superior costaba 98 dólares la noche, con desayuno incluido.

Fuera, vi a cinco hombres vestidos de negro sacando brillo a una limusina Maybach negra y a un chino con una cresta pelirroja y una prominente barriga que llevaba una camiseta de Gucci y que no dejaba de pasearse de un lado a otro. Un hombre me dio una tarjeta de visita en la que se anunciaban prostitutas.

Decidí entrar. Danielle y Dara convinieron en que parecería menos sospechoso si iba solo. Uno de los botones me hizo una visita guiada. Lo más destacado era la piña dorada de seis metros que había en el vestíbulo. Los pasillos estaban tan vacíos como el hotel en la cima de la montaña Bokor. En el casino, donde sonaba *soft rock* chino y, en elegantes tazas, se ofrecían cigarrillos chinos gratis, los crupieres superaban en número a los jugadores en una proporción de tres a uno.

Una amplia escalera de mármol me condujo del vestíbulo a un elegante restaurante situado en el piso superior, donde había un pequeño bufé de comida china dispuesta en bandejas metálicas. El anfitrión parecía sorprendido de que un turista hubiera venido hasta allí para comer, pero de todos modos me invitó a pasar. «Para usted es gratis, señor», me dijo un camarero.

Aunque el enorme comedor podría haber albergado una boda, sólo había unas cuantas personas comiendo. Entre ellos, los esbirros que habían estado puliendo el Maybach y un chino musculoso en camiseta que se dedicaba a ver vídeos de TikTok en su móvil a un volumen exagerado. Tenía pinta de ser el jefe, porque les entregó dinero a cada uno de los esbirros de un fajo que se sacó del bolsillo del pantalón.

Todo el mundo parecía como en casa, salvo yo. Cogí una Budweiser de una nevera instalada en un lateral de la sala y le di un sorbo, intentando no parecer demasiado nervioso ni demasiado interesado en lo que ocurría a mi alrededor. Pero estaba fascinado. ¿Estaba sentado junto al capo de un recinto donde se realizaban estafas a distancia mientras comía pato asado? No obstante, como todo el mundo hablaba en chino, no pude obtener ninguna pista.

Una camarera hablaba inglés. Le pregunté por qué el hotel estaba tan vacío y me explicó que llevaba muy pocos meses abierto al público.

Antes de eso, sólo era para los vecinos de los edificios colindantes. Le pregunté por qué había tanta seguridad en los edificios.

«Esto es Chinatown, ¿no lo sabe?», me dijo.

Me hice el tonto. Ella me dijo, esforzándose por explicarlo de la manera más agradable posible, que a los trabajadores no se les permitía salir del recinto. Yo hice una mueca y ella me aseguró que en el hotel no había esclavos.

«La gente aquí tenemos nuestra libertad», me dijo.

Me dirigí a la parte de atrás del restaurante, donde unos grandes ventanales daban al patio interior. El Sol se había puesto y las luces en algunos de los grises edificios de oficinas revelaban que volvían a estar ocupados. Vi camisetas y pantalones cortos tendidos de los barrotes de los balcones. Me estremecí al pensar por lo que debía de estar pasando la gente de dentro y salí apresuradamente del restaurante.

Dara me recogió y, mientras salíamos del recinto, vi una casa de cambio cerrada. Aunque habían quitado el letrero, aún se veía el contorno. Vi cuatro letras en inglés: USDT, la etiqueta de cotización de Tether.

Antes incluso de viajar a Camboya, era consciente de que no iba a encontrar a Giancarlo Devasini en la cima de la montaña Bokor, sorbiendo fideos junto a Big Fatty en el hotel fantasma. La belleza de Tether como sistema para mover dinero es que puede operar con escasa supervisión por parte de la propia empresa. Tether asegura conocer la identidad de todos sus clientes, pero ésos son sólo el pequeño reducto de operadores cripto que se dedican a comprar o canjear monedas directamente de la empresa. Yo pude usar los téthers de mi aplicación de la cabeza de zorro para conseguir dinero en efectivo en Phnom Penh sin necesidad de facilitar ninguna información personal. Si la autoridad competente le pidiera a Tether los documentos identificativos de Vicky Ho o Big Fatty, la empresa no podría proporcionar ninguno. Podría eximirse completamente de la responsabilidad.

Desde el verano de 2022, cuando descubrí las estafas de la matanza del cerdo, había estado siguiendo dos pistas. Mientras investigaba cómo Tether estaba promoviendo centros de estafadores en Camboya, también empecé a indagar un lugar donde Devasini *había* dado la cara:

El Salvador. El presidente del país, Nayib Bukele, había anunciado con orgullo en la Bitcoin 2021, la conferencia en Miami a la que yo había asistido, la adopción de la criptomoneda homónima como moneda nacional. En febrero de 2022, un miembro del partido gobernante de El Salvador había publicado en Twitter una foto de sí mismo junto a un defensor de Bitcoin y otros funcionarios del partido, tomada en la asamblea legislativa. Al fondo se podía ver a Devasini.

Leí en una publicación salvadoreña llamada *El Faro* que Devasini y otros funcionarios de Tether estaban asesorando al Gobierno de El Salvador sobre Bitcoin. Tether no podía distanciarse mucho del lugar. Y tampoco podían hacerlo el resto de los fanáticos de las criptomonedas, quienes me habían estado diciendo que Bitcoin había transformado milagrosamente el país, incluso después de que la mayoría de los informes aparecidos en los medios de comunicación mostrara que el experimento había sido un fracaso entre la población. La nación centroamericana se había convertido en una suerte de referéndum sobre si Bitcoin podía utilizarse en el mundo real o no.

CAPÍTULO VEINTE

No aceptamos Bitcoin

Cuando Nayib Bukele, el presidente de El Salvador, anunció en mayo de 2021 que su país adoptaría Bitcoin como moneda nacional, pensé que no acabaría haciéndolo. El país estaba al borde de la suspensión de pagos de su deuda externa, y la persistente violencia de las bandas que lo había convertido en la capital mundial del asesinato volvía a recrudecerse. ¿Apostar por una moneda digital volátil que nadie utilizaba en el mundo real era la respuesta a todos los problemas que tenía El Salvador?

Pero, al final, Bukele sí lo hizo. Regaló treinta dólares en bitcoines a cada ciudadano —el sueldo de unos pocos días de un trabajador agrícola—, instaló cajeros automáticos de Bitcoin en las plazas de todas las localidades y pidió a los comercios que aceptaran la criptomoneda como forma de pago. Y, con el país al borde de una crisis de deuda, Bukele retó a los acreedores internacionales, asegurando que resolvería los problemas financieros de El Salvador con Bitcoin. «#Bitcoin es dinero *fuck you*»,[1] tuiteó.

El Salvador se convirtió en un anuncio de Bitcoin a escala nacional, y muchos de los entusiastas de las criptomonedas a los que entrevisté me dijeron que el plan había tenido tanto éxito que otros países no tardarían en seguir su ejemplo. Y, por supuesto, el hecho de que países

---

1. «Dinero que te jodan». *(N. del T.)*.

enteros compraran la criptomoneda haría que su precio no dejara de subir. «Probablemente ahora mismo estemos asistiendo en El Salvador a un avance de lo que nos depara el futuro», dijo el cofundador de Twitter Jack Dorsey en una charla en línea en febrero de 2022.[2]

Quería comprobar los efectos de Bitcoin en El Salvador con mis propios ojos. Antes de viajar allí, sin embargo, me reuní con Jack Mallers, el joven ejecutivo que había presentado el plan de Bukele para El Salvador en el escenario de la Bitcoin 2021, en Miami. Sólo habían pasado diez meses desde que anunciara a la multitud entre lágrimas: «Estaré allí. Moriremos en esta colina. ¡Moriré en esta puta colina!». Ahora bien, cuando le pregunté cómo iba el experimento, me dijo que no recordaba la última vez que había estado en El Salvador. Además, no parecía muy afectado por ello. «Es muy importante tener en cuenta que el proyecto no es mío», me aseguró.

Bukele estaba más comprometido con el bit. El presidente, a sus cuarenta años, se había convertido en un *influencer* de las criptomonedas; tenía 4 millones de seguidores en Twitter, donde se hacía llamar «el Dictador Más Molón». Utilizó fondos públicos para comprar 100 millones de dólares en la criptomoneda, y perdió la mitad[3] cuando el precio del Bitcoin se desplomó. A pesar de las pérdidas, seguía publicando noticias cuando compraba más criptomonedas, a veces incluso alardeando de que lo hacía con su móvil mientras estaba sentado desnudo en el cuarto de baño.

Aunque el apodo «el Dictador Más Molón» pretendía ser una broma, se acercaba demasiado a la verdad como para resultar graciosa. Bukele era un presidente cada vez más autoritario. En marzo de 2022, declaró el estado de emergencia, suspendió las garantías procesales y ordenó a la policía que detuviera a todos los sospechosos de tener vínculos con las bandas. Más de 60 000 personas fueron detenidas, aproximadamente uno de cada cien salvadoreños. La mayoría fueron detenidos sin cargos. Bukele se deleitó con la brutalidad y publicó

2. BitcoinTV: «Interview with Jack Dorsey—by Michael Saylor», YouTube, 1 de febrero (2022).

3. Bloomberg reconstruyó el historial de operaciones de Bukele a partir de sus tuits y calculó sus pérdidas. Sydney Maki: «El Salvador's Big Bitcoin Gamble Backfires to Deepen Debt Woes», Bloomberg, 15 de junio (2022).

en Internet fotos humillantes de los detenidos desnudos. Todos eran mafiosos, proclamó, y morirían en prisión. Según la organización de derechos humanos Cristosal, al menos 150 personas murieron bajo custodia,[4] algunas con signos de tortura.

Las políticas opresivas de Bukele no desanimaron a los fieles de Bitcoin, los cuales, para ser justos, no tenían demasiados presidentes amantes de la criptomoneda entre los que elegir. La costa del Pacífico del país se convirtió en el destino predilecto de los peregrinos de Bitcoin. Uno de los primeros fue, por supuesto, Brock Pierce, el actor precoz reconvertido en cofundador de Tether, quien llegó en su *jet* privado en septiembre de 2021, organizó una fiesta para los adeptos cripto y el influyente Logan Paul, y regresó a su casa al día siguiente.[5]

Otro promotor de Bukele fue Giancarlo Devasini, propietario de Tether. Me enteré de que había viajado a El Salvador en febrero de 2022 para apoyar la segunda fase del plan de criptomonedas de Bukele: Bitcoin City. El proyecto incluía la construcción de una metrópolis futurista como Dubái en el este del país. Según Bukele, la ciudad tendría un nuevo aeropuerto, funcionaría sin impuestos, dispondría de energía gratuita procedente de un volcán cercano y una plaza gigante con la forma del logotipo de Bitcoin, tan grande que sería visible desde el espacio.

El proyecto no tenía mucho sentido: ¿cómo iba a pagar todo eso un país con un presupuesto para infraestructuras que apenas alcanzaba para construir un rascacielos? Ahí es donde, aparentemente, entraba Devasini. Su plataforma de criptomonedas, Bitfinex, había prometido reunir el dinero necesario para construir Bitcoin City mediante una oferta especial de bonos Bitcoin. Pero ¿qué ganaba Devasini?

Mi primera parada fue en El Zonte,[6] el pueblo costero donde comenzó el experimento de Bitcoin. En 2019, un surfista de San Diego em-

4. Bryan Avelar y Tom Phillips: «At Least 153 Died in Custody in El Salvador's Gang Crackdown—Report», *The Guardian*, 29 de mayo (2023).
5. Registros de vuelo obtenidos por el autor. Brock Pierce me contó que, además de organizar la fiesta, trabajó con ancianos mayas para «reactivar» una antigua pirámide.
6. Sharyn Alfonsi: «Bitcoin Beach: How a Town in El Salvador Became a Testing Ground for Bitcoin», *60 Minutes*, CBS News, 10 de abril (2022).

pezó a repartir pequeñas cantidades de bitcoines a los lugareños con la esperanza de crear lo que denominó una «economía circular Bitcoin». Según Bukele, este supuesto éxito le sirvió de inspiración para la política nacional de Bitcoin.

El Zonte había sido invadido por influyentes de Bitcoin, blogueros especializados en viajes y cadenas de televisión, rebautizando el lugar con el nombre de Playa Bitcoin. A los bitcoineros les gustaba decir que la adopción de Bitcoin por parte de la ciudad era una prueba crucial de la viabilidad del concepto, un primer paso en el inevitable camino de las criptomonedas hacia su aceptación global. A mí me parecía demasiado entusiasmo cuando, en realidad, lo único que había era un par de tiendas donde los turistas podían usar sus bitcoines para comprar comestibles. «Vale, chicos, estamos a punto de pedir aquí, en Minutas Mario, y podemos pagar con bitcoines», decía un youtubero alemán en un vídeo que encontré. De pie junto a un puesto ambulante oxidado, cogió una minuta (granizado con sabor a fruta) y estuvo más de tres minutos escaneando códigos QR para poder transferir 13 418 cienmillonésimas de Bitcoin (unos cinco dólares en aquel momento) a la cartera digital del vendedor.

El Zonte resultó ser una ciudad turística muy bonita pero diminuta a una hora al sur de la capital. Vi gallinas paseándose por caminos de tierra llenos de baches y residentes que vivían en chozas de metal corrugado junto a hoteles para surfistas extranjeros. Lo que no vi fue a nadie pagando con bitcoines. Cuando mencioné que quería pagar con bitcoines en la primera tienda a la que entré, el dependiente me arrebató de las manos la botella de agua. «Basura —exclamó—. No pienso usarlos nunca». El hotel en el que me alojaba tampoco los aceptaba, y un restaurante de la playa de al lado había un cartel hecho a mano en el que se leía NO BITCOIN. El dueño me dijo que estaba harto de decirles a los visitantes que no quería utilizar una moneda tan volátil. «Los turistas creen que aquí todo el mundo acepta bitcoines», me dijo.

Caminé hasta la playa de arena negra, donde vi a varios surfistas surcando las olas y a dos influyentes musculosos haciendo flexiones y haciéndose fotos con un bebé. No me costó localizar el puesto ambulante oxidado donde el bitcoinero alemán había grabado su vídeo. El propietario, Mario García, llevaba una gorra blanca, una riñonera

Adidas y un polo naranja sucio. El cartel de ACCEPTAMOS BITCOINES estaba tan descolorido que apenas podía verse el logotipo de la «B». A su lado, su mujer removía una olla gigante llena de patatas para hacer empanadillas.

García no tenía mucho que decir sobre Bitcoin. Según su opinión, sólo era una forma de atraer turistas. Él había convertido sus pagos a dólares en cuanto pudo. Pero sí tenía una historia interesante que compartir sobre otra iniciativa de Bukele: las redadas de las bandas del crimen organizado. Al parecer, ser la mascota no oficial de Bitcoin no bastaba para estar protegido.

Una mañana del mes de abril, cuatro soldados y dos policías le abordaron en la playa al principio de su jornada laboral. A punta de pistola, le ordenaron que se desnudara. García descubriría posteriormente que le habían acusado de pertenecer al grupo de los Chiltiupanecos Locos de la MS-13, la mayor banda del país. Me contó que se había pasado casi un mes en la cárcel, donde lo golpearon y rociaron con gas pimienta. Se levantó la camisa para mostrarme una cicatriz en forma de V y un hematoma. A otros presos les había ido peor; recordaba haber visto morir a cinco reclusos. «Detuvieron a medio mundo para poder tener una cifra y decir: "Hemos detenido a mucha gente", independientemente de que la persona cometiera o no algún delito», me dijo.

Me preguntó si podía compartir su código QR, con la esperanza de conseguir donativos para poder pagar la factura de la luz y los préstamos bancarios. Sin embargo, cuando intenté comprar hielo triturado con bitcoines, el código no funcionaba.

La dirección de Tether en El Salvador me llevó hasta una torre de oficinas en San Salvador que albergaba un bufete de abogados en el que se me denegó la entrada. Y tampoco pude obtener ningún tipo de información sobre la empresa por parte de las autoridades salvadoreñas. Como Bukele aún no había puesto la primera piedra de su proyecto de Bitcoin City, no había mucho que ver allí, aunque aproveché para visitar y conocer a algunos trabajadores agrícolas. Estaban furiosos porque los estaban desalojando para poder construir la quimera del presidente del país.

Bukele se negó a hablar conmigo. Intercambié algunos mensajes con el legislador que había publicado la foto con Devasini, pero se negó a tocar el tema de Tether y se limitó a elogiar al presidente por su exitoso proyecto con Bitcoin, a pesar de todas las pruebas en su contra. «Nuestro presidente es un visionario muy audaz –escribió el legislador, que se llamaba William Soriano–. El Salvador lidera ahora la revolución monetaria que transformará el mundo tal y como lo conocemos. No sólo económicamente, sino también culturalmente».

Me resultó extraño leer eso. En el resto del país el uso de Bitcoin estaba aún menos extendido que en El Zonte, la supuesta cuna de la revolución. En el centro de San Salvador, me pasé toda una tarde recorriendo un mercado en busca de alguien que aceptara bitcoines. Vi soldados con rifles o escopetas apostados en las esquinas, una pared con un grafiti en contra de Bitcoin y puestos callejeros que vendían uniformes blancos de presidiario, que los familiares tenían que comprar para los encarcelados. No encontré a nadie que usara bitcoines. «A veces sube, a veces baja. No es para mí», me dijo el propietario de una pequeña farmacia. Incluso en los restaurantes de lujo para turistas, los camareros sólo aceptaban bitcoines a regañadientes, y a menudo entraban en una habitación trasera para coger un dispositivo cargado con una aplicación de Bitcoin, del mismo modo que un camarero en un restaurante francés sacaría una botella polvorienta de kétchup de debajo del mostrador para complacer a un estadounidense ignorante.

Si El Salvador pretendía ser el campo de pruebas para la aplicación de Bitcoin a la vida cotidiana, el ensayo podría considerarse un fracaso absoluto. Lo único que demostraba era que nadie quería usar bitcoines, ni siquiera cuando su propio Gobierno los incentivaba. Los salvadoreños no entendían cómo funcionaba, no confiaban en él y, desde luego, no lo veían como una forma de ayudar a los pobres.

«No tengo dinero –me dijo una mujer, riendo–. ¿Cómo voy a usarlo?».

Lo más cerca que estuve de Tether en El Salvador fue durante las conversaciones que mantuve con algunos de los bitcoineros que parecían estar en la órbita de la empresa. Sin embargo, eso sólo condujo a nuevas conversaciones interminables sobre la grandeza de Bitcoin y las cosas supuestamente maravillosas que los bitcoineros estaban haciendo por el país. Un bitcoinero estadounidense que conocí en San Salvador me dijo medio en broma que había estimulado la economía del país al comprar una nevera para la familia de una estríper con la que salía. Un evangelista de Bitcoin convertido en asesor de Bukele sacó una regla para argumentar que su precio iba a subir, cuando, en aquel momento, no hacía más que bajar. «Piensa en Bitcoin como en una regla –dijo–. La razón por la que el número aumenta es que la regla tiene un tamaño fijo».

Los asesores de Bitcoin más destacados, aunque no oficiales, de Bukele parecían ser Max Keiser, el podcastero que había gritado «¡Que se joda Elon!» en el escenario de Miami el año 2021, y su esposa y copresentadora Stacy Herbert. Unos años antes habían producido un programa de noticias lleno de teorías de la conspiración en la cadena estatal rusa RT. En aquel momento, a juzgar por las redes sociales, vivían a lo grande como paladines del Estado, comiendo en los mejores restaurantes de El Salvador y viajando en helicópteros militares para visitar proyectos gubernamentales de criptomonedas. Antes de mi viaje, había visto un fragmento en YouTube donde celebraban la ley Bitcoin de El Salvador.

—¡Es energía volcánica, sí! –gritaba Herbert, un exproductor de televisión que llevaba el pelo teñido de rosa, mientras flexionaba sus bíceps.

—¡Energía volcánica barata y limpia sacada de los propios testículos de la Madre Tierra, explotando en una corrida de energía gratuita que nos va a hacer a todos jodidamente ricos aquí abajo! –gritó a su vez Keiser.

Keiser y Herbert parecían estar muy unidos a Devasini. En las redes sociales, publicaron noticias sobre la entrega de dinero por todo el país procedente de un fondo benéfico de 2 millones de dólares respaldado por Bitfinex. Le pedí a Herbert que se reuniera conmigo para tomar un café en la cafetería de un lujoso centro comercial de San Salvador.

En persona, Herbert parecía más alegre y menos desquiciada. Calificó Bitcoin de «dinero perfecto», a Bukele de «supergenio matemático» y me dijo que Bitcoin City era el primer paso para la transformación de El Salvador en el próximo Singapur. Sin embargo, no quiso hablar mucho de Tether ni de Devasini.

Pero sí mencionó que había una señal tangible de la presencia de Tether en El Salvador: un mural que mostraba la erupción de un volcán de bitcoines y un árbol con hojas en forma del logotipo de Bitfinex. Había sido diseñado por la pareja de Devasini, una artista llamada Valentina Picozzi, mucho más joven que él, y estaba pintado en una gran pared cerca de la entrada de un barrio controlado por las bandas. Según ella, aquello era una muestra del compromiso de Devasini y los demás ejecutivos de Tether por el pueblo salvadoreño. «Son tipos tranquilos, humildes y muy caritativos», aseguró.

Pese a no tratarse de una gran pista, una vez de vuelta en Nueva York, investigué la obra de Picozzi. Era pintora y escultora, y su arte, como la mayoría de las obras relacionadas con Bitcoin, tendía a lo *kitsch* y a lo extremadamente literal. Había granadas con el logotipo de Bitcoin y cajas de plexiglás llenas de dólares triturados con citas impresas de Satoshi Nakamoto. A veces tenía la sensación de que estaba tratando de enviar un mensaje sobre el propio Tether, como una pieza con un cartel rojo que decía: Lo siento, estás jodido, u otro azul con el mensaje: Lo siento, no somos federales y no tenemos reserva.

Picozzi parecía tener pocos seguidores entre los adeptos a las criptomonedas. Al mes siguiente de mi viaje a El Salvador, en agosto de 2022, vi en Twitter que, por fin, iba a exponer todo el arte Bitcoin en el que había estado trabajando en una feria de arte convencional. Concretamente, en Lugano, Suiza.

Mi primera reacción fue preguntarme cómo había llegado el horroroso arte Bitcoin a una feria de arte convencional. No obstante, al reflexionar un poco más sobre ello, me di cuenta de que ésta podría ser una buena oportunidad de conocer al huraño Devasini y preguntarle acerca de los nefastos personajes que Tether parecía estar promoviendo en todo el mundo. Aunque me hubiera gustado conocer la opinión del ex cirujano plástico sobre las estafas conocidas como la matanza del cerdo y la fracasada política con el Bitcoin de Bukele, me costaba creer que estuviera dispuesto a hablar conmigo. El director general de Tether, Jean-Louis van der Velde, no había respondido a ninguno de mis mensajes tras nuestro enigmático encuentro en las Bahamas. Me dije que si quería respuestas sinceras, tendría que organizar una conversación informal con Devasini.

Devasini parecía evitar las criptoconferencias, presumiblemente para eludir a periodistas molestos como yo. Pero, ¿quién no acudiría a apoyar a su pareja en la mayor exposición de su carrera? Y Devasini no esperaría encontrarse allí a ningún periodista, ya que, ¿qué clase de periodista acude a una feria de arte en Suiza con la remota esperanza de conseguir una entrevista con el jefe de una empresa de criptomonedas?

Había llegado el momento de ver un poco de arte Bitcoin.

CAPÍTULO VEINTIUNO

La miel es mejor

Llegué a Lugano tras la pista de mi escurridiza presa milanesa, Giancarlo Devasini, el jefe de Tether, en un autobús lleno de críticos de arte italianos. El viaje había sido organizado por WopArt, la feria en la que Valentina Picozzi, pareja de Devasini, exponía su obra. El tema de la feria era «El papel y su espejo: NFT». Cuando le conté a la representante de prensa del evento que estaba trabajando en un libro sobre criptomonedas me dijo que era bienvenido.

El autobús salió de Milán, atravesó el lago de Como y la frontera suiza, y nos dejó en Lugano, una ciudad soñolienta y rica a orillas de un plácido lago rodeado de ondulantes montañas verdes. Sus empedradas calles eran tan empinadas que un funicular subía y bajaba a la gente por una de ellas.

Lugano, como El Salvador, afirmaba haber adoptado Bitcoin como medio de pago. El alcalde había anunciado el plan a principios de año y, según él, había estado desarrollado en colaboración con Tether. Me imaginé que ése era el motivo principal por el que Picozzi exponía su obra en la ciudad alpina.

Los críticos y yo entramos en el cavernoso centro de convenciones que acogía la feria. Nos recibió un cartel gigante de estilo grafiti creado por Picozzi en el que aparecía un hombre dibujando con pintura amarilla una bombilla que iluminaba una serie de logotipos de Bitcoin. En una pared de treinta y cinco metros de largo había colgadas una gran selección de sus obras.

Enseguida localicé a Picozzi, ocupada ajustando un marco. Era una mujer menuda y elegante, con chaqueta de cuero, vaporosos pantalones negros, zapatos negros de tacón y una rubia cabellera recogida. En el dedo anular llevaba un gran anillo de diamantes y una pequeña alianza. Decidí no acercarme a ella, pensando que sería mejor esperar a Devasini.

Mientras esperaba, los críticos italianos y yo contemplamos respetuosamente la obra de Picozzi: un blíster de grandes píldoras naranjas con el logotipo de bitcoin –a los bitcoineros les gusta decir que se han «tomado la píldora naranja»– y un trozo de papel blanco con la frase «Hijo de bit» en relieve. También había un billete venezolano, pero con un Simón Bolívar con el ojo morado, y un billete de un dólar con George Washington sujetándose la cabeza con las manos, haciendo referencia a la inflación.

El director artístico de la feria, un hombre vivaz con unas llamativas gafas naranja, nos hizo pasar para que la artista nos hablara de su obra. Parecía encantada de tener público. Como no hablo italiano, la única palabra que entendí fue «Bitcoin», pero sonreí mientras encendía la grabadora para que después alguien me tradujera sus comentarios.

«Fundamentalmente es superético porque no se puede corromper –les dijo a los críticos–. Súbitamente, creo la oportunidad de que las matemáticas impriman moneda. Y hay leyes que son leyes matemáticas».

La visita se prolongó durante unas cuantas horas, y yo no dejaba de escabullirme para echar un vistazo al estand de Picozzi, con la esperanza de ver en él a Devasini. Pero no apareció. Me quedé después de que se fueran los críticos unas cuantas horas más, deambulando por la feria. La espera fue interminable. ¿Dónde estaba? Supuse que al menos vendría a la cena de inauguración para artistas y personalidades, pero tampoco lo vi allí. Picozzi acudió con su ayudante. Tras un segundo día dando vueltas por la feria, esperando en vano ver a Devasini, regresé a Brooklyn, profundamente decepcionado. No obstante, pronto se presentaría otra oportunidad.

Al mes siguiente, Lugano celebraba una conferencia sobre su plan Bitcoin, y Tether figuraba como coorganizador del evento. Aun así, no pensé que Devasini fuera a asistir. No figuraba entre los numerosos ponentes del programa. Y si deseaba evitar a los periodistas y otros investigadores, era lógico que no acudiera a grandes actos públicos. No le había visto en la conferencia de Sam Bankman-Fried de las Bahamas, ni tampoco en ninguna de las conferencias sobre Bitcoin celebradas en Miami. Aun así, sentí que estaba tan metido en mi investigación que tenía que ir. No sabía de qué iban a hablar exactamente en la conferencia. Por mi primer viaje, sabía que Bitcoin aún no había arraigado en Lugano. De hecho, si el experimento de El Salvador había sido un truco publicitario desmesurado, el de Lugano fue todo lo contrario. La mayoría de los lugareños ni siquiera habían oído hablar de ella. Me costó encontrar establecimientos que no fueran McDonald's que aceptaran criptomonedas. Y comprar un Big Mac con bitcoines no era una experiencia demasiado emocionante. Era más lento que mi tarjeta de crédito, me cobraba comisiones en lugar de darme puntos de recompensa y la hamburguesa seguía sabiendo a goma.

Algunos políticos locales se habían manifestado en contra del plan Bitcoin, y uno de ellos me recomendó hablar con el más firme opositor a él: Paolo Bernasconi, un antiguo abogado de escándalos. Me invitó a reunirme con él la mañana en que daba comienzo la conferencia. Tenía el despacho justo delante del centro de convenciones. Una secretaria me hizo pasar a una sala de conferencias de su bufete. Desde el pasillo, oí que alguien silbaba la alegre melodía de *Las cuatro estaciones* de Vivaldi. Entró un hombre apuesto, de pelo tupido y canoso, con una americana azul y una elegante corbata a rayas moradas y blancas.

«Empezamos a seguir el dinero –dijo Bernasconi–. Es bastante frustrante, sabe, después de sesenta años luchando contra la delincuencia, hoy tengo que verla al otro lado de mi escritorio».

Bernasconi se volvió y señaló el centro de convenciones través de las dobles puertas de cristal, donde ondeaban las banderas de Bitcoin rojas, azules y verdes diseñadas por Picozzi. Bernasconi sonrió y enarcó las cejas. El abogado no exageraba precisamente sus credenciales. Como fiscal del distrito sur de Suiza en los años setenta y ochenta, Bernasconi, de setenta y nueve años, había investigado bancos suizos que movían dinero sucio para la mafia. Su caso más famoso fue «La conexión de la pizza», pues las pizzerías estadounidenses se utilizaban como tapaderas para mover miles de millones de dólares del dinero de la droga a Lugano, las Bahamas o las Bermudas. El trabajo era peligroso. Un juez italiano[1] que trabajaba con Bernasconi fue asesinado por la mafia en 1992 al hacer explotar su caravana con una bomba detonada a distancia. El sector bancario local, financiado con dinero turbio procedente de toda Italia, también se opuso a la investigación. Pero, en 1990, con la ayuda de Bernasconi,[2] el blanqueo de dinero fue finalmente tipificado como delito en Suiza.[3]

«Logramos el objetivo de neutralizar el crimen organizado, y ahora vienen con las criptodivisas. Fantástico», dijo.

Como abogado, Bernasconi dijo que había representado a empresas víctimas de jaqueos a las que se había pedido un rescate. Me dijo que los jáqueres siempre pedían el pago en criptomonedas. «Si nos fijamos en las actividades de los delincuentes, la mejor forma de blanquear dinero son las criptomonedas —dijo, golpeando la mesa con las manos—. Es muy sencillo. ¿Por qué? Porque es imposible rastrear el dinero».

Le conté lo que había averiguado sobre el uso de Tether por parte del crimen organizado del Sudeste Asiático. Los delincuentes probablemente estaban utilizando la criptomoneda estable para mover miles de millones de dólares anónimamente. Jubilados estadounidenses eran engañados para que enviaran enormes sumas de tétheres a estafadores del Sudeste Asiático. Y le expliqué cómo los propios estafadores a menudo eran retenidos contra su voluntad en enormes distritos de oficinas como Chinatown. Es posible que los ejecutivos de Tether desconozcan este tipo de actividades criminales, ya que no se requiere ningún tipo de documento de identidad para poseer o enviar tétheres, le expliqué.

---

1. Se llamaba Giovanni Falcone. Un colega llamado Paolo Borsellino también murió en un atentado con coche bomba. Celestine Bohlen: «Fugitive Mafia Boss Arrested by the Italian Police in Sicily», *The New York Times*, 22 de mayo (1996).

2. John Parry: «Swiss Plan Law to Curb Laundering», *American Banker*, 2 de marzo (1987).

3. Alan Riding: «New Rule Reduces Swiss Banking Secrecy», *The New York Times*, 6 de mayo (1991).

Aunque si lo supieran, seguramente se eximirían de la responsabilidad. Bernasconi me interrumpió. Me dijo que era la misma actitud que tenían los banqueros suizos cuando él luchaba contra la mafia. Se cubrió los ojos con la punta de los dedos, los apartó y me miró fijamente.

«Si eres ciego, intencionadamente ciego, entonces eres responsable –dijo–. Si no te importa, entonces eres responsable».

Al otro lado de la calle, me encontré con una mezcla de sectarios de Bitcoin, criptoaficionados de segunda, estudiantes y curiosos locales. El precio del Bitcoin había sido uno de los temas principales de anteriores conferencias sobre criptomonedas, pero, en aquel momento, con un valor dos terceras partes inferior, alrededor de los 20 000 dólares, el tema era tabú.

Me preocupaba que este segundo viaje fuera otra pérdida de tiempo. Pero, para mi sorpresa, Devasini apareció. Lo vi entre el público, aunque se marchó antes de que pudiera acercarme a él. Luego, hacia el mediodía, le vi entrando en el centro de conferencias, flanqueado por Stacy Herbert y su extravagante compañero de emisiones y marido, Max Keiser.

Devasini era alto, con unos rizos rebeldes que le colgaban hasta los hombros y le rodeaban las orejas. En aquel momento tenía cincuenta y ocho años, y vestía como un viejo rockero, con una cazadora de cuero negra con capucha y unos vaqueros anchos. Llevaba un anillo negro en la mano derecha y tres pulseras en la izquierda. Tenía la cara angulosa, la nariz prominente y la barbilla picuda. Caminaba encorvado hacia delante, balanceando sus largos brazos. Tal vez por culpa de su nombre de usuario, Merlín, me lo imaginé como un mago. Aunque me recordaba más a otro tipo de mago: Gargamel, el archienemigo de los Pitufos hambriento de poder.

El grupo se detuvo justo delante de las puertas que daban a la bulliciosa sala de conferencias. Me apresuré a alcanzar a Herbert, esperando que el café que habíamos tomado juntos en San Salvador me abriera las puertas del grupo. Sin embargo, se limitó a dirigirme una mirada severa y fingió no reconocerme.

Intenté explicarle a Devasini quién era y en qué estaba trabajando, pero él también me ignoró.

«Todo está bien, muchas gracias –dijo, un poco fuera de lugar, con un ligero acento italiano–. Buena suerte con su libro».

Se dirigió al auditorio principal, tomó asiento en primera fila y se acomodó para escuchar el programa de la conferencia. No te aburriré demasiado con el contenido. Sólo diré que te sorprendería descubrir lo mucho que tiene que decir la gente sobre el nuevo método de pago en el McDonald's de la ciudad.

A pesar de la estridente música electrónica que sonaba en bucle cada cinco o diez minutos, preferí quedarme en el vestíbulo, donde había expuesta una estatua metálica de un toro diseñada por Picozzi. Un guardia de seguridad se llevó inmovilizado a un hombre con pasamontañas negro y gafas de Sol. «¡¡¡Están acabando con la privacidad de las personas!!!», gritaba el hombre.

También vi a dos hombres muy morenos hablando en voz alta. Por su acento supuse que eran de la zona de Nueva York, de modo que me acerqué para presentarme. Me dijeron que eran operadores de Bitfinex. Pero cuando les pregunté si habían volado desde Brooklyn como yo, de repente se les quitaron las ganas de hablar. «No, no, no tenemos presencia en EE. UU. –dijo uno de ellos–. Hemos recibido instrucciones de no hablar con nadie».

Cerca de allí, vi al director tecnológico de Tether, Paolo Ardoino, explicándole su dieta a otro de los asistentes. Estaba en forma, con una camiseta ajustada metida por dentro de un pantalón de vestir gris. «Como una vez al día. Sólo carne roja», estaba diciendo. Sin embargo, se negó a hablar conmigo; ni siquiera de las maravillas de la carne de vacuno.

—Es el que escribe cosas malas sobre nosotros –le dijo a su mujer, que estaba a su lado.

—¡Hola! –le dije a ella, quien tampoco quiso hablar conmigo.

Al día siguiente, aburrido de tantos discursos acerca del milagro salvadoreño de Bitcoin, entré en un bar que había en la misma calle y le escribí un mensaje a Devasini en Telegram, donde aún usaba su antiguo nombre de usuario: MerlinTheWizard. Pensé que, si sus amigos no le veían, existía la posibilidad de que estuviera dispuesto a hablar conmigo en privado.

«Ayer me presenté. Soy el que está escribiendo un libro sobre criptomonedas en el que usted es uno de los personajes importantes –escribí–. ¿Por qué no charlamos un rato? Me encantaría escuchar su parte de la historia, seguro que tiene cosas muy interesantes que contar. Estoy en el Bar Laura, cerca del centro de conferencias, por si le apetece pasarse».

Llevaba más de un año persiguiendo a Devasini y tenía muchas ganas de hablar con él. No es que pensara que, de repente, se abriría y me hablaría de sus años como cirujano plástico, de su divorcio y del viejo blog que había descubierto. Tampoco esperaba que me revelara nueva información sobre las reservas de Tether. Pero quería hablarle de los recintos de Camboya donde se realizaban las estafas. Tal vez su reacción me dijera si sabía algo de lo que Tether estaba permitiendo en todo el mundo.

Esperé durante horas una respuesta. Me comí un bocadillo de calabacín mientras miraba fijamente la silla roja vacía que tenía delante. En la mesa de al lado, una familia suiza jugaba con su hijo pequeño mientras bebía café expreso. Un diminuto pájaro marrón se posó sobre la mesa, me miró durante unos segundos y se fue volando.

Pero Devasini no apareció. Aquella noche, a las 00:38, mientras dormía, me llegó al móvil su respuesta. Era sólo una frase: «Las abejas no pierden el tiempo explicándole a las moscas que la miel es mejor que la mierda».

Estaba decepcionado. Había viajado dos veces a Suiza para una entrevista que no iba a producirse nunca. Mis intentos de conseguir que Devasini y los demás líderes de Tether se abrieran se estaban quedando en agua de borrajas. No sabía qué hacer a continuación.

Sin embargo, una semana después de mi regreso a Nueva York, un tuit aparentemente inocuo enviado por Sam Bankman-Fried desencadenó una impredecible cadena de acontecimientos que, finalmente, revelaría la podredumbre oculta en el núcleo del sector de las criptomonedas. El tuit iba dirigido al hombre más rico de la industria: el fundador de Binance, Changpeng Zhao. Y pretendía ser un chiste.

CAPÍTULO VEINTIDÓS

Los activos no están bien

«¡Me alegra ver que aún sigue representando a la industria en Washington! Oiga, todavía se le permite ir a Washington, ¿verdad?», escribió Sam Bankman-Fried en Twitter el 29 de octubre de 2022.

Respondía así a un servil mensaje publicado por uno de sus subdirectores en el que elogiaba a Changpeng Zhou, más conocido como CZ, el director de Binance, la plataforma de criptomonedas rival. El chiste era que CZ no quería visitar EE. UU., ya que Binance estaba siendo investigada[1] por el Departamento de Justicia, el IRS, la SEC y la CFTC. La complicada relación entre los dos hombres venía de lejos. CZ, de cuarenta y cinco años, enjuto y el pelo rapado, había sido uno de los primeros inversores de FTX. No obstante, Bankman-Fried envidiaba el éxito de su antiguo benefactor. Cuando visité las oficinas de FTX, me enseñó un panel donde se registraba su cuota de mercado comparada con la de Binance. Puede que el valor de Bankman-Fried superara los 20 000 millones de dólares, pero Bloomberg estimó en aquel momento que la fortuna de CZ rondaba los 96 000 millones, lo que convertía al canadiense de origen chino en una de las personas

---

1. Chris Strohm: «Binance Faces US Probe of Possible Russian Sanctions Violations», Bloomberg, 5 de mayo (2023). Binance aseguró en una declaración citada en el artículo que cumple con todas las sanciones financieras estadounidenses e internacionales y que tiene un «enfoque de tolerancia cero» a «fuentes de dinero desconocidas».

más ricas del mundo, y en el hombre más rico del sector de las criptomonedas.

CZ también fue el responsable de una de las operaciones más turbias del sector. Binance se había negado durante mucho tiempo a decir dónde tenía su sede, lo que dificultaba enormemente que cualquier país pudiera reclamar la jurisdicción sobre la empresa. Las investigaciones en EE. UU. sobre Binance estaban relacionadas con la evasión de sanciones a Irán y Rusia, el comercio de valores no registrados y la violación de las normas de blanqueo de capitales. Reuters describió a Binance como «un centro para jáqueres, estafadores y narcotraficantes».[2] En 2018, el propio director de cumplimiento normativo de Binance admitió abiertamente en un mensaje a un colega: «tío, en EE. UU. estamos operando como una puta plataforma de intercambio de valores sin licencia».[3] A los estafadores de la «matanza del cerdo» también les gustaba utilizar la plataforma para percibir sus ganancias. Unos cuantos de los ochenta y un tétheres que le envié a «Vicky Ho» acabaron allí. (Binance y CZ continúan negando las acusaciones).

Pero, independientemente de si la broma de SBF tenía un poso de verdad,[4] su ataque a CZ resultaría inoportuno. El 2 de noviembre, un artículo publicado en *CoinDesk*, un sitio web de noticias sobre criptomonedas, planteaba una serie de dudas relativas a las finanzas de Bankman-Fried, y revelaba que su fondo de cobertura, Alameda

---

2.   Angus Berwick y Tom Wilson: «How Crypto Giant Binance Became a Hub for Hackers, Fraudsters and Drug Traffickers», Reuters, 6 de junio (2022).

3.   *SEC v. Binance Holdings Limited, BAM Trading Services Inc., BAM Management US Holdings Inc., and Changpeng Zhao*, 1:23-cv-01599 (D.D.C. 5 de junio de 2023), denuncia.

4.   CZ le dijo a Max Chafkin, periodista de *Businessweek*, que no estaba evitando Estados Unidos por un posible proceso judicial. «Creo que estoy autorizado a entrar en Estados Unidos, no hay ningún problema –aseguró–. Pero no quiero dar la sensación de que estamos intentando captar usuarios». Chafkin viajó a Dubái después de que el equipo de relaciones públicas de CZ le prometiera una visita a las oficinas. Pero cuando llegó, la colosal empresa sólo le mostró un recinto vacío de suelos de hormigón, tuberías a la vista y paredes de yeso, sin ordenadores ni personas. «Creemos en un concepto donde nadie tiene un escritorio asignado», le dijo el relaciones públicas. Justina Lee y Max Chafkin, «Can Crypto's Richest Man Stand the Cold?», *Bloomberg Businessweek*, 23 de junio (2022).

Research, poseía casi 6000 millones de dólares en una criptomoneda que él mismo había creado, llamada FTT, además de deber miles de millones de dólares a las entidades de crédito. Pese a que el artículo sugería que la fortuna de Bankman-Fried podía tener unos cimientos poco sólidos, fueron pocos los que hicieron caso al informe. Al fin y al cabo, la plataforma de Bankman-Fried había sido inspeccionada por auditores y grandes inversores de capital riesgo. De todos los que trabajan en el sector de las criptomonedas, parecía el más dispuesto a aceptar la regulación estadounidense. Por algo le apodaban el J. P. Morgan de las criptomonedas; no podía tener nada que ocultar.

No obstante, en Twitter, CZ decidió empeorar las cosas sugiriendo que el artículo era preocupante. El 6 de noviembre anunció que, debido a las «recientes revelaciones», Binance iba a vender su reserva de vales FTT, los cuales había adquirido durante la inversión inicial en la empresa de Bankman-Fried. «No pretendemos hacer el amor después de divorciarnos —escribió en Twitter—. No daremos nuestro apoyo a personas que presionan por la espalda a otros empresarios del sector».

Otros inversores se sumaron a la decisión de CZ y también se deshicieron de sus vales FTT y retiraron su dinero de la plataforma de Bankman-Fried. Corrió el rumor de que FTX podría no tener dinero suficiente para cubrir los depósitos de los usuarios. Las retiradas —algunas de las cuales podían rastrearse públicamente en la cadena de bloques— se aceleraron, creando el efecto bola de nieve. Cuanto más dinero se retiraba, más inversores decidían que lo mejor era retirar también el suyo. Se trató de un caso de FOMO inverso. No es que los inversores estuvieran convencidos de que FTX tenía problemas, sino que pensaron que lo mejor era retirarlo por si acaso CZ tenía razón. Habían visto lo que les había pasado a los inversores que dejaron su dinero en Celsius o en las otras empresas de criptomonedas que habían terminado fracasando.

Bankman-Fried recurrió a Twitter para intentar frenar las retiradas. «FTX está bien —escribió con poca convicción—. Los activos están bien. No invertimos los activos de nuestros clientes (ni siquiera en bonos del Tesoro)».

Pero eso no logró detener las retiradas. La estampida bancaria había comenzado. CZ publicó su tuit el domingo. Para el martes siguiente ya se habían retirado 6000 millones de dólares de FTX, buena parte del porcentaje del dinero que los inversores habían depositado en la plataforma.

• • •

Seguí los acontecimientos desde Brooklyn. Estaba bastante sorprendido. La cadena de acontecimientos que los vendedores al descubierto llevaban tiempo conjeturando como uno de los motivos que podía acabar con Tether parecía estar haciendo estragos en la empresa de Bankman-Fried. FTX siempre me había parecido un criptocasino que se dedicaba a atraer a inversores para que apostaran en monedas falsas y estafas. Lo que no sospechaba era que la sala donde se contaba el dinero estuviera vacía.

Desde las Bahamas, Bankman-Fried intentaba desesperadamente conseguir dinero de nuevos inversores. Ante ellos, lo presentaba como si fuera un problema de «liquidez»: aseguraba que FTX tenía activos de sobra, pero que algunos de ellos no podía venderlos con la rapidez suficiente como para cubrir los reintegros de los clientes. No obstante, los rivales a los que llamó para pedirles un préstamo se sorprendieron ante la cantidad que solicitaba. Lennix Lai, ejecutivo de la plataforma OKX de Hong Kong, declaró más tarde a un periodista que Bankman-Fried le dijo el martes por la mañana que necesitaba de inmediato unos cuantos miles de millones de dólares[5] para evitar «consecuencias muy graves». En una conferencia telefónica, Bankman-Fried les habría dicho a los inversores que FTX iba a tener que cerrar si no conseguía al menos 4000 millones de dólares.[6]

«La he cagado», dijo al parecer dijo Bankman-Fried durante la llamada, añadiendo que le estaría «increíblemente agradecido» a cualquiera que pudiera ayudarle.

Aquello no tenía ningún sentido. Una plataforma como FTX debía retener los depósitos de los clientes y devolverlos si éstos los reclama-

5. Joshua Oliver: «'Sam? Are You There?!' The Bizarre and Brutal Final Hours of FTX», *Financial Times*, 29 de febrero (2023).
6. Gillian Tan: «FTX Warns of Bankruptcy Without Rescue for $8 Billion Shortfall», Bloomberg, 9 de noviembre (2022).

ban. Como los casinos, ganaba dinero quedándose con un pequeño porcentaje de cada apuesta. En teoría, no debía dedicarse a realizar apuestas propias y, por muchos jugadores que desearan cobrar sus fichas a la vez, no debería tener problemas de solvencia. En plena crisis, los reguladores estadounidenses iniciaron investigaciones[7] para determinar si FTX había hecho un uso indebido de los fondos de sus clientes.

Ese mismo martes, Bankman-Fried hizo un anuncio sorprendente: había llegado a un acuerdo para vender la plataforma. Y el comprador no era otro que CZ. «Sé que ha habido rumores en los medios acerca del conflicto entre nuestras dos plataformas, pero Binance ha demostrado una y otra vez que está comprometida con una economía global más descentralizada mientras trabaja para mejorar las relaciones del sector con los reguladores –escribió Bankman-Fried en Twitter–. Estamos en las mejores manos».

Sin embargo, al día siguiente, CZ se echó para atrás. «Por la debida diligencia corporativa, así como por las últimas noticias relativas a la mala gestión de los fondos de los clientes y la supuesta investigación por parte de la agencia estadounidense, hemos decidido no seguir adelante con la futura adquisición», escribió en Twitter el fundador de Binance. Algunos especularon que el posible acuerdo era una estratagema de CZ para asegurar la desaparición de FTX.

El viernes siguiente, tan sólo cinco días después del tuit de CZ anunciando la desinversión de Binance en vales FTT, la plataforma se declaró en bancarrota. La empresa, valorada en 32 000 millones de dólares a principios de año, estaba acabada. Todo aquel que no había sacado su dinero a tiempo, lo perdió.

El sorprendente revés fue la noticia más importante que había conocido nunca el sector de las criptomonedas. Fue como si por fin se hubiera revelado la identidad de Satoshi Nakamoto y, en realidad, fuera Janet Yellen, la presidenta del banco central, uno de los personajes más odia-

---

7. Lydia Beyoud, Yueqi Yang y Olga Kharif: «Sam Bankman-Fried's FTX Empire Faces US Probe into Client Funds, Lending», Bloomberg, 9 de noviembre (2022).

dos por los bitcoineros. La quiebra de FTX fue portada de *The New York Times*. «Sam Bankman-Fried pasó de chico de oro de las criptomonedas a villano», escribió *The Wall Street Journal*.

En Twitter, los seguidores de las criptomonedas debatían si se trataba de una estampida bancaria provocada por CZ o un fraude a gran escala. Algunos pidieron la detención inmediata de Bankman-Fried. Sus rivales se regodeaban. Todo lo relacionado con él se volvió tóxico. Los inversores de capital riesgo que en el pasado habían aclamado a FTX como el futuro de las finanzas redujeron drásticamente sus inversiones. Los políticos que recibían donaciones de Bankman-Fried empezaron a distanciarse de él.

La comunidad del altruismo eficaz quedó consternada. Filósofos y activistas no podían creerse que su principal promotor estuviera arruinado y que todo el movimiento se viera afectado por su descrédito. Algunos se preguntaron si realmente Bankman-Fried había tenido la intención de donar la mayor parte de su fortuna y si no habrían sido utilizados como parte de una campaña publicitaria. Will McAskill, el filósofo del movimiento que años antes había reclutado al joven Bankman-Fried en Au Bon Pain, lo denunció.

«Había depositado mi confianza en Sam y, si es verdad que mintió y malversó los fondos de los clientes, entonces me traicionó, igual que traicionó a sus clientes, sus empleados, sus inversores y las comunidades de las que formaba parte», escribió MacAskill en Twitter.

CoinDesk informó de que muchos de los altos ejecutivos de FTX[8] vivían y salían juntos, lo que provocó una ola de especulaciones en las redes sociales de que formaban un «polí019culo». Los medios conservadores sacaron rédito político de las astronómicas donaciones que Bankman-Fried había hecho a los candidatos demócratas. «¿Cómo es que este tipo no está esposado? —se preguntó Jesse Watters, el presentador de Fox News—.[9] El tío es una bomba de relojería financiera que explotó

---

8. Tracy Wang: «Bankman-Fried's Cabal of Roommates in the Bahamas Ran His Crypto Empire—and Dated. Other Employees Have Lots of Questions», *CoinDesk*, 10 de noviembre (2022).

9. Jesse Watters, Jordan Belfort: *Jesse Watters Primetime*, Fox News, 17 de noviembre (2022).

justo después de comprarles el Senado a los demócratas. ¿Y qué significa eso de que se acuesta con todo su personal, en la propia oficina?».

Yo también estaba muy obsesionado con el caso. Una de las primeras veces que había hablado con Bankman-Fried, le pregunté si alguna vez se plantearía realizar una estafa para recaudar fondos para una causa benéfica. Tal y como yo lo veía, la lógica del altruismo eficaz y del utilitarismo lo justificarían. Dejemos a un lado los pequeños detalles como la moral y la ética, y centrémonos en la doctrina favorita de Bankman-Fried: el valor esperado. Si malversas 1000 millones de dólares de tus clientes, se los das a los pobres y salvas miles de vidas, ¿no deberíamos considerarlo un beneficio neto?

Ahora bien, Bankman-Fried me dijo que llevar a cabo una estafa («tirar de la alfombra», en la jerga criptográfica) no tenía sentido. No mencionó ninguna ley moral que prohibiera la estafa, sino que, según su argumentación, realizar una estafa destruiría su credibilidad y la de las organizaciones benéficas que financiaba. Puede que una estafa fuera una forma segura de recaudar unos cuantos miles de millones de dólares para obras benéficas, pero, a largo plazo, el valor esperado de dirigir un negocio honesto era mayor.

Aunque, en aquel momento, la explicación me pareció lógica, ahora todo parecía indicar que Bankman-Fried al final se había decantado por mi idea de llevar a cabo una estafa para dedicar los beneficios a la beneficencia. Y, evidentemente, tampoco podía descartarse la posibilidad de que sólo hubiera actuado filantrópicamente para ganar la credibilidad necesaria para llevar a cabo un fraude a gran escala.

Una noche, pocos días después de la declaración de quiebra, envié un correo electrónico a Bankman-Fried y le recordé esa conversación.

«En nuestra primera conversación me dijo que, teniendo en cuenta los efectos secundarios, no sería +VE estafar a todo el mundo, e imagino que es algo sobre lo que habría reflexionado detenidamente», le escribí a la 1:09 de la madrugada (+VE significa valor esperado positivo, es decir, una buena apuesta).

«Estoy dispuesto a hablar en persona; si no es posible, llámeme —respondió Bankman-Fried unos minutos más tarde—. Nunca nada es tan blanco o negro como parece».

Al día siguiente, saqué un billete para Nassau. Seguían apareciendo historias que cada vez dejaban en peor situación a Bankman-Fried, por lo que supuse que no tardarían mucho en detenerlo. Esa mañana, durante el desayuno, les expliqué la situación a mis hijos.

—El malo está metido en un buen lío y me preocupa que lo metan en la cárcel antes de que pueda hablar con él —les dije.

—Pero ¿cómo es posible que alguien haga cosas malas si estaba intentando hacer cosas buenas? —me preguntó mi hija Margot.

Era una buena pregunta.

• • •

Me la jugué. En realidad, Bankman-Fried aún no había aceptado concederme una entrevista. En cuanto aterricé, empecé a enviarle correos electrónicos y mensajes de texto. Pero él me daba largas. Pasé el tiempo visitando lugares relacionados con FTX. La isla estaba llena de periodistas. Había al menos dos equipos de producción grabando documentales con la esperanza de venderlos a Netflix o HBO. En las proximidades del solar barrido por el viento y lleno de maleza y grava donde FTX planeaba construir su gigantesca sede, me encontré con un amigo que trabajaba para la revista *New York*. Un proveedor de comida que había trabajado para FTX me dijo que ya le había entrevistado el *Financial Times*. Dos guardias de seguridad estaban apostados a la puerta del bloque de oficinas donde había entrevistado a Bankman-Fried en febrero. «Lo siento, el jefe no permite que entre nadie», me dijo uno de los guardias. En el exterior, un presentador de la CNBC estaba grabando unas tomas, un equipo de grabación de Bloomberg estaba metiendo el material en la furgoneta y un fotógrafo hacía fotos desde el otro lado de la calle con un teleobjetivo.

En una foto publicada en Twitter podía verse a Bankman-Fried comprando en una tienda de comestibles. Por el logotipo, supe que estaba en Albany, el complejo turístico donde vivía, en el suroeste de la isla. Los no residentes tenían prohibida la entrada. Había tantos periodistas que intentaban entrar que el centro turístico había dejado de vender pases de un día para el *spa*. Por lo que sabía, nadie había conseguido entrevistarle aún.

Llamé a un miembro del centro turístico y accedió colarme con el pretexto de que iba a jugar con él un partido de pádel. Imaginé que Bankman-Fried estaría más dispuesto a concederme la entrevista si le decía que le estaba esperando abajo. De camino a Albany, me escribió para decirme que se reuniría conmigo.

Era una tarde de sábado muy húmeda. El apartamento de Bankman-Fried estaba en la última planta de uno de los edificios de apartamentos de lujo junto al puerto deportivo del centro turístico de Albany. Delante, unos marineros les sacaban brillo a las pasarelas de un yate de 60 metros de eslora propiedad de un multimillonario de la fracturación hidráulica. En las inmediaciones había atracados otros superyates aún más grandes.

Una réplica en bronce de la estatua del toro de Wall Street se erguía sobre el prístino césped, tan cuidado como los vecinos que había visto pasear por él. El silencio era tan absoluto que se oía el suave chapoteo del agua. De algún modo, incluso el aire olía a caro. Tenía la sensación de haber aterrizado en un planeta alienígena poblado únicamente por gente muy rica y por los que trabajaban para ellos.

Me dirigí al edificio donde vivía Bankman-Fried, la Orquídea, el cual estaba decorado con intrincados arcos, al estilo de un palacio veneciano. Me recibió en el vestíbulo.

Iba descalzo; llevaba puestos unos calcetines blancos de gimnasia, una camiseta roja y unos arrugados pantalones cortos caqui. Su uniforme habitual. Habían pasado ocho días desde que FTX se declarara en quiebra. Supuse que estaría de mal humor. Incluso me preocupaba que tuviera tendencias suicidas. No obstante, me dio la impresión de estar sorprendentemente optimista.

«Han sido unas semanas interesantes», me dijo.

Subimos juntos en el ascensor hasta el ático. Se abrieron las puertas.

CAPÍTULO VEINTITRÉS

Dentro de la Orquídea

El ático de Bankman-Fried en las Bahamas, que costaba 30 millones de dólares, parecía una residencia universitaria después de que los estudiantes se marcharan de vacaciones. El lavavajillas estaba lleno. Las toallas se amontonaban en el lavadero. Había banderines de murciélago de una fiesta de Halloween aún colgados de una puerta. En el suelo de uno de los dormitorios había dos cajas de Lego. Y después estaban los zapatos: decenas de zapatillas de deporte y zapatos de tacón amontonados en el vestíbulo, abandonados por los empleados que habían huido de la isla de Nueva Providencia tras la quiebra de FTX.

Aquel no era el típico *tour* que Bankman-Fried les daba a los numerosos periodistas que llegaban a la isla para contar la historia del criptomillonario niño prodigio que dormía en un puf junto a su escritorio y que se había hecho rico para poder donar todo su dinero a los pobres. Era fácil entender por qué. Aquél no era el reino de un asceta tan ahorrativo que se contentaba con conducir un Toyota Corolla.

Bankman-Fried me condujo por un pasillo de suelos de mármol hasta un pequeño dormitorio, donde se sentó en un lujoso sofá marrón. Estaba tan nervioso que hacía tintinear la mesita que tenía delante con la punta del pie, mascaba sonoramente un chicle y se frotaba el dedo índice contra el pulgar como si se dedicara a girar uno de esos juguetes que dan vueltas para combatir el estrés. No obstante, parecía de buen humor mientras me explicaba por qué me había invitado a su refugio de 3500 m², contraviniendo el consejo de sus abogados, incluso cuando los investigadores del Departamento de Justicia de EE. UU. estaban investigando[1] la posible utilización de los fondos de sus clientes para respaldar su fondo de cobertura, Alameda Research, un delito que podía representarle una larga condena de cárcel. (A mí parecer, sí lo había hecho).

«Ahora mismo estoy centrado en lo que puedo hacer para intentar hacer las cosas lo mejor posible –me dijo–. Y no puedo hacerlo si sólo estoy preocupado por salvarme el culo».

Aunque a mí me parecía que estaba haciendo precisamente eso. Mi presencia en su ático marcaría el comienzo de una ronda de disculpas que incluiría, a lo largo de los días siguientes, una aparición en vídeo en una conferencia de *The New York Times* y una entrevista para *Good Morning America*. Según su punto de vista, nadie había sido estafado de forma intencionada. Achacó el fracaso de su empresa a una imprecisa combinación entre una contabilidad ridículamente deficiente, un riesgo exageradamente mal calculado y el completo desconocimiento de las actividades que estaba llevando a cabo su propio fondo de cobertura. Dicho de otro modo, un antiguo alumno del MIT y de Jane Street, la elitista empresa de inversión de Wall Street, me estaba diciendo que el problema era que no se le daban bien los números, no que hubiera cometido un fraude de forma deliberada. Aunque discutir con periodistas los detalles de lo que, con toda seguridad, iba a ser objeto de extensos litigios parecería una estrategia inusual, tenía todo el sentido. Si la prensa le había ayudado a crear la imagen del único hombre honesto del sector cripto, ¿por qué no utilizarla también para intentar salir del apuro?

Pese a no decirlo abiertamente, una de las razones por las que podría haber estado dispuesto a hablar conmigo era que yo era uno de los periodistas que le habían ayudado a construir su imagen. Después de visitar las oficinas de FTX en febrero, había pasado por alto las señales de alerta: su falta de gerencia corporativa, los vínculos con su fondo de

---

1. Katanga Johnson, Lydia Beyoud, Allyson Versprille y Annie Massa: «Sam Bankman-Fried Facing Possible Trip to US for Questioning», Bloomberg, 15 de noviembre (2022).

cobertura, el despilfarro en gastos de *marketing* o el hecho de que fundamentalmente operara fuera de la jurisdicción estadounidense. Había decidido escribir un artículo centrado en el hecho de si Bankman-Fried terminaría cumpliendo con sus intenciones de donar enormes sumas de dinero a obras benéficas.

Aunque tampoco puede decirse que fuera el artículo más complaciente de los muchos que se publicaron sobre él. («Después de mi entrevista con SBF, no me cupo ninguna duda de que estaba hablando con un futuro trillonario», escribió un periodista en un artículo encargado por una empresa de capital riesgo). Aunque mi tono no era muy distinto: «Bankman-Fried es un experimento mental sacado de un seminario universitario de filosofía –escribí–. Las personas que quieren salvar el mundo ¿primero deben acumular tanto dinero y poder como puedan? ¿O ese objetivo terminará por corromperlas?». Ahora era evidente que la pregunta que debería haberme planteado era si el negocio era una estafa desde el principio.

En su dormitorio, le dije a Bankman-Fried que quería hablar de las decisiones que habían llevado a la quiebra de FTX, y por qué las había tomado. A principios de semana, en una serie de mensajes directos con un periodista de Vox y en una conversación telefónica con un influyente cripto, había hecho algunos comentarios que podían interpretarse como una admisión de que todo lo que había dicho era mentira. («Así que el tema ético, ¿era todo fachada?», le preguntó el periodista de Vox. «Sí», respondió Bankman-Fried).[2] Se refirió de un modo tan cínico a sus motivaciones que muchos creyeron estar escuchando a un personaje de cómic quitándose la máscara para revelar al villano que había sido desde el principio.

Me tomé aquella entrevista de una forma distinta. Es posible que el peso de mis anteriores artículos ejerciera cierta influencia, pero no creía que la cuestión benéfica fuera únicamente una fachada que había creado. Desde su adolescencia, Bankman-Fried se describía a sí mismo como utilitarista, un seguidor de la filosofía según la cual la acción correcta es la que probablemente produzca el mayor bien para

---

2. Kelsey Piper: «Sam Bankman-Fried Tries to Explain Himself», Vox, 16 de noviembre (2022).

el mayor número de gente posible. Aseguraba que su objetivo último era ganar y donar el dinero suficiente para prevenir pandemias e impedir que una inteligencia artificial desbocada destruyera la humanidad. Enfrentado a una crisis, y creyéndose el héroe de su propia película de ciencia ficción, podría haber pensado que lo correcto era tomar una decisión descabellada, incluso ilegal, para salvar a su empresa.

Si eso es lo que pensaba, obviamente ésa era la lógica de un megalómano, no de un mártir. No podía jugarse un dinero que no era suyo, y la frase «el fin justifica los medios» es un cliché de las personas poco éticas. Aun así, si eso era lo que él creía, seguiría pensando que había tomado la decisión correcta, pese a no salirle bien la jugada. Supuse que eso era lo que quería decir cuando le envió el siguiente mensaje al periodista de Vox: «El peor escenario es sospechoso + fracaso. El mejor es éxito + ???». Quería profundizar en eso, en parte porque podría conseguir que hablara con más franqueza sobre lo que había ocurrido con el dinero de sus clientes.

Me di cuenta de que no estaba precisamente de humor para confesiones, por lo que decidí abordar el tema con cautela, de una forma que se sintiera cómodo. Empecé planteándole una pregunta recurriendo a su métrica favorita: el valor esperado.

—¿Debería juzgarle por su impacto o por el valor esperado de su decisión?

—En última instancia, lo más importante es el impacto real. Eso es lo que realmente le importa al mundo –contestó–. Pero, obviamente, la suerte también cuenta.

Eso era lo que buscaba. Durante las siguientes once horas –con pausas para atender llamadas para recaudar fondos y una cena bastante incómoda– intenté que me dijera qué quería decir exactamente con aquello. Negó haber cometido un fraude o haber mentido a nadie, y achacó el fracaso de FTX a su propia dejadez y falta de atención. Sin embargo, de vez en cuando parecía sugerir que había tenido mala suerte o que había calculado mal el riesgo.

Bankman-Fried me dijo que aún esperaba poder recaudar 8000 millones de dólares para salvar la empresa. Me pareció que deliraba, o que seguía empeñado en fingir que el problema se debía a un error que aún podía arreglar. Fuera como fuese, los pocos incondicionales que aún no se habían marchado del ático no parecían demasiado dispuestos a hacerle ver la realidad de la situación. La desalentadora escena me recordó un poco al final de *El precio del poder*, con Tony Montana encerrado en su mansión, desorientado, mientras enemigos desconocidos van cerrando lentamente el círculo a su alrededor. Pero en lugar de montañas de cocaína, Bankman-Fried se aferraba a hojas de cálculo llenas de valoraciones de criptodivisas imposiblemente optimistas.

¿Qué había pasado exactamente con todo el dinero? Cuando llegué al ático de Bankman-Fried, ya habían aparecido varias noticias que aseguraban que FTX había prestado miles de millones de dólares del dinero de sus clientes a Alameda Research, y ésta los había perdido por culpa de una combinación de malas apuestas, gastos descabellados y tal vez algo aún más grave. John Ray III, el abogado que había sido nombrado director ejecutivo de la plataforma en quiebra, alegó ante el tribunal que FTX había encubierto los préstamos utilizando un *software* secreto.

Bankman-Fried volvió a negarlo. Regresando al marco del valor esperado, le pregunté si las decisiones que había tomado eran correctas.

«Creo que he tomado muchas decisiones +-VE y unas cuantas decisiones importantes muy descabelladas –dijo–. En retrospectiva, es evidente que esas decisiones importantes fueron muy malas, y pueden acabar llevándose por delante todo lo demás».

Para explicar lo que sucedió, tuvimos que volver a Hong Kong, donde Bankman-Fried se había mudado en 2018 con Caroline Ellison, Nishad Singh, Gary Wang y un pequeño grupo de amigos de la comunidad altruista eficaz para dirigir Alameda Research, el fondo de cobertura. (El nombre en sí era un ejemplo precoz de su actitud despreocupada por las normas; lo eligió para evitar el control de los bancos, los cuales a menudo les cerraban las cuentas. «Si le hubiéramos puesto a nuestra empresa[3] algo así como Shitcoin Daytraders Inc.,[4] es probable que nos hubieran rechazado –le dijo Bankman-Fried a un podcastero en 2021, recurriendo a la jerga criptográfica para referirse

3.   SBF. Entrevista. Pódcast de *Empire*: «How Sam Bankman-Fried Made $10 Billion by the Age of 28», 1 de abril (2021).

4.   El supuesto nombre de la empresa se traduciría como «Operadores intradiarios de monedas de mierda, S.A.». *(N. del T.)*.

a los vales aleatorios y ocultos–. Pero ¿a quién no le gusta la investigación?»).[5] En aquel momento, estaban considerando la posibilidad de crear su propia plataforma de criptomonedas, lo que acabaría convirtiéndose en FTX.

El modo en el que Bankman-Fried describió posteriormente esta decisión revela su actitud ante el riesgo. Según sus cálculos, había un 80 % de posibilidades de que la plataforma no atrajera suficientes clientes. No obstante, él siempre decía que había que aceptar una apuesta, aunque ésta fuera arriesgada, si el valor esperado era positivo, lo que él denominaba «riesgo neutro». Ahora bien, lo que esto significaba en realidad es que estaba dispuesto a asumir riesgos que a una persona normal le parecerían una locura.

—Como individuo, hacer una apuesta del tipo: «Voy a apostar 10 000 millones de dólares y conseguir 20 000 millones o nada, con idénticas probabilidades», sería una locura –le dijo en abril Rob Wiblin, presentador de un pódcast sobre altruismo eficaz–. Pero, desde un punto de vista altruista, no es tan descabellado.[6]

—Totalmente de acuerdo –respondió Bankman-Fried.

A otro entrevistador le dijo que estaría dispuesto a aceptar una apuesta que describió del siguiente modo: «51 % a que logramos reproducir la Tierra en otro planeta, 49 % a que todo desaparece».[7]

Crear una plataforma mientras ya se dirigía un fondo de cobertura era un flagrante conflicto de intereses. Y, además, Bankman-Fried ni siquiera se molestó en mantener separadas a las dos empresas. Alameda era uno de los mayores operadores de FTX, o «proveedores de liquidez», en la jerga de Wall Street. Imaginemos que los altos ejecutivos de un sitio web de póquer en línea también participaran en los grandes torneos; la tentación de hacer trampas mirando las cartas de otros jugadores sería enorme. Pero Bankman-Fried les aseguró a sus clientes que Alameda participaría con las mismas reglas que los demás, y dado que FTX consiguió atraer a un buen número de operadores, la empresa terminó

5.   «Alameda Research» significa «Investigaciones Alameda». *(N. del T.)*.

6.   Robert Wiblin: «Sam Bankman-Fried on Taking a High-Risk Approach to Crypto and Doing Good», pódcast *80.000 Hours*, 14 de abril (2022).

7.   Tyler Cowen: «Sam Bankman-Fried on Arbitrage and Altruism», pódcast *Conversations with Tyler*, 6 de enero (2022).

despegando. Le pregunté a Bankman-Fried si su primer error había sido permitir que Alameda operara en FTX. Me dijo que no.

«Hacer que Alameda proporcionara liquidez a FTX desde el principio fue una buena decisión, porque eso contribuyó a que FTX se convirtiera en un gran producto para los usuarios, aunque obviamente acabó siendo contraproducente».

Parte del atractivo de FTX era que, básicamente, se trataba de una plataforma de derivados, lo que permitía que los clientes operaran «con margen», es decir, con dinero prestado. Ésa fue una de las claves de su defensa. Bankman-Fried argumentó que nadie debería sorprenderse de que los grandes operadores de FTX, incluido Alameda, tomaran dinero prestado de la plataforma, y que, al final, la posición del fondo se les fue de las manos.

«Todo el mundo pedía prestado dinero y lo prestaba –dijo–. Así es cómo funcionaban las cosas».

No obstante, los operadores de criptomonedas me dijeron que el sistema normal de márgenes de FTX nunca habría permitido que alguien acumulara una deuda como la de Alameda. Cuando le pregunté a Bankman-Fried si Alameda seguía las mismas reglas de margen que otros operadores, admitió que no.

«Había más manga ancha», me dijo.

Si Alameda se hubiera ceñido a su estrategia comercial inicial, basada en operaciones relativamente seguras con el arbitraje de las agencias reguladoras, estrategia que, por cierto, le deparó grandes beneficios en Japón con los precios de Bitcoin, su situación privilegiada no habría representado un grave problema. Sin embargo, entre 2020 y 2021, cuando Bankman-Fried se convirtió en el rostro público de FTX, un importante donante político y el favorito de Silicon Valley, Alameda tuvo que enfrentarse a una mayor competencia y las operaciones sencillas desaparecieron. Por eso decidió cambiar de estrategia y empezar a apostar en *shitcoins*.[8]

Como explicaba en marzo de 2021 Caroline Ellison, por entonces codirectora ejecutiva de Alameda, en un post publicado en Twitter:

---

8. El término «shitcoin», o «moneda de mierda», se utiliza para describir las criptomonedas que carecen de sustancia genuina, valor y credibilidad. *(N. del T.)*

«La forma de ganar dinero de verdad es saber cuándo va a subir el mercado y echarle cojones antes de que ocurra».[9] Añadió que había aprendido la estrategia del libro clásico sobre la manipulación del mercado de valores: *Memorias de un operador de bolsa*. Uno de sus colegas en la dirección ejecutiva de la empresa dijo en otro tuit[10] que la estrategia más rentable era comprar dogecoines porque Elon Musk lo había dicho en Twitter.

No me lo podía creer. Era más o menos la misma táctica que me había recomendado mi amigo Jay con la que él llamaba «moneda perruna». Aunque multiplicado por unos cuantos miles de millones. En parte, Bankman-Fried había construido su fortuna con las mismas ideas que habían financiado el viaje de Jay a Disney World.

La razón por la que Ellison presumía de una estrategia tan estúpida era que estaba funcionando mejor de lo que la gente imaginaba. Cuando hablamos en febrero de 2022, Bankman-Fried me dijo que el año anterior Alameda había obtenido unos beneficios de 1000 millones de dólares. Nueve meses después, en el ático, me dijo que 1000 millones de dólares eran los beneficios del arbitraje de Alameda. Además, sus *shitcoins* habían aumentado su valor en varios miles de millones de dólares, al menos sobre el papel. «Si lo valoras todo a precio de mercado, creo que en algún momento mi patrimonio neto alcanzó los 100 000 millones», me dijo Bankman-Fried.

Cualquier operador de bolsa se daría cuenta de que eso no era tan bueno como parecía. Todos esos vales no podían convertirse en efectivo sin hundir el mercado en el proceso. Además, gran parte de su fortuna estaba formada por vales que había creado el propio Bankman-Fried con sus amigos, como FTT, Serum y Maps (la moneda oficial de una absurda aplicación que intentaba combinar los mapas y las criptomonedas), o con los que tenían una estrecha vinculación, como Solana. Aunque Bankman-Fried reconocía que el montón de vales tenía un valor que rondaba los 100 000 millones de dólares —según él, tal vez

---

9. Caroline Ellison: Twitter, 7 de marzo (2021).
10. Sam Trabucco: Twitter, 22 de abril (2021).

podía rebajarlo en un tercio–, seguía creyendo que podría haber conseguido bastante dinero real de sus participaciones.

Pero no lo consiguió. Por el contrario, Alameda pidió prestados miles de millones de dólares a otras entidades de préstamo de criptomonedas –pero no a FTX–, enterrándolos en más criptoapuestas aún. En público, Bankman-Fried se presentaba como un operador ético que reclamaba una regulación[11] que frenara los peores excesos del sector de las criptomonedas. Sin embargo, a través de su fondo de cobertura, en realidad se había convertido en el personaje más degenerado del mercado. Le pregunté por qué no había vendido los vales si realmente creía que podía hacerlo.

—¿Por qué no reducir un poco los riesgos?

—Vale. En retrospectiva, es verdad. Eso habría sido lo correcto, lo que sin duda debía hacerse –dijo–. Pero es que estaba ridículamente bien capitalizado.

En realidad, los problemas de Bankman-Fried habían comenzado en mayo de 2022, meses antes del artículo de *CoinDesk* o de la desinversión de CZ. En dicho mes, el colapso del plan Terra-Luna de Do Kwon desencadenó una crisis de crédito en el sector cripto. Algunos de los mayores fondos de criptomonedas habían invertido dinero prestado en el esquema Ponzi de 60000 millones de dólares y tuvieron que cerrar. Esto puso muy nerviosos a los que habían prestado miles de millones de dólares a Alameda, por lo que le pidieron que les devolviera los préstamos con dinero real. Sin embargo, el fondo no tenía suficiente dinero. Alameda lo había invertido en cosas que eran muy difíciles de vender, como acuerdos de capital riesgo y grandes cantidades de *shitcoins* muy inestables.

Hay dos versiones de lo que ocurrió a continuación. Ellison, que por entonces era la única responsable de Alameda, contó su versión de la historia a su personal en una reunión a puerta cerrada en el momento álgido de la crisis. Según Ellison, ella, Bankman-Fried y sus dos principales lugartenientes, Gary Wang y Nishad Singh, habían discutido sobre el tema del déficit. Lo honesto habría sido admitir que Alame-

---

11. Yueqi Yang: «FTX Chief Reminds Congress that 95% of Crypto Volume Is Offshore», Bloomberg, 9 febrero (2022).

da estaba en quiebra y afrontar las consecuencias. Pero, según Ellison, decidieron no hacerlo.

En lugar de eso, le contó Ellison a su personal,[12] Alameda le pidió prestado a FTX «un montón de fondos», lo que «provocó que FTX tuviera un déficit de fondos de sus usuarios». Añadió que esto fue posible porque la cuenta de Alameda en FTX estaba configurada de tal modo que el fondo podía «quedarse en números negativos». Básicamente, en lugar de asumir el fracaso de Alameda, los ejecutivos decidieron apostar los fondos de los clientes de FTX para tratar de cubrir dicho fracaso.

Si eso fuera cierto, los cuatro ejecutivos habrían cometido un fraude de manera consciente. Cuando le planteé esto a Bankman-Fried, él entornó los ojos, frunció las cejas, se llevó las manos a la cabeza y se quedó pensativo unos segundos.

«Bueno, no recuerdo que pasara de ese modo», dijo finalmente. Pero me sorprendió que reconociera que había habido una reunión, posterior a la quiebra de Luna, en la que los cuatro habían debatido qué hacer con las deudas de Alameda. Según él, estaba haciendo las maletas porque tenía que viajar a Washington y «sólo participaba de vez en cuando en la discusión». No parecía una crisis, me dijo. Era más bien una cuestión de conceder un poco más de crédito a un fondo que ya operaba con margen y que aún disponía de un montón de garantías colaterales, más que suficientes para cubrir el valor del préstamo. (Aunque el montón de garantías estaba compuesto en gran parte por *shitcoins*).

—Ése fue el momento en el que la posición de margen de Alameda en FTX, bueno, aumentó sustancialmente su apalancamiento –dijo–. Naturalmente, visto en retrospectiva, tendríamos que habernos negado. En aquel momento no me di cuenta de lo grande que había llegado a ser la posición.

—Todos eran conscientes de que existía la posibilidad de que no funcionara –dije.

---

12. Dos personas conocedoras del asunto me describieron los comentarios de Ellison. Las citas directas proceden del caso de la CFTC contra ella. En la declaración de Singh en la causa penal contra él no se menciona esta reunión. En ella, afirma que se enteró del alcance del fraude posteriormente.

—En efecto —dijo él—. Pero pensé que el riesgo era sustancialmente menor.

Intenté imaginar qué podría haber estado pensando. Si FTX hubiera liquidado la posición de Alameda, el fondo habría quebrado, e incluso si la plataforma no hubiera sufrido pérdidas directas, los clientes habrían perdido la confianza en la empresa. Bankman-Fried señaló que las empresas que prestaban dinero a Alameda también podrían haber ido a la quiebra, provocando una cascada de acontecimientos difíciles de predecir.

—Pongamos que no hace una llamada de margen a Alameda —le planteé—. ¿Tal vez cree que existe un 70 % de posibilidades de que todo vaya bien, de que todo salga bien?

—Sí, pero también en los casos en los que no funcionó, estaba convencido de que la desventaja no era tan alta como realmente era —dijo él—. Pensé que existía el riesgo de que se produjera un agujero mucho más pequeño. Pensé que sería algo manejable.

Bankman-Fried sacó su portátil y abrió una hoja de cálculo para mostrarme lo que quería decir. Era una hoja de balance similar a la que solía enseñar a los inversores cuando necesitaba un rescate de última hora.[13] Según él, el balance consolidaba las posiciones de FTX y Alameda porque, para entonces, el fondo había incurrido en un impago de la deuda. En una de las líneas, etiquetada «Lo que *pensé*», registraba 8900 millones de dólares en deuda y dinero más que suficiente para pagarla: 9000 millones de dólares en activos líquidos, 15 400 millones de dólares en activos «menos líquidos» y 3200 millones de dólares en activos «ilíquidos». Me dijo que ésa era más o menos la posición que estaba barajando cuando tuvo la reunión con los demás ejecutivos.

—Me parece un poco ingenuo, ya sabe, aunque todavía hay algunos pasivos importantes, deberíamos poder cubrirlos todos —dijo.

—Entonces, ¿cuál es el problema?

Bankman-Fried señaló otro punto de la hoja de cálculo que, según él, mostraba la auténtica realidad del momento en que tuvo lugar la

---

13. Antoine Gara, Kadhim Shubber y Joshua Oliver: «FTX Held Less than $1bn in Liquid Assets Against $9bn in Liabilities», *Financial Times*, 12 de noviembre (2022).

reunión. Vi que las cifras eran similares, con la salvedad de que faltaban 8000 millones de dólares en activos líquidos.

—¿Cuál es la diferencia entre estas dos filas de aquí? –me preguntó.

—Que no tenía ocho mil millones en efectivo que creía tener –dije.

—Exacto. Así es.

—¿No sabía dónde estaban esos ocho mil millones de dólares? –le pregunté.

—Fue un error de contabilidad –respondió él, y me dio la impresión de que casi estaba orgulloso de su explicación.

A veces, me explicó, los clientes transferían dinero a Alameda Research en lugar de enviarlo directamente a FTX. (Por distintas razones, algunos bancos estaban más dispuestos a trabajar con el fondo de cobertura que con la plataforma). Según me dijo, el sistema de contabilidad interna de FTX contabilizó dos veces ese dinero, atribuyéndoselo tanto a la plataforma como al fondo.

Eso seguía sin explicar por qué había desaparecido el dinero.

—¿Dónde estaban los ocho mil millones? –le pregunté.

Para responder, Bankman-Fried creó una nueva pestaña en la hoja de cálculo y empezó a anotar los principales movimientos de efectivo de Alameda y FTX. Uno de los mayores gastos era el pago de 2500 millones de dólares netos a Binance para comprar su parte de la inversión en FTX. También incluyó 250 millones en bienes raíces, 1500 millones en gastos, 4000 millones de dólares en inversiones de capital riesgo, 1500 millones para adquisiciones y 1000 millones bajo la etiqueta «cagadas». Incluso teniendo en cuenta las ganancias de ambas empresas y todo el dinero procedente del capital riesgo recaudado por FTX, el total daba una cifra negativa de 6500 millones de dólares.

Lo que me estaba diciendo Bankman-Fried era que los miles de millones de dólares que los clientes habían transferido a Alameda se habían esfumado simplemente porque las empresas gastaban mucho más de lo que ganaban. Según él, prestaba tan poca atención a sus gastos que no se había dado cuenta de que estaba gastando más de lo que ingresaba. «Se me daba muy mal ese tipo de cálculo mental», me dijo el antiguo estudiante de física. Creó otra columna en la hoja de cálculo y empezó a anotar números mucho más bajos para mostrarme lo que creía que estaba gastando en aquel momento.

Me pareció que, sin decirlo directamente, estaba culpando a sus subordinados por el fracaso de FTX, especialmente a Ellison, la directora de Alameda. Los dos habían salido de vez en cuando y habían vivido juntos esporádicamente. Ellison formaba parte de Future Fund, la asociación benéfica de Bankman-Fried que supuestamente debía distribuir los beneficios de FTX y Alameda a causas eficaces aprobadas por el altruismo. Parecía poco probable que hubiera derrochado miles de millones de dólares sin que nadie se diera cuenta.

—La gente podría llegar a la conclusión de que le está echando las culpas a su exnovia –le dije–. Al menos eso es lo que me ha parecido entender.

—Creo que el mayor fracaso fue que no estaba del todo claro de quién era la culpa –dijo él.

Unas cuantas horas después, Bankman-Fried me dijo que tenía que hacer una llamada. Le pregunté si había alguien que pudiera confirmar su versión de los hechos y me dijo que podía hablar con uno de los pocos simpatizantes que le quedaban mientras él hablaba por teléfono.

Se trataba de un hombre altivo, con una barba larga y rala, barriga y calcetines desparejados, uno de ellos con dibujos de Pac-Man. Era un empleado de FTX que se había quedado para ayudar a Bankman-Fried a intentar encontrar un inversor que rescatara la plataforma.

Empecé con una pregunta fácil.

—¿Por qué sigues aquí?

Comenzó asegurando que quería ayudar a los clientes de FTX, pero, de repente, me dijo que no creía que a Bankman-Fried le pasara nada grave.

—Estoy convencido de que, una vez que alguien alcanza un cierto nivel de riqueza, nunca vuelve a ser pobre –dijo–. La gente rica nunca va a la cárcel. Nunca les pasa nada malo.

Traté de mantener un semblante serio mientras me lo imaginaba diciéndole eso a los congresistas y fiscales que investigaban a FTX. Su actitud desdeñosa y su aspecto desaliñado me recordaron al irritante sabelotodo que trabaja como dependiente en la tienda de cómics de *Los Simpson*. Su respuesta fue tan lamentable que casi me sabía mal pasar a las preguntas difíciles. Le di una segunda oportunidad para que pudiera decir algo bueno sobre Bankman-Fried.

—¿Hay algo concreto por lo que creas que Sam es honesto? –le pregunté.

—Eh, yo no he dicho que fuera honesto –repuso el hombre.

—¿Alameda y FTX eran dos empresas distintas? –insistí.

—Si estuviera en mi posición, ¿respondería a eso? –me dijo.

Para cuando el adepto terminó de cavar el hoyo lo más profundo que pudo, ya era de noche y yo tenía hambre. Me permitieron cenar con un grupo de partidarios de Bankman-Fried, siempre y cuando no mencionara sus nombres.

Con las cortinas corridas, la sala de estar parecía considerablemente menos fabulosa que en las fotografías. Según me habían contado, los empleados de FTX se habían reunido allí en mitad de la crisis mientras Bankman-Fried trabajaba en otro apartamento. Aturdidos por el estrés y la falta de sueño, se habían dedicado a llorar y abrazarse mutuamente. La mayoría ni siquiera se despidieron cuando se marcharon de la isla, uno detrás de otro. Muchos volvieron a casa de sus padres.

Los seguidores que asistieron a la cena me dijeron que la prensa había sido muy injusta. Según ellos, Bankman-Fried y sus amigos no eran los fiesteros poliamorosos que los tabloides habían dejado entrever, sino que hacían poco más que trabajar. A principios de semana, un bahameño que había trabajado de chófer y recadero para FTX las 24 horas del día también me había dicho que las noticias no eran ciertas. «La gente cree que esto era como *El lobo de Wall Street* –dijo–. Cuando, en realidad, no eran más que una pandilla de friquis».

Cuando terminé mi plato extraoficial de arroz con frijoles, Bankman-Fried volvía a estar libre. Regresamos a su estudio. Iba descalzo; había hecho una bola con los calcetines de gimnasia y los había metido detrás de un cojín del sofá. Se tumbó en el sofá, se acomodó el portátil en el regazo y abrió su juego favorito: *Storybook Brawl*. La luz de la pantalla proyectaba sobre su frente las sombras de sus rizos.

Me fijé que llevaba en el brazo el mismo parche de color carne que le había visto al entrevistarlo en su oficina nueve meses antes. Esta vez le pregunté qué era. Me dijo que era un antidepresivo transdérmico, selegilina. Le pregunté si lo tomaba para mejorar el rendimiento o para tratar la depresión. «Nada es binario –repuso–. Pero he estado al borde de la depresión durante toda mi vida». Añadió que a veces también tomaba Adderall («una dosis de diez miligramos, unas cuantas veces al día»), como algunos de sus colegas, pero que hablar de abuso de drogas era exagerado. «No creo que ése fuera el problema», dijo.

Compartí con él mi teoría acerca de su motivación, pero evitando la cuestión de si se apropió indebidamente de los fondos de los clientes. Bankman-Fried negó que sus objetivos de salvar el mundo le hicieran estar dispuesto a asumir riesgos exagerados. A medida que hablábamos más, me pareció entender que había hecho algún tipo de apuesta, pero que no había calculado bien el valor esperado.

«Estaba dispuesto a asumir el riesgo de cosechar un fracaso –me dijo sin levantar la vista de la pantalla de su portátil, donde lideraba a un ejército de hadas y caballeros en la batalla–. Pero lo que terminó sucediendo fue desastrosamente malo. De haber conocido el desenlace, jamás habría asumido el riesgo, y eso fue una cagada. Fue un gran error de cálculo no prever las consecuencias».

Había algo más que necesitaba preguntarle. Había leído informes que aseguraban que cuando FTX estaba al borde de la quiebra, Bankman-Fried había recurrido a Giancarlo Devasini, de Tether, en busca de ayuda. Le había pedido al ex cirujano plástico un rescate multimillonario. Devasini no quiso ayudarle. Pensé que ahora Bankman-Fried no tenía nada que perder y que, finalmente, estaría dispuesto a contarme la verdad acerca de Tether. Antes, me había asegurado de que Tether tenía el dinero que aseguraba tener, aunque una parte de él estaba ligado a inversiones un tanto extrañas. Le pregunté si podía contarme algo más. Pero, de nuevo, me dijo que no había ningún gran secreto.

«Tether no está tan jodido como la gente asegura –dijo–. Es curioso la cantidad de mierda que se dice de ellos. Y ellos no hacen nada para evitarlo. En serio, no hacen nada. Pero sí. En realidad, no tienen grandes problemas».

Le conté lo que había descubierto de las estafas de la «matanza del cerdo» y cómo las criptomonedas estaban favoreciendo la trata de seres humanos en el sudeste asiático. Supuestamente, su plataforma, FTX, había ayudado a algunos de los estafadores a cobrar sus ganancias, y algunos clientes de FTX habían sido víctimas de la estafa y habían enviado fondos.

«Eso es una mierda –dijo–. Sencillamente, no sé qué hacer al respecto».

Le leí una publicación de Will MacAskill, quien en 2022 se había incorporado a la junta directiva de Future Fund. El altruista eficaz aseguraba que Bankman-Fried lo había traicionado. «Durante años, la comunidad de AE ha enfatizado la importancia de la integridad, la honestidad y el respeto por las limitaciones morales del sentido común –escribió MacAskill en Twitter–. Si se malversaban los fondos de los clientes, entonces es que Sam no estaba prestando atención; debía de pensar que estaba por encima de todo eso».

Bankman-Fried cerró los ojos y apoyó los pies en uno de los brazos del sofá mientras se apretaba el otro con las manos. «Yo veo de otro modo lo que pasó –dijo–. Pero la cagué. Creo que lo que quiero decir realmente es que… lo siento mucho. Lo que peor me sabe es que todo esto empañará la reputación de personas que se dedican a hacer lo que creen que es mejor para el mundo». Se quedó callado. En la pantalla del portátil, su ejército lanzaba hechizos y blandía espadas sin que nadie lo supervisara.

Le pregunté qué les diría a las personas que lo comparaban con el estafador más famoso de los últimos tiempos.

—Bernie Madoff también aseguró que sus intenciones eran buenas y donó mucho dinero a causas benéficas –dije.

—FTX era un negocio legítimo, rentable y próspero. Y la cagué al permitir que una posición de margen se hiciera demasiado grande y pusiera en peligro la plataforma. Fue un error completamente innecesario y no forzado en el que tal vez tuve muy mala suerte, pero ése fue mi error. Es una puta mierda –añadió–. Pero no era algo inherente al negocio. Fue sólo una cagada. Una gran cagada.

A mí no me lo parecía. Incluso aceptando que había perdido y gastado sin querer 8000 millones de dólares, él mismo había reconocido que a Alameda se le había permitido saltarse las reglas de margen de FTX. No estábamos hablando de un pequeño detalle técnico. Estaba tan orgulloso del sistema de márgenes de FTX que se había dedicado a presionar a los reguladores para que lo utilizaran en las plataformas estadounidenses en lugar de las salvaguardias tradicionales. El propio Bankman-Fried había dicho que las plataformas nunca deberían conceder crédito a un fondo y poner en riesgo los activos de otros clientes. En Twitter escribió que la mera idea de que una plataforma dispusiera de esa posibilidad resultaba «aterradora». Le leí los tuits y le pregunté:

—¿No es eso lo que hizo exactamente durante esa época?

—Sí, supongo que tiene razón –dijo. Entonces pareció sugerir que eso era una prueba de que las reglas por las que hacía campaña eran una buena idea–. Creo que ésta es una de las cosas que se habrían evitado.

—Su plataforma tenía unas reglas que usted no respetó –le dije.

Para entonces ya era pasada la medianoche y, como yo no tomaba ningún estimulante con receta, estaba agotado. Le pregunté a Bankman-Fried si podía ver la terraza del apartamento antes de irme. Los grillos cantaban mientras estábamos de pie junto a la piscina. El puerto deportivo estaba a oscuras, iluminado sólo por las luces de los yates. Después de despedirme, Bankman-Fried sacó un sencillo panecillo de hamburguesa de una bolsa, le dio un mordisco y empezó a hablar con el tipo de los calcetines de Pac-Man sobre posibles rescates.

Epílogo

El período liminar de Sam Bankman-Fried en su ático se prolongó durante tres semanas más. Hasta que, el 12 de diciembre, recibió una llamada de su abogado[1] en Nueva York, quien le advirtió que en aquellos momentos la policía de las Bahamas se dirigía hacia su apartamento para arrestarlo. Bankman-Fried estaba preparándose para testificar ante el Comité de Servicios Financieros de la Cámara de Representantes, donde planeaba atenerse a la historia de que todo había sido una terrible metedura de pata. Según un borrador de su discurso, éste empezaba con la siguiente frase: «Me gustaría comenzar declarando formalmente bajo juramento lo siguiente: la cagué».[2]

A eso de las seis de la tarde, agentes armados llegaron a Albany, el lujoso complejo de apartamentos donde residía Bankman-Fried.[3] Tras esposarlo, lo llevaron a una comisaría, donde pasó la noche en una celda antes de ser trasladado a la famosa prisión de Fox Hill, en el extremo este de la isla. Informes de asociaciones de derechos humanos

---

1. Steven Ehrlich: «Sam Bankman-Fried Recalls His Hellish Week in a Caribbean Prison», *Forbes*, 26 de enero (2023).
2. Gillian Tan y Max Chafkin: «Sam Bankman-Fried's Written Testimony Is Called 'Absolutely Insulting' at House Hearing», Bloomberg, 13 de diciembre (2022).
3. Theodore Schleifer: «The Only Living Boy in Palo Alto», *Puck*, 10 de enero (2023).

y del Departamento de Estado describen la prisión como oscura y fétida, con poca agua corriente e infestada de ratas y gusanos. Según se informa, está tan superpoblada que los reclusos duermen en el suelo.

«No es humanamente digna», dijo una vez uno de los guardias.[4]

Bankman-Fried se enfrentaba a cargos en EE. UU. por fraude, conspiración para cometer delitos de lavado de dinero y violación de la ley para la financiación de campañas. Fue asignado a una habitación verde y amarilla de seis metros cuadrados, situada en la enfermería, que debía compartir con otros cinco internos.[5] Como en la prisión no había comida vegana, sobrevivió a base de pan de molde rancio y mantequilla de cacahuete. Se duchaba con agua fría en un cubículo mohoso con una manguera de jardín.

No obstante, lo peor para él es que no tenía acceso a Internet. No podía leer las últimas historias sobre FTX ni ocupar su mente con juegos como *Storybook Brawl*. Tenía la sensación de estar volviéndose loco. Cuando recibía una visita, le daba a la persona en cuestión una lista de información que necesitaba e instrucciones sobre dónde encontrarla en Internet, y después confiaba en que la persona regresara al día siguiente con copias impresas.

«Me decía a mí mismo que tenía conexión a Internet con una latencia de un día», le dijo posteriormente a un periodista.[6]

Uno de los documentos a los que sí tuvo acceso fue un telegrama diplomático[7] que EE. UU. había adjuntado a la solicitud de arresto enviada a las Bahamas. El documento describía los testimonios de dos testigos, ambos desarrolladores de *software*, que habían cooperado.

Uno de ellos les dijo a los fiscales que, hacia septiembre, se había enfrentado a Bankman-Fried por el tema de los miles de millones de dólares en préstamos a Alameda. El multimillonario le aseguró que a él también le preocupaba la situación. Según los documentos, aunque pueda parecer increíble, Bankman-Fried dijo que eso le hacía ser «entre

---

4. Lee Brown: «Sam Bankman-Fried's Bahamas Jail Infested by Rats and Maggots: 'Not Fit for Humanity'», *New York Post*, 14 de diciembre (2022).
5. Ehrlich: «Sam Bankman-Fried Recalls His Hellish Week in a Caribbean Prison».
6. Ibíd.
7. Copia del documento del autor.

un 5 y un 10 % menos productivo». También le aseguró que la situación podía corregirse sola si los precios de las criptomonedas volvían a subir. Parecía bastante obvio que el testigo anónimo era Nishad Singh, el lugarteniente de confianza que en el pasado había sido un habitual de las cenas familiares de Bankman-Fried en Palo Alto.

El otro testigo les dijo a los fiscales que Bankman-Fried había ordenado cambios en el código informático de la plataforma que permitía a Alameda Research tomar prestados fondos de los clientes. El testigo, que consideró esto inapropiado, dijo que le había planteado la cuestión a Bankman-Fried, quien le respondió que «no pasaba nada» porque los préstamos estaban respaldados con vales. Bankman-Fried se dio cuenta de que se trataba de Gary Wang, el principal programador de FTX y su antiguo amigo del campamento de matemáticas y del MIT.[8]

Conocía a Wang y Singh desde que eran adolescentes. Se habían mudado juntos a Hong Kong para hacer fortuna y después también se habían ido juntos a las Bahamas, donde habían sido inseparables la mayor parte del tiempo. No obstante, los aliados más cercanos de Bankman-Fried aparentemente le habían dado la espalda.

Bankman-Fried pasó ocho noches en Fox Hill antes de aceptar la extradición a EE. UU. La noche del 21 de diciembre, una comitiva policial encabezada por un agente en motocicleta y con la sirena a todo volumen, se abrió paso entre el tráfico de las Bahamas para llevarlo hasta una pista privada donde le esperaba un avión para llevarlo a Nueva York. En una fotografía de esa noche, Bankman-Fried aparece esposado y flanqueado por dos funcionarios estadounidenses. Al día siguiente, lo llevaron a un tribunal federal del centro de Manhattan para una audiencia.

El juzgado estaba atestado de periodistas y fotógrafos. Vestido con un traje gris y con las tintineantes esposas alrededor de los tobillos,[9] alguaciles estadounidenses condujeron a Bankman-Fried a la sala del

8. Ava Benny-Morrison y Annie Massa: «From Math Camp to Handcuffs: FTX's Downfall Was an Arc of Brotherhood and Betrayal», Bloomberg, 15 de febrero (2023).
9. Jacob Shamsian y Sindhu Sundar: «Sam Bankman-Fried to Be Released on $250 Million Bail and Will Be Required to Stay with Parents Ahead of FTX Trial», Business Insider, 22 de diciembre (2022).

tribunal. Se sentó con la cabeza gacha entre dos abogados.[10] Un juez le comunicó que estaría bajo arresto domiciliario en casa de sus padres, en Palo Alto, hasta la celebración del juicio. Cuando le preguntaron si entendía las condiciones, Bankman-Fried dijo: «Sí, las entiendo», las únicas palabras que pronunció durante la audiencia. Cuando le había dicho a mi hija que podrían castigarlo, pretendía ser una broma, pero realmente lo estaban enviando a su habitación.

Singh y Wang estaban ocupados negociando acuerdos de cooperación con el Gobierno, al igual que Caroline Ellison, directora de Alameda Research. Aunque todos ellos confesaron en audiencias judiciales, declarándose culpables de unos cargos de fraude que podían conllevar penas de prisión bastante largas, es probable que esperaran recibir penas más cortas a cambio de su cooperación. Wang admitió haber aceptado realizar cambios en el código de FTX que otorgaban a Alameda privilegios especiales en los préstamos.

«Lo hice pese a saber que otros les estaban diciendo a los inversores y clientes que Alameda no gozaba de ningún privilegio especial y que la gente probablemente estaba invirtiendo y usando FTX basándose en parte en esas tergiversaciones –dijo–. Sabía que lo que estaba haciendo estaba mal».

Ellison dijo que Alameda había utilizado dichos privilegios para pedir prestados miles de millones de dólares a FTX, dinero procedente de los depósitos de otros clientes.

«Sabía que FTX tendría que utilizar los fondos de los clientes para financiar sus préstamos a Alameda –reconoció Ellison–. Siento mucho lo que hice».

La confesión de Singh fue posiblemente la más condenatoria. Aseguró que Alameda había pedido prestados miles de millones de dólares de los fondos de los clientes y que había usado ese dinero en otros gastos, incluidas donaciones políticas, aunque sabía que era poco probable que Alameda pudiera devolver esos préstamos. También dijo que había

---

10. Benjamin Weiser, Matthew Goldstein y David Yaffe-Bellany: «Sam Bankman-Fried Released on $250 Million Bond with Restrictions», *The New York Times*, 22 de diciembre (2022).

ayudado a Bankman-Fried a engañar a inversores potenciales inflando los ingresos de FTX.

«Su señoría, lamento muchísimo mi papel en todo este asunto y el daño que ha provocado –dijo–. Espero que al aceptar la responsabilidad, ayudar al Gobierno y renunciar a mis bienes pueda empezar a corregir las cosas».

Bankman-Fried regresó al tribunal de Manhattan en enero de 2023 para declararse inocente de todos los cargos, y nuevamente en marzo para negar nuevos cargos de fraude bancario y soborno a un funcionario chino. Un portavoz del exmultimillonario dijo que había negado las declaraciones de sus amigos sobre lo sucedido. Su juicio debía celebrarse en octubre.

En Palo Alto, Bankman-Fried estaba durmiendo en la misma habitación que tenía cuando era niño, y se aburría mucho. Creó un boletín de Substack, donde publicó una extensa explicación sobre el fracaso de FTX, que incluía ocho gráficos, en la cual trató de desviar gran parte de la culpa hacia Binance, de CZ. Después de utilizar una VPN (un servicio para ocultar la ubicación del usuario) para acceder a un servicio de vídeos en directo para ver la Super Bowl, fue reprendido por el juez de su caso, quien finalmente le obligó a entregar el teléfono móvil y obligó a sus padres a prometer que no le permitirían usar los suyos.

Los Bankman-Fried compraron un pastor alemán entrenado para el ataque al que le pusieron de nombre Sandor.[11] Después de recibir amenazas de muerte, contrataron guardias armados que les costaban 10 000 dólares a la semana.[12] Los guardias colocaron una barrera en la calle porque, según declararon los abogados de la familia ante el tribunal, un día un coche se detuvo delante de la casa, tres hombres bajaron de él y dijeron: «No podréis impedir que vengamos». Los hombres se marcharon antes de que pudieran ser identificados.

Algunos de sus visitantes fueron el autor Michael Lewis; periodistas de Bloomberg News, *Financial Times*, *Forbes* y *Puck*, y una influyente

---

11. Ehrlich: «Sam Bankman-Fried Recalls His Hellish Week in a Caribbean Prison».

12. Selim Algar: «Sam Bankman-Fried's Family Pays $10K a Week for Armed Security, Sources Say», *New York Post*, 27 de diciembre (2022).

cripto de veintiocho años llamada Tiffany Fong. Bankman-Fried les dijo que se sentía solo y poco estimulado.

En su guarida, Bankman-Fried tenía una mesa de mármol con dos juegos de ajedrez[13] colocados uno al lado del otro para jugar al ajedrez pasapiezas, uno de los juegos con los que solía jugar toda la noche con sus amigos de FTX. A uno de sus visitantes le dijo que no tenía con quién jugar. «Están ahí como esperando que pase algo», le dijo posteriormente el visitante a un periodista.

El colapso de FTX en noviembre de 2022 marcó el punto final de la fiebre de las *shitcoin* de 2020 a 2022. El precio de todas las criptomonedas se desplomó. Bitcoin cayó hasta los 16 000 dólares, y Solana, una de las favoritas de Bankman-Fried, se desplomó un 95 % desde sus máximos históricos. El valor total de las criptomonedas, que dos años antes había llegado a superar los 3 billones de dólares, cayó por debajo del billón.

También quebraron otras empresas. BlockFi, que había sido rescatada por FTX, tuvo que cerrar definitivamente. Galois Capital,[14] un fondo que había ganado mucho dinero apostando contra la estafa Terra-Luna de Do Kwon, se hundió porque no retiró sus ganancias de FTX. Otras, como los creadores de un juego de NFT sobre peleas de gallos,[15] decidieron apostar por la inteligencia artificial. Los amigos que me habían recomendado invertir en criptomonedas ahora estaban mudos. En Twitter, eran pocos los que seguían tuiteando «WAGMI»[16] o promocionando criptomonedas. El Congreso convocó audiencias, en esta ocasión para reprender a los criptoadeptos en lugar de hacerles la pelota para conseguir su dinero. En el Reino Unido, los legisladores

13. Joshua Oliver: «'Sam? Are You There?!' The Bizarre and Brutal Final Hours of FTX», *Financial Times*, 9 de febrero (2023).

14. Laurence Fletcher: «Hedge Fund Galois Closes After Half of Assets Trapped on Crypto Exchange FTX», *Financial Times*, 20 de febrero (2023).

15. Molly White: «a16z-Backed Mecha Fight Club NFT Robot Cockfighting Game Put on Ice as Maker Pivots to AI», *Web3 Is Going Just Great*, 13 de mayo (2023).

16. Acrónimo que significa «We're All Gonna Make It»; en español, «Todos lo vamos a lograr». *(N. del T.)*.

pidieron que las criptomonedas se regularan como los juegos de azar. En la Super Bowl de 2023 no hubo ningún anuncio de criptomonedas.

«Creo que todo ha sido una pérdida de tiempo. No me cabe en la cabeza por qué perdéis el tiempo con eso –se regodeó en una entrevista en la CNBC Jamie Dimon, director ejecutivo de J. P. Morgan y crítico de las criptomonedas desde hacía mucho tiempo–. Bitcoin no es más que un fraude publicitario. Es una piedra mascota».[17]

Los defensores de las criptomonedas dijeron que el sector ya había atravesado malos momentos antes y que era sólo cuestión de tiempo antes de que comenzara otro ciclo de escalada de precios. Pero a mí no me parecía probable. Habían pasado catorce años desde que Satoshi Nakamoto iniciara la minería de Bitcoin. La tecnología era tan antigua como la de WhatsApp o Uber, y hacía tanto tiempo que se había introducido tan profundamente en nuestra vida cotidiana que los nombres se habían convertido en verbos. Aun así, nadie había logrado idear un uso generalizado para las criptomonedas. A pesar de la gran cantidad de gente inteligente que había dedicado miles de horas a desarrollar la cultura cripto, todavía seguía siendo algo relativamente poco útil. Bankman-Fried había desbaratado el único uso que se le había ocurrido a alguien: los juegos de azar semilegales en el extranjero. Si ni siquiera se podía confiar en el criptocasino más reputado, FTX, ¿quién iba a querer jugar?

La idea de una forma instantánea para transferir dinero a todo el mundo seguía siendo atractiva. Pero después de probar cómo funcionaba el icono de la cabeza de zorro, la idea de que algún día todos guardaran su dinero en efectivo en alguna versión de éste me parecía absurda. Viajar por el mundo investigando el sector de las criptomonedas había conseguido que tuviera una mejor opinión de la tarjeta Visa. Era instantánea, funcionaba con un solo toque, no cobraba tarifas y nunca te pedía que memorizaras largas series de números ni que enterraras códigos en el patio trasero de tu casa. Y además me regalaba millas aéreas. Cuando le piratearon la cuenta a mi mujer y la utilizaron

---

17. Jamie Dimon. Entrevista. Andrew Ross Sorkin, presentador. *Squawk Box*, CNBC, 19 de enero (2023).

para reservar un Airbnb, nos devolvieron todo el dinero con una simple llamada telefónica.

No creía que los precios de todas las criptomonedas se desplomaran hasta llegar a cero, ni que nunca más volviéramos a ver a personas que se hacían multimillonarias de la noche a la mañana tras acuñar una nueva criptomoneda. En el mercado de valores, las estafas de *pump-and-dump* llevaban produciéndose desde hacía cientos de años y, sin embargo, eso no evitaba que hubiera gente inocente dispuesta a comprar acciones de alguna empresa fantasma que afirmaba haber encontrado oro.

Sólo había una moneda contra la que nunca apostaría: Bitcoin. No porque sea más útil que las demás; de hecho, es la más difícil de gestionar. Sin embargo, sus auténticos adeptos están tan convencidos que cuesta imaginar algo que les haga cambiar de opinión. Para ese tipo de personas, independientemente de cuál sea la pregunta, la respuesta siempre es «compra Bitcoin». Lo único que ven son pruebas de que Bitcoin acabará subiendo, como los miembros de una secta están convencidos de que el apocalipsis (y su salvación) está a la vuelta de la esquina.

• • •

Incluso en el momento álgido de la fiebre, muchos de los impulsores de las criptomonedas que entrevisté me decían que, excepto la suya, la mayoría de las criptomonedas eran una estafa. Ahora, muchas de esas personas estaban en la cárcel, en espera de juicio, acusados de cargos civiles o en quiebra. Tenía la sensación de que prácticamente todo el mundo en el sector estaba en alguna de estas situaciones.

Para 2023, el foco de actividad de los multimillonarios cripto se había desplazado de las Bahamas y Miami Beach a los juzgados de Washington D. C. y Manhattan. Había juicios por la quiebra de Celsius, de Voyager, de Three Arrows y de FTX. Do Kwon, el estafador de Terra-Luna, fue arrestado en marzo de ese mismo año en un aeropuerto de Montenegro mientras intentaba llegar a Dubái usando documentos de identidad costarricenses falsos. (Do Kwon ha negado todos los delitos de los que se le acusa). En junio, la Comisión de Bolsa y Valores presentó demandas gigantescas contra Binance[18] y Coinbase.[19] Básicamente, la agencia alegó que gran parte de las operaciones de criptomonedas que se realizaban abiertamente en los sitios web de dichas empresas eran de hecho ilegales. No dio ningún tipo de explicación de por qué había esperado a que pasara toda una fiebre y una caída, con las innumerables pérdidas que había representado para muchas personas, antes de plantear objeciones al respecto.

Había otros casos que también resultaban desconcertantes. Los federales arrestaron a los creadores de las colecciones de NFT «Mutant Ape Planet» y «Baller Ape Club», no por derribar al Bored Ape Yacht Club, sino por engañar a los compradores. Al parecer, si las caricaturas de monos son lo suficientemente feas, pueden acusarte de fraude. Asistí a una vista en la audiencia donde un joven de veintiséis años llamado Avi Eisenberg se enfrentaba a una larga sentencia de prisión por, supuestamente, haber manipulado el precio de un vale llamado Mango en el sitio web descentralizado Mango Markets, gracias a lo cual había obtenido unas ganancias de más de 100 millones de dólares. El tintineo de las esposas anunció la entrada del acusado en la sala, quien arrastraba los pies e iba vestido con un mono amarillo limón. Llevaba la cabeza rapada, lo que le daba el aspecto de un adolescente hosco al que hubieran llamado a la oficina del director por fumar marihuana en el baño. ¿De verdad estábamos desplegando todo el peso y los recursos del gobierno de EE. UU. para procesar a un chaval que había manipulado el precio de una moneda que llevaba el nombre de una fruta? La situación resultaba especialmente ridícula, pues aún no había visto ningún caso relacionado con el lavado de dinero para los gánsteres chinos o el fomento de la trata de personas en Camboya.

Sorprendentemente, mientras el sector de las criptomonedas se venía abajo, Tether seguía en pie. Por mucho que el mundo se dedicara

---

18. *Securities and Exchange Commission v. Binance Holdings Limited, et al.*, Civil Action n.º 1:23-cv-01599 (Tribunal de Distrito de EE. UU. para el Distrito de Columbia, presentado el 5 de junio de 2023).

19. *Securities and Exchange Commission v. Coinbase, Inc., et al.*, Civil Action n.º 1:23-cv-04738 (Tribunal de Distrito de EE. UU. para el Distrito Sur de Nueva York, presentado el 6 de junio de 2023).

a pisotear el prestigio de las criptomonedas, Tether siempre parecía escabullirse, como si fuera una especie de cucaracha financiera. El 16 de noviembre, pocos días después del colapso de FTX, Giancarlo Devasini regresó a El Salvador, donde posó con el presidente Nayib Bukele para una fotografía en la Casa Presidencial.[20] Su pareja, la artista de Bitcoin Valentina Picozzi, y los podcasteros Stacy Herbert y Max Keizer le acompañaron en el viaje. Devasini, vestido con pantalones cortos de lino y alpargatas, estaba de pie junto a Bukele, quien tenía una mano en la parte baja de su espalda. El jefe de Tether sonreía.

Devasini tenía motivos para sonreír. Su empresa estaba ganando un premio gordo financiero. Durante el año 2022, la Reserva Federal estadounidense había estado subiendo los tipos de interés para combatir la inflación. En diciembre, habían alcanzado el 4 por ciento, lo que significaba que los bonos del Gobierno estadounidense, que antes no valían prácticamente nada, ahora empezaban a ser rentables.

Para la mayoría de los bancos, esto también significaba que tenían que empezar a pagar unas tasas de interés más altas a sus depósitos. Pero Tether no paga intereses a las personas propietarias de sus monedas. Lo que la empresa gana con sus reservas es prácticamente una ganancia neta.

En mayo de 2023, Tether anunció que había convertido la mayoría de sus activos en bonos del Gobierno estadounidense, y anunció que, debido a las altas tasas de interés, había generado 1500 millones de dólares en ganancias sólo en el primer trimestre, una cantidad descomunal para una empresa extraterritorial no regulada. Esa cifra representaría un buen trimestre para gigantes corporativos como Raytheon, Nike o Disney. Tether, si podemos fiarnos de sus cifras, se había convertido en una de las 150 empresas más rentables del mundo.

A ese ritmo, dada la participación del 40 % que me habían dicho que tenía Devasini en la empresa, sólo en 2023 el excirujano plástico podía ganar más de 2000 millones de dólares. Sin embargo, Tether anunció que utilizaría las ganancias como excedente de reserva para garantizar que sus monedas estuvieran seguras. Y que utilizaría un 15 %

---

20. Paolo Ardoino en Twitter: https://x.com/paoloardoino/status/1593298288568-049664

de sus ganancias para comprar bitcoines. En el pasado, Tether se había burlado de los críticos que afirmaban que sus monedas estaban siendo utilizadas para apuntalar el precio de Bitcoin. Ahora la empresa incorporaba esa idea a su plan de negocio.

«Cada vale en el mercado está y seguirá estando totalmente respaldado incluso si el precio de Bitcoin mañana cayera a cero –le dijo el director tecnológico de Tether, Paolo Ardoino, a un periodista–. Tether podría distribuir la cantidad total invertida en Bitcoin a sus accionistas y su vinculación con [el dólar] no se vería afectada. En un escenario como ése, Tether aún tendría un excedente de reserva de 1000 millones de dólares».[21]

Tether publicó una «opinión de confianza» realizada por la gestoría BDO Italia en la cual se confirmaba que Tether tenía los activos que aseguraba tener. Por supuesto, la empresa aún no había presentado los estados financieros totalmente auditados que llevaba prometiendo desde hacía años; y, hasta donde sabía, los fiscales estadounidenses todavía estaban investigando a los ejecutivos de Tether y planteándose la posibilidad de acusarlos de fraude bancario por sus argucias a la hora de abrir cuentas bancarias durante los primeros tiempos de la empresa.[22] No obstante, la investigación se había iniciado en 2018 y no estaba claro que llevara a alguna parte.

La mayoría de los vendedores al descubierto que apostaban contra Tether se dieron por vencidos. Nate Anderson, de Hindenburg Research, que una vez me había tentado en Central Park ofreciéndome una recompensa de un millón de dólares a cambio de información sobre Tether, no logró encontrar el bombazo que andaba buscando.

Limitándose a sobrevivir, Tether había ganado, al menos por el momento. La cantidad de tétheres en circulación, que había caído como consecuencia de la crisis crediticia, en junio alcanzó un máximo histórico de 83 000 millones.[23] Cuando me puse en contacto con la

21. Vicky Ge: «Tether to Buy More Bitcoin for Stablecoin Reserves», *Wall Street Journal*, 17 de mayo (2023).

22. Tom Schoenberg y Matt Robinson: «Tether Bank-Fraud Probe Gets Fresh Look by Justice Department», Bloomberg, 31 de octubre (2022).

23. «Entre nuestra probada resistencia en combate frente a la volatilidad del mercado y nuestras prácticas de transparencia líderes en el sector, hemos demostrado

empresa por última vez para enviarles un detallado informe sobre mis hallazgos, un portavoz se negó a responder y se limitó a decirme que contenía «una gran cantidad de errores y desinformación».

No pude evitar echarme a reír. Recordé una frase que Devasini había escrito en su blog: «O yo soy un genio o todo el mundo, indiscriminadamente, se dedica a insultar tu inteligencia». De un modo u otro, tenía razón.

Un miércoles por la mañana del mes de enero de 2023, cogí el metro hasta la parte sur de Manhattan para asistir a la vista judicial del litigio entre Celsius y Jason Stone, el arquetipo del operador degenerado y aficionado a los monos aburridos. Al subir las escaleras del metro, me fijé en un hombre taciturno delante de mí vestido con un traje holgado. Mientras caminábamos hacia la corte de quiebras, un imponente edificio de tres pisos con una fachada con columnas corintias, me di cuenta de que se trataba del fundador de la empresa, Alex Mashinsky. No hacía mucho tiempo aquel hombre había cautivado de tal modo a su secta de «celsianos» que éstos le habían confiado miles de millones de dólares de sus ahorros. Ahora parecía un viajero descontento más.

«Es la primera vez que vengo», me dijo mientras nos vaciábamos los bolsillos y pasábamos por el detector de metales del tribunal, como si supiera que probablemente tendría que volver varias veces.

La vista se llevó a cabo en la sala 523 de la quinta planta. Era una sala con paneles de madera y bancos con capacidad para cientos de asistentes. Yo era una de las dos únicas personas que habían acudido.

Stone se sentó en la primera fila y en todo momento mantuvo la mirada al frente. Su rostro tenía un semblante pétreo. Estaba flanqueado por tres abogados. Celsius tenía a seis personas de su lado, encabezadas por Mitch Hurley, un socio del bufete de abogados Akin Gump que ganaba 1796 dólares la hora y que llevaba el pelo entrecano peinado de punta y un traje gris con unas rayas muy sutiles. Habían pasado seis meses desde que Celsius se declarara en quiebra y, aunque

---

que se puede confiar en nosotros», dijo Paolo Ardoino, director tecnológico de Tether, en una enaltecida declaración. Tether: «Tether Reaches All-Time High, Surpasses Previous Market Cap High of $83.2B», 1 de junio (2023).

se habían logrado pocos avances en la devolución de los activos restantes a sus clientes, el caso se había convertido en la gallina de los huevos de oro para los abogados especializados en quiebras.

Durante las siguientes nueve horas –que le costaron a los clientes de Celsius al menos 43 416 dólares–,[24] los abogados intercambiaron acusaciones sobre el modo en el que Stone había gestionado las criptomonedas de Celsius. La empresa acusó a Stone de malversar dinero de sus carteras cripto y usar los fondos para comprar NFT raros, entre ellos, el mono mutante diabólico que lo había convertido en criptoinfluyente. Stone se defendió asegurando que le dijeron que aceptara el mono como un anticipo de sus honorarios de gestión, y que Celsius nunca le pagó el resto, que debería haber ascendido a unos 200 millones de dólares.

Cuando Mashinsky subió al estrado de plexiglás para los testigos, uno de los abogados de Stone puso en duda su credibilidad, lo que no era muy difícil. El abogado leyó los tuits que había escrito las semanas previas a la quiebra de Celsius en los que aseguraba a los clientes que todo iba bien. Y mencionó una demanda presentada una semana antes por el fiscal general de Nueva York, que acusaba a Mashinsky de defraudar a sus clientes al asegurarles que sus fondos estaban seguros mientras, en secreto, se dedicaba a apostar con los activos.

El abogado argumentó que Mashinsky debería haber sabido que Stone estaba comprando NFT porque se había jactado de ello en Twitter. Esto provocó una discusión sobre si la cuenta de Stone era popular y si Mashinsky leía sus tuits.

«Está entre mis contactos, así que estoy seguro de que los veo de vez en cuando, pero eso no tiene nada que ver con el hecho de que sepa o no qué NFT tiene Jason», dijo Mashinsky tartamudeando.

El juez principal del tribunal concursal, Martin Glenn, presidía la vista a través de Zoom y parecía tener continuos problemas con su cámara, dado que a veces desaparecía para reaparecer poco después como un cuello sin cabeza. «Señoría, si pudiera hacer una pausa de

---

24. Cálculos del autor basados en las tarifas por hora que figuran en los expedientes judiciales.

un segundo, su cámara está apuntándole al pecho», dijo Hurley en un momento dado.

El juez no parecía muy complacido por tener que arbitrar en un litigio sobre la propiedad de unas imágenes de monos. Durante unos instantes, frunció visiblemente el entrecejo. Costaba saber si el vídeo se había congelado o si se había quedado rígido por la frustración.

Durante un descanso, Stone y yo nos compadecimos mutuamente en el pasillo. «Esto es muy aburrido», me dijo. Y entonces me enseñó fotografías de un perro que había adoptado después de encontrarlo en una playa de Tailandia. Me dijo que se sentía mejor porque le habían recetado ketamina para tratar la depresión.

Uno de los principales puntos de controversia fue dónde había anotado Stone la contraseña de la cartera de criptomonedas de Celsius. Había guardado el dinero de Celsius (1400 millones de dólares en criptomonedas y otros 600 millones en préstamos) en el mismo icono de la cabeza de zorro del navegador que yo había usado para comprar mi mono. Stone dijo que le había leído la frase de recuperación a su padre y éste la había escrito en una pequeña libreta. Aunque, según Hurley, Stone había prometido devolverla, éste admitió que hacía unos días había usado fondos de la cartera para pagar a sus abogados. Uno de los abogados de Akin Gump articuló claramente «¿Qué coño?» y después se cubrió la sonrisa con una mano.

El abogado abrió una hoja de cálculo de Excel con todas las transacciones de la cartera de Celsius que apareció proyectada en un gran monitor situado en la parte izquierda de la sala. Me acerqué a la pantalla para examinarla de cerca. En cada línea sólo estaba la dirección de la cartera de Celsius, 0xb1adceddb2941033a090dd166a4 62fe1c2029484, otra larga serie de caracteres y una cifra.

La criptomitología había imbuido de significado a aquellas líneas. Se pensaba que cada una representaba una participación de propiedad en el futuro del arte, o una inversión descentralizada que acabaría revolucionando el mundo de las finanzas. La gente pagó millones de dólares para agregar líneas a las hojas de cálculo cripto como prueba de que poseían una reserva de dogecoines o un mono aburrido raro. Sam Bankman-Fried se había convertido en uno de los hombres más ricos del mundo manipulando hojas de cálculo como aquélla.

En la pantalla de la sala del tribunal, la hoja de cálculo perdió toda su magia. No se diferenciaba en nada de cualquier otro documento financiero, con una línea tras otra de letras y números aleatorios. Costaba creer que alguna vez hubiéramos pensado que era otra cosa.

Agradecimientos

La información que aparece en este libro es el resultado de centenares de entrevistas a fuentes que, en muchos casos, no aparecen mencionadas en el texto. La mayoría de esas personas hablaron conmigo a pesar de que corrían cierto riesgo al hacerlo y sin ninguna recompensa clara. Gracias a todos ellos por creer en el periodismo y por abrirme las puertas de su mundo. Me gustaría darle las gracias especialmente a Jason Stone por su franqueza y generosidad. (Además de permitir que le acompañara al ApeFest).

Este proyecto comenzó con el encargo de Joel Weber, de la revista *Businessweek*. Tanto él como mis otros jefes en Bloomberg me han brindado, con gran generosidad, el tiempo y el apoyo necesario para llevarlo a cabo. No sería el periodista que soy hoy sin los consejos de Robert Friedman, amigo fiel y mentor durante más de una década. Entre los otros colegas que me han ayudado en diversas etapas de la investigación están Jeremy Keehn, Christine Harper, John Hechinger, Pat Regnier, Joe Light, Ava Benny-Morrison, Anthony Cormier, Alex Harris, Michael Tobin, Vildana Hajric y Joanna Ossinger. Gran parte de los informes que escribí sobre FTX, Celsius, Terra-Luna y El Salvador aparecieron por primera vez en forma de artículos tanto en *Businessweek* como en Bloomberg Markets.

Mi agradecimiento a los intrépidos periodistas que me ayudaron a continuar mi investigación en países donde no hablaba el idioma ni conocía la configuración del terreno. Nelson Rauda Zablah, cuya cobertura de la debacle de Bitcoin en El Salvador sigue siendo insuperable, me ayudó enormemente en mi investigación allí. También fue un honor trabajar con Mech Dara y Danielle Keeton-Olsen en Camboya, cuyos atrevidos artículos sacaron a la luz pública el problema del trabajo forzoso y otros abusos en los recintos desde los que se realizaban las estafas. Guill Ramos me acompañó a conocer el origen de la fiebre por *Axie Infinity* en la ciudad de Cabanatúan, en Filipinas. Song Nguyen demostró ser un investigador tenaz en Vietnam. En Milán, Anna Momigliano y Sergio Di Pasquale contribuyeron con la investigación y la traducción. Los fotógrafos Christopher Gregory-Rivera, José Cabezas y Melissa Alcena me dieron permiso para utilizar su revelador trabajo.

El entusiasmo de Paul Whitlatch me permitió seguir adelante. Sus ideas me ayudaron a darle forma a la historia, y el borrador final es mucho mejor que el primero gracias a su cuidadosa edición. Gracias también a Katie Berry, Gillian Blake y al resto del personal de Crown y Currency.

Tina Bennett creyó en este proyecto desde nuestra primera conversación telefónica, además de darme la confianza para comprometerme de todo corazón en él. Sus acertadas correcciones colaboraron a mejorar el manuscrito. No puede haber una mejor agente.

Son muchos los periodistas que han investigado a fondo el sector de las criptomonedas y su trabajo sirve de base al mío. Kadhim Shubber y sus compañeros publicaron una serie de excelentes artículos sobre Tether para el *Financial Times*, y Frank Muci fue uno de los primeros en mostrar la absurdidad detrás de *Axie Infinity* y el plan económico de El Salvador. Jack Brook y Alastair McCready realizaron excelentes informes sobre los recintos de estafas en Camboya y ambos me dieron grandes consejos. La cobertura que hizo David Jaffe-Bellany sobre FTX, Three Arrows y el resto de las criptomonedas fue muy vívida y reveladora. El divertido boletín de noticias *Money Stuff*, de Matt Levine, me mantuvo cuerdo mientras me adentraba cada vez más en el mundo de las criptomonedas, además de enseñarme un montón de cosas acerca de sus mecánicas. Matt ha dejado el listón muy alto para todos aquellos que nos dedicamos a escribir sobre el mundo de los negocios.

Mis amigos Max Chafkin, Max Abelson, Zach Mider, Nick Summers, Kit Chellel, Fais Khan, David Gauvey-Herbert y Hugo Lindgren leyeron una parte o la totalidad del manuscrito en distintas etapas y me brindaron orientación, estímulo e importantes consejos. Sam Dean hizo todo lo posible por ayudarme a revisar varios borradores. Mi amigo Jay me permitió citar en el libro nuestro chat grupal, *El sótano de Dan*. Amy Reading, Rebecca Spang y Barry Strauss compartieron conmigo toda su experiencia. Agradezco a Gabriel Baumgaertner, Ajai Raj, Cheyenne Ligon, Madeleine Kuhns y Ramasela Queen Molekwa por evaluar cuidadosamente varias secciones del libro.

Este libro lo escribí mientras colaboraba como miembro activo de la Fundación New America. Los miembros de mi cohorte y el personal de New America se erigieron en una red de apoyo fundamental y evaluaron una sección clave del manuscrito.

Estoy profundamente agradecido a mis padres por proporcionarme más amor y apoyo del que jamás podré devolverles. Mi padre, Russell, me enseñó la importancia capital de la búsqueda del conocimiento y me inculcó el escepticismo por el *marketing* corporativo cuando aún era niño. Mi madre, Abby, compartió conmigo su amor por la literatura y las palabras, y su dedicación a la enseñanza y el aprendizaje fueron una gran fuente de inspiración. Mi padrastro, David, me enseñó a superar con aplomo cualquier desafío. También me ayudó en algo muy importante: a entender cómo funciona Bitcoin. Y, remontándome una generación en el tiempo, tengo la suerte de contar con el amor y el apoyo de tres de las mujeres más independientes y valientes que conozco: Jeri, Mary y Carol.

Este libro se convirtió en un proyecto familiar. Abby me ayudó a editar el manuscrito y traducir algunos pasajes en italiano. Masha me ayudó a investigar y revisar algunas secciones del manuscrito y a crear algunos chistes. Percy colaboró conmigo a preparar algunas entrevistas. Zark y su amiga Yassmine Esteitie elaboraron el hermoso diagrama de flujo de la «matanza del cerdo». Jeri se erigió en una útil lectora. Emily, quien me convenció para que me hiciera periodista, siempre estuvo ahí para ayudarme a salir del apuro. También quiero darles las gracias a Sarah, Ashraf y Diane por apoyarme tanto a mí como a mi familia.

Mis hijos me ayudaron mucho más de lo que creen con este proyecto. La independencia y determinación de Eli me inspiraron, Margot me hizo preguntas perspicaces y el espíritu exuberante de Fiona iluminó con su luz los días más frustrantes. Algún día espero leer vuestras historias. Aún más importante, este libro no existiría sin mi mujer, Nikki. Cuando comencé la investigación, Fiona era un bebé y Margot y Eli tenían cuatro años, por lo que Nikki tuvo que hacerse cargo de ellas durante muchas semanas mientras yo emprendía un viaje cuya utilidad era más que cuestionable. Su amabilidad, creatividad, alegría e integridad son una continua inspiración. Se enfrenta a todos los obstáculos con valentía y determinación. Nikki, la mejor aventura de mi vida es la que estoy viviendo contigo.

Aclaración sobre las notas

Para la elaboración de este libro entrevisté a más de trescientas personas. En general, he tratado de indicar en el texto si la cita o el dato en cuestión provienen de una entrevista, y no he repetido la referencia en las notas a pie de página. En algunos casos, las personas con las que hablé me pidieron que mantuviera su anonimato.

Envié a Tether un memorando de verificación con 187 puntos antes de la publicación del libro, pero la empresa se negó a responder a preguntas específicas sobre su historia, sus reservas o el uso que habían hecho de ella estafadores y traficantes de seres humanos. «El gran volumen de correcciones necesarias equivaldría a reescribir el libro del Sr. Faux, trabajo que no nos corresponde —escribió un portavoz de la empresa—. Preferimos centrarnos en nuestros clientes y en el éxito de la comunidad Bitcoin».

Una aclaración sobre los precios de las criptomonedas: para los precios de las monedas, los volúmenes de las operaciones y las capitalizaciones de mercado, he recurrido a CoinMarketCap.com, que comparé con otras fuentes. Los precios de los NFT los obtuve de CoinGecko y OpenSea. El cambio de Ether o Solana a dólares está basado en el tipo de cambio vigente en el momento de la venta.

Índice analítico

Índice

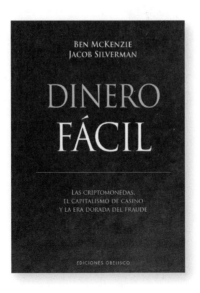

BEN McKenzie
JACOB SILVERMAN

DINERO
FÁCIL

LAS CRIPTOMONEDAS,
EL CAPITALISMO DE CASINO
Y LA ERA DORADA DEL FRAUDE

EDICIONES OBELISCO

En *Dinero fácil,* McKenzie, con la ayuda del periodista Jacob Silverman, lleva a cabo una aventura de investigación sobre las criptomonedas y su extraordinario crac. Entrelazando historias de agentes de bolsa y víctimas, de visionarios extravagantes de las criptomonedas, de los más fervientes creyentes de Hollywood, de los críticos contrarios a las criptomonedas y de los agentes gubernamentales, *Dinero fácil* supone una observación sobre el terreno de una tormenta perfecta de irresponsabilidad y fraude delictivo. Basado en un reportaje dado a conocer en Estados Unidos y el extranjero, que incluye entrevistas con Sam Bankman-Fried, Brock Pierve (cofundador de Tether), con Alex Mashinsky, de Celsius, y con más personas, éste es el libro sobre las criptomonedas que habías estado esperando.

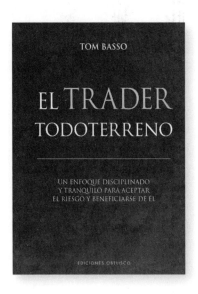

El riesgo puede ser kriptonita para los inversores, independientemente de la cuantía de tu inversión o de tu nivel de experiencia; pero, al igual que los muchos obstáculos que existen para el éxito, el riesgo es un reto que sólo se supera enfrentándolo de cara. ¿Qué pasaría si pudieras enfrentarte al riesgo, en lugar de esconderte de él?

¿Qué sucedería si incluso hubiese una forma de aprovecharlo para obtener un beneficio? El primer paso para el éxito en las inversiones consiste en modificar la forma en la que piensas acerca del riesgo. En *El trader todoterreno,* Tom Basso (el «señor Serenidad»), el fundador de Trendstat Capital, revela su filosofía para aprender a aceptar el riesgo y usarlo para beneficiar tus inversiones. Aprenderás conceptos innovadores de diversificación extrema, trading de futuros y exposición del patrimonio, junto con conocimientos sobre cómo estructurar (y personalizar) tu cartera de inversión. Con ejemplos sacados de las propias experiencias y éxitos de Tom, *El trader todoterreno* es el armazón que necesitas para evitar decisiones costosas y para crear una estrategia completa y emplear el riesgo para implantar un éxito duradero en cualquier situación financiera.